U0720943

廣東海洋大學2022年度人文社科文化建設重點項目
『粵西府縣舊志整理與出版』專項
廣東省哲學社會科學2020年學科共建項目
明清及民國《石城縣志》纂修與版本系統研究

粵西府縣舊志叢書

孫長軍　主編

嘉慶石城縣志

（清）張大凱　纂修

蔡　平　整理

鳳凰出版社

圖書在版編目（CIP）數據

嘉慶石城縣志 / (清) 張大凱纂修 ; 蔡平整理. --
南京 : 鳳凰出版社, 2024.5
(粵西府縣舊志叢書 / 孫長軍主編)
ISBN 978-7-5506-3628-6

Ⅰ. ①嘉… Ⅱ. ①張… ②蔡… Ⅲ. ①石城縣—地方志—清代 Ⅳ. ①K295.64

中國國家版本館CIP數據核字(2024)第086127號

書　　名　嘉慶石城縣志
著　　者　(清)張大凱 纂修
整 理 者　蔡 平
責任編輯　李相東
特約編輯　王晨韵
裝幀設計　陳貴子
責任監製　程明嬌
出版發行　鳳凰出版社(原江蘇古籍出版社)
　　　　　發行部電話 025-83223462
出版社地址　江蘇省南京市中央路165號,郵編:210009
照　　排　南京凱建文化發展有限公司
印　　刷　南京新洲印刷有限公司
　　　　　江蘇省南京市六合區雨花路2號　211500
開　　本　880毫米×1230毫米　1/32
印　　張　15.375
字　　數　376千字
版　　次　2024年5月第1版
印　　次　2024年5月第1次印刷
標準書號　ISBN 978-7-5506-3628-6
定　　價　188.00圓
　　　　　(本書凡印裝錯誤可向承印廠調換,電話:025-57500228)

『粵西府縣舊志叢書』整理編輯委員會

主　編：孫長軍

副主編：蔡　平（執行）　鄧　建　劉　剛

編　委：（以姓氏筆畫爲序）

李玉晶　沈曉梅　周思明　馬瑜理　陳關怡

閆　勖　董國華　彭潔瑩　蔡　平　鄧　建

裴夢蘇　劉　剛　劉　嵐　閻懷蘭　鍾嘉芳

顔雲榕

『粵西府縣舊志叢書』總序

一、『粵西』所指及叢書範圍

『粵西』與『粵東』相對，本是一歷史地名。《中國歷史地名大辭典》：『粵西，指今廣西壯族自治區，爲廣西之別稱，因位於古百越（粵）地西部而名。』『粵東，指今廣東省地，因位於古百越（粵）地東部而得名。』清人汪森所輯《粵西通載》一百三十卷（《粵西詩載》二十五卷、《粵西文載》七十五卷、《粵西叢載》三十卷），書名『粵西』即指今廣西。其《粵西詩載序》曰：『凡係粵西之事，形之詩與文者，抄撮成一編。』雖然其中所録詩文的書寫并非盡爲今廣西之事，但以廣西視角的觀照是明確的。至民國陳柱編輯明末清初至民國十三年（一九二四）十四家詩，則皆爲廣西人詩作。今人曾德珪所編《粵西詞載》網羅清宣統三年（一九一一）以前廣西歷代詞作而成。以上所稱『粵西』，均屬歷史的稱謂。即便是當代學者面對廣西的歷史文化問題研究，仍有以『粵西』名之者，胡大雷《粵西文化與中華文化研究・前言》説：『之所以稱粵西文化而不稱廣西文化，則是出於我們的研究比較多地是注重文化史研究的考慮。」明清時期的廣東，有『粤中』『粤東』之稱。清乾隆時期刊印的范端昂輯撰的《粤中見聞》，是一部以廣東風物爲記述内容的筆記散文。乾隆時期順德人温汝能纂輯《粤東詩海》，則以清代廣東省域爲範圍，收録廣東本土詩人之詩作。吴永光《粤東詩海·前言》指出清代廣東的政區範圍：『粤東，或稱東粤，以其地處古百粤之東，故有此稱。含今廣東省、海南省及廣西欽州地區。』

現代意義上的粤西，一般是地理、經濟、文化等的綜合指稱，包括湛江市、茂名市、陽江市、雲浮市及肇慶市和江門市的部分地區。《廣東省今古地名詞典》：『粤西，泛指廣東省西部地方，包括肇慶市、湛江市、茂名市及陽江市。』隨着改革開放四十年廣東經濟社會的發展，珠三角地區向外逐漸輻射，粤西的指稱範圍相應地也在縮小，今通常指廣東西部四個地級市，即湛江、茂名、陽江、雲浮。四市於明清時期分屬於雷州府、高州府、肇慶府及羅定州，其中湛江市政區所屬盡歸於明清時期的高、雷二府，徐聞、海康、遂溪屬雷州府，廉江（石城）、吴川屬高州府。雷州府三縣位處雷州半島，是雷州文化孕育、發展的主體區域，與雷州府毗鄰的高州府是雷州文化的輻射區域。故將高、雷二府所包含的舊《志》作爲『粤西府縣舊志叢書』整理的對象，叢書名稱中的『粤西』僅指今湛江、茂名二市。

粤西府縣舊《志》整理所依據的底本爲『廣東歷代方志集成』之『雷州府部』『高州府部』所收編的舊《志》。『雷州府部』含府縣舊《志》十一種，即《萬曆雷州府志》、《康熙雷州府志》、《嘉慶雷州府志》、《康熙海康縣志》、《嘉慶海康縣志》、《民國海康縣志》、《康熙遂溪縣志》、《道光遂溪縣志》、康熙二十六年《徐聞縣志》、康熙三十七年《徐聞縣志》、《宣統徐聞縣志》。『高州府部』含府縣舊《志》三十五種，即《萬曆高州府志》、《康熙高州府志》、《乾隆高州府志》、《道光高州府志》、《光緒高州府志》、康熙二十六年《茂名縣志》、康熙三十八年《茂名縣志》、《嘉慶茂名縣志》、《光緒茂名縣志》、康熙十二年《電白縣志》、康熙二十五年《電白縣志》、《道光電白縣志》、《光緒電白縣志》、《民國電白縣志稿》、康熙十三年《信宜縣志》、康熙二十六年《信宜縣志》、《乾隆信宜縣志》、《光緒信宜縣志》、康熙九年《化州志》、康熙二十五年《化州志》、《乾隆化州志》、《道光化州志》、《光緒化州志》、康熙八年《吴川縣志》、康熙二十六年《吴川縣志》、《雍正吴川縣志》、《乾隆吴川縣志》、《道光吴川縣志》、《光緒吴川縣志》、康熙六年《石城縣志》、康熙二十五年《石城縣志》、康熙五十一年《石城縣志》、《嘉慶石城縣志》、《光緒石城縣志》、《民國石城縣志》。合高、雷府縣舊《志》總爲四十六種，除其中少部分因版面字迹漫滅不具備整理條件外，均納入叢書之内。

二、舊《志》整理——地域歷史文化研究的基礎工作

從人類發展史看，任何一個民族或族群，在求得自身生存、發展的歷史進程中，都必然依賴於某一特定的地理空間，在這一地理空間内繁衍生息，既接受大自然的賜予，適應特定的地理環境，又在一定程度上影響甚至改變着周圍的自然地理環境，這種雙向互動便産生各式各樣的、帶有人的影響印迹的、物質性的或非物質性的形態，我們通常將這些形態稱作『文化』。一種生命體與其生存的環境發生互動是

普遍存在的，并非僅有人類如此，但其他生命體與環境互動産生的結果都不能稱作『文化』，唯獨人與環境互動的衍生物才是『文化』。或者也可以這樣説，『文化』是人類的特有屬性之一。這種對『文化』内涵所指的認定，是以人與自然的二元存在爲觀照點的，更傾向於人的主體地位。常言道『一方水土養一方人』，這是立足於自然空間環境的説法，將人看作自然的一部分。因爲一方水土并非衹養一方人，還養育着這方水土上的其他生命體。一方水土上的人受一方水土的滋養，反過來一方水土也在一定程度上受到來自人的影響，這一方水土上的人與這方水土的互動，便構成地方文化，或稱作區域文化。

中國幅員遼闊，民族衆多，各地有各地獨特的文化形態和文化生成脉絡。從較大的地域空間而言，湛江地方特色文化屬嶺南文化的構成部分，而今廣東政區所屬又是嶺南文化孕育、生成、發展的最主要區域。在這一區域中，由於早期百越民族的外遷與不同歷史時期中原漢民族族群在不同時期的南下，北方漢民族和嶺南百越民族或融合、或獨立發展，形成了多樣化的族群文化形態，這些不同形態的族群文化有着特定的存在空間，諸如廣府民系所代表的廣府文化主要分布在珠三角地區、客家民系所代表的客家文化主要分布在粤東北地區、潮汕民系所代表的潮汕文化主要分布在粤東沿海的潮汕地區。今湛江政區所屬區域最具特色的文化形態被人們界定爲『雷州文化』，而且在一定話語層面，『雷州文化』被指稱爲廣東四大地方文化板塊之一。然而，雷州文化是怎樣性質的地域文化？是否如同廣府文化、客家文化、潮汕文化一樣是主要基於漢族族群稱謂的文化類型？有哪些方面的特質决定了它可與其他三大文化形態并列指稱？凡此種種，都缺乏必要而有力的注脚，常常給人以比附甚至是『攀附』的印象。再者，長期以來，官方話語和學術話語中，提起湛江的地域文化，往往籠統地以雷州文化概之，這種觀念所帶來的結果，一方面造成更廣大社會層面人們的誤讀，以爲湛江的歷史文化就是雷州文化，連帶而來的是吴川、廉江兩地對雷州文化的排斥；另一方面造成從事湛江地域文化研究的學者，多重視和傾向於雷州文化研究，而忽略了不能納入雷州文化圈層的廉江和吴川的地域文化，造成對湛江地域文化的發掘和研究的不平衡，難以一體化推進。

之所以形成湛江地域文化話語中的諸多疑問（争議），不少專家學者或地方文化人士參與研究與闡釋，却似乎没有誰能説得更明白，也没有哪一家説得更令人信服，究其原因，最根本的是長期以來看似越來越多的地域文化研究成果，僅僅是對部分舊有史料的反復使用和轉抄，對這部分被人們用熟了的材料轉換視角進行再闡釋和再使用，其結果就是無論文章還是著作，都給人似曾相識之感。地域文化研究，并非純屬學術層面的基礎研究，它是一種綜合研究，是基礎性研究、闡釋性研究、傳承性研究、創新性轉化的應用研究的綜合。當下的湛江地域文化研究，僅僅停留在文化現象的闡釋性研究層面，基礎性研究不够，闡釋性研究則是片面的、缺乏整體性和客觀性的；缺乏和忽視傳承性研究與創新轉化研究，則失去了闡釋性研究存在的意義和價值。在基礎性研究、闡釋性研究、傳承性研究、應用性研究這一綜合研究體系中，所有研究開始的基礎都必然是從基礎研究做起。對於湛江而言，頭等重要的基礎研究課題便是要弄清楚今日湛江政區範圍内，在歷史時期留下了怎樣的文化遺産，包括物質性文化遺産和非物質性文化遺産。這裏談到的文化遺産，是指今天仍見在的文化遺産，需要政府部門進行頂層設計，整合人力、物力資源進行全面普查。這是一項非常浩大的文化建設工程，涉及人的生存發展所旁及的一切方面，即留下什麽就調研什麽，并搜集、記録、闡釋什麽，最終以文字或圖片的形式將其固定下來，從而成爲本土文化後世傳承的文獻源。地域文化研究的另一項基礎研究工作，是要弄清中外各類文獻（主要是指不同歷史時期的文獻遺存）中究竟有哪些關於今日湛江政區範圍内的各方面文獻記載與文字呈現，并將其中所有相關文獻全部編輯出來，這就是湛江地方文化研究的文獻集成工作，進而利用現代技術手段將集成性的湛江歷史文獻數字化，建立湛江地域文化研究文獻資料庫，爲未來湛江地域文化的綜合研究提供第一手資料。

由以上表述可知，湛江地域文化研究的步驟是由基礎性研究到闡釋性研究、傳承性研究、應用轉化性研究層遞推進的。基礎性研究爲後續研究提供第一手可信度强的文獻資源；闡釋性研究是對個體文化形態的認知研究；傳承性研究是對優秀的物質性和非物質性文化遺産的生態保護和傳承，使之血脉不斷；應用轉化性研究是在客觀認知和呈現文化遺産的前提下，進行基於個體文化遺産的現代創新和轉化研究，即歷史文化遺産的市場化運作，進入文化産業發展層面。

湛江地域文化的基礎性研究，包括『湛江地域文化研究文獻集成與數字化』（湛江歷史文化研究文獻集成）和『湛江歷史文化遺産普查與數字化』兩大工程。粤西府縣舊《志》整理屬於湛江地域歷史文化研究文獻集成的重要内容，也是最主要的部分。

三、舊《志》整理與區域文化研究的學科歸屬

區域歷史文化元素的發掘、整理、研究與傳承，前提是必須摸清特定區域内的歷史遺存，由歷史存在文化元素所屬的門類，結合現代學術研究的學科分類，提煉歸納出一個個地方歷史文化研究方向。在物質性的歷史文化遺産中，紙質文獻相對是最豐富的，也是區域歷史文化研究最重要的依據。紙質文獻包括歷代地方舊《志》、方志以外歷代本土與外來人士的本土書寫、歷代地方譜類文獻、歷代地方碑刻、歷代正史及地理總志的本土史事人物載録等。其中，歷代地方舊《志》能相對最全面、最集中、最細緻地呈現一地經濟社會發展狀況，故地方歷史文化研究理應從方志整理做起。

就今湛江政區而言，其涉及的府縣舊《志》，雷州府所屬《雷州府志》三部、《海康縣志》三部、《遂溪縣志》兩部、《徐聞縣志》三部，高州府所屬《高州府志》五部、《吴川縣志》六部、《石城縣志》六部。雷州府部全部十一種及高州府部吴川、石城二縣十二種，是湛江本土府縣舊《志》，高州府部中的五種《高州府志》載録了吴川、石城史事，以上總計二十八種，是湛江歷史文化研究資料的直接來源。另外高州府所屬《茂名縣志》四部、《電白縣志》五部、《信宜縣志》四部、《化州志》五部，總十八種，是湛江歷史文化輻射最近區域遺存的志書。

今收編粤西高、雷二府舊《志》的大型叢書主要有三種：一是上海書店等三家出版社合作出版的

『中國地方志集成・廣東府縣志輯』；二是臺灣成文出版社所出『中國方志叢書』；三是嶺南美術出版社出版的『廣東歷代方志集成』。前二者體例相近，於每一府縣僅收編一種志書。如成文版『中國方志叢書』收編《萬曆雷州府志》、《萬曆高州府志》、《光緒吴川縣志》、《民國石城縣志》、《宣統徐聞縣志》、《道光遂溪縣志》、康熙二十六年《海康縣志》，大致均爲一府一縣歷代志書中較有代表性或較爲完善的一種。唯『廣東歷代方志集成』不擇巨細，收録一府一縣傳世所有舊《志》，爲舊《志》校勘和研究提供了極大的方便。以往湛江本土舊《志》整理已有部分成果，主要有劉世傑、彭潔瑩點校《萬曆雷州府志》，蔡平點校《道光遂溪縣志》，廉江市地方志辦公室點校《民國石城縣志》，廉江市志編纂委員會辦公室點校《光緒石城縣志》。上述數種舊《志》整理本，啓動整理方考慮到普及和方便使用，均采取簡體横排形式。『粤西府縣舊志叢書』的整理編輯工作，將對所有高、雷二府遺存府縣舊《志》進行全面整理，包括之前已經整理出版的部分舊《志》，采用繁體竪排形式，以更貼近古籍原貌。

提及地方歷史文化研究，人們想到的往往是一地之風俗、人物、民間藝術、獨特的景觀等，故常見的地方歷史文化研究成果大都呈現爲幾個人物、幾種民俗、幾類藝術形式、幾處文化景觀的學術書寫或文化書寫。實際上，這與地方歷史文化元素發掘研究的要求是存在很大距離的。一地的歷史文化構成究竟有什麽，在哪里，如何表述，最可靠的依據就是文獻的載録。地方舊《志》是一地過去時代經濟社會發展狀況的真實記録，是百科全書式的，它可成爲地方歷史文化研究學科體系建構的重要依據。古代地方政區建置主要基於人口數量的盈縮、人口的民族構成而變化，政區沿革與歸屬的變遷是區域歷史文化研究的首要問題，它是地域文化得以孕生發展的地理空間。與區域政區沿革相伴，是這一特定地理空間中人們賴以生存的自然環境，它包括陸海格局、氣候狀況、山川分布等。舊《志》中的《縣圖》《圖經》《沿革》《星野》《氣候》《風候》《潮汐》《山川》等屬此，歸於歷史地理學的研究範疇。特定地理空間的物産是人們賴以生存的物質資源，保持物産充足和可持續發展，又需要相應的水利設施、防灾減灾設施建設，這就是舊《志》中呈現的《土産》《井泉》《陂塘》《堤岸》《珠海》《貨物》等門的記述，爲地方農業史研究的資料來源。一方水土、一方物産養育一方人，從而形成特定地域的習俗，體現在舊《志》中即《習尚》《言語》《居處》《節序》等，是民俗學研究的對象。在『普天之下莫非王土，率土之濱莫非王臣』的時代，王朝必設官以分理天下，舊《志》中的《秩官》詳盡地載録了一地各級官府的職官設置，是制度史研究的内容。『爲官一方，造福於民』，歷來是王朝對地方官員的勸勉，也是方正官員的夙願。於民造福之事，體現在各種與民生相關的舉措中，舊《志》中《城池》《公署》《亭館》《坊表》《驛鋪》《橋渡》《塔宇》等相當於今之市政建設之屬，歸於《建置》一門。地方官員履行安民職事的同時，還須大力發展地方經濟，并代爲王朝抽取，上繳賦税，《户役》或《食貨》揭示的是税制問題，當爲地方經濟史内容。經濟發展了，百姓安居樂業了，又需要對其施之以教育，於是學校之建是必不可少的。舊《志》中的《學校》提供的是古代一地的教育史料。爲確保一方平安，軍事防禦是必須的。粤西背山面海，既要防山賊，又須禦海寇，《兵防》門提供的是古代的軍事史料。舊《志》中占很大篇幅的是人物，具體分爲《名宦》《流寓》《鄉賢》《勛烈》《貞女》等，是一地人物研究的重要文獻。《藝文》通常居舊《志》文本之末，爲本土或异地官宦、文士、鄉賢等對當地的詩文書寫，既是開發地方旅游資源的重要文獻依據，更是書寫一地文學史的重要研究文本。仍有《古迹》《寺觀》《名僧》《壇廟》等，反映了一地的民間信仰和宗教信仰，是地方宗教等問題研究的基本材料。

四、粤西府縣舊《志》整理的路徑

粤西高、雷二府舊《志》整理工作分爲兩個階段：

第一階段是將四十六種府縣舊《志》中凡具備整理條件的全部整理出來，作爲『粤西府縣舊志叢書』的内容；第二階段是以整理本爲基礎，將其中史料從現代學科視角分門别類，進行分類資料彙編。

本叢書編訂屬方志文獻的集成性工作，是分類資料彙編和地方文獻資料庫建設的基礎，故對整理對象不分内容粗細、篇幅大小、前後承襲狀況，均加以整理。整理方式爲衹分段、斷句、標點，而不校勘，文字忠實於底本，底本明顯錯漏之處，亦保持原貌，并以小注形式標示。舊《志》的斷句、標點工作，先雷州府部，後高州府部，先今湛江政區所屬各地舊《志》，後今茂名政區所屬各地舊《志》。

各舊《志》體例大同小异，名目不同，内容相類。各卷次排列及其所屬各門順序，始於《輿圖》，終於《藝文》。這一體制特點爲舊《志》文獻的分類彙編提供了方便。同一府、縣不同時期舊《志》，後代志書對於前代志書内容多爲承襲，補入前代志書所未涉及時間斷限中的史料。有的舊《志》編纂向後延伸到民國，有的衹是至清代的某一個時期，如《石城縣志》和《海康縣志》都延及民國，而《遂溪縣志》僅修至清道光朝。舊《志》修纂和傳世狀況直接決定了府、縣史料的系統與否。資料的分類彙編，是將府、縣舊《志》中某一類型文獻編輯成卷，如《湛江舊〈志〉教育史料彙編》《湛江舊〈志〉海洋史料彙編》《湛江舊〈志〉文學史料彙編》《湛江舊〈志〉民俗史料彙編》等。以此作爲地方歷史文化研究的課題選項和深層研究的依据。

本叢書的整理出版，得到廣東海洋大學科技處、發展規劃處、文學與新聞傳播學院經費支持，雷州市地方志辦公室、遂溪縣地方志辦公室在文獻資料上的支持也保證了整理工作的順利展開，出版方鳳凰出版社承接本叢書部分出版，亦給予整理工作極大的支持。各舊《志》整理工作主要由廣東省雷州文化研究基地科研人員承擔，在先期文字録入過程中得到廣東海洋大學文學與新聞傳播學院部分學生的幫助，在後期定稿時的技術處理上得到不少有關專家的指導，在此一并致以謝意。限於各種因素，雖然我們堅持以嚴謹審慎的態度對待舊《志》文本，并盡最大可能避免錯漏和斷句、標點問題，但仍然會存在這樣或那樣的不盡如人意之處，敬希讀者不吝指教，以便日後完善補正。

蔡　平

二〇一八年九月

『粤西府縣舊志叢書』凡例

一、今粤西湛江、茂名二市政區所轄，自古代至一九四九年前編纂之府志、縣志之刊本、鈔本等，均爲本叢書整理出版對象。一地而成於不同歷史時期之舊《志》，盡予收編，以明當地之沿革變遷與志書承續之脉絡。

二、所録志書不論篇幅大小，均按府、縣傳世志書獨立分卷。

三、各志書整理，概以尊重原著、保持原貌爲原則；原書之題記、序跋、圖版、注釋、引文等，悉予保留；不得不删減之重複者，保留原目，以明全貌；原書字迹漫漶、缺損嚴重者，據本地其他志書同類内容補入，以求完備。

四、部分舊《志》目録與正文有异，均按正文釐定。圖版按原書所在位置排列，不作另行調整。

五、整理者按現行現代漢語規範對原書文字進行標點，一般不分段，原則上不作校勘，不出校記。原文明顯錯訛者保持原貌，以小注形式予以説明。原文使用的避諱字或缺筆字徑改，异體字一般不改，俗字均改爲通行的繁體字。

六、各書有版本不同者，均以工作底本爲基準，作文字對勘；遇有内容較大差异，擇其要者於《前言》中交代。

七、整理者所撰《前言》，主要交代編修者、修纂過程、内容、該書重要價值、整理工作情况，以及其他必要的説明等。

八、叢書采用繁體字竪排版式，原書用於敬稱、謙稱時之特定格式，均予取消。

九、各舊《志》原書在序跋、凡例、目録等的順序上多有不同，本叢書均釐爲統一格式。

十、各舊《志》整理本目録包括兩部分：一是『「粵西府縣舊志叢書」總序』、『「粵西府縣舊志叢書」凡例』、整理者『前言』；二是原書各構成要素。原書目録融入整理本目録中，不再重複。

前言

《嘉慶石城縣志》，六卷，首一卷，嘉慶間石城知縣張大凱纂修。張大凱，生卒年不詳，安徽六安州人，乾隆甲寅副榜，嘉慶甲子科舉人，正藍旗教習，嘉慶二十四年任石城知縣。其《重修〈石城縣志〉序》云：『今皇上御極之二十有四年……余於閏月之吉承乏石邑……五閱月而告成。』嘉慶二十四年閏四月，張大凱於此時到石城知縣任。《石城縣志》之修歷時五個月，至九月修成。《重修〈石城縣志〉序》作於當年九月上旬，《序》末稱『嘉慶二十四年歲在己卯九月上浣，署石城縣事六安張大凱謹撰』〔一〕。

《嘉慶石城縣志》首卷均爲序文，分爲兩部分：一是本《志》之序兩篇，前者爲嘉慶二十四年到任的石城知縣周國泰所撰《重修〈石城縣志〉序》，後者爲張大凱之《序》。二是嘉慶《志》之前各《志》之序，包括康熙六年初刻、康熙十一年增訂《石城縣志》之《序》三篇——梁之棟《序》、何嶠《序》、李琰《序》；康熙二十五年刻本《石城縣志》之《序》三篇——周宗臣《序》、韓鏐《序》、梁繼鳴《序》；康熙五十一年刻本《石城縣志》之《序》一篇——孫繩祖《序》；乾隆四十六年喻寶忠修《石城縣志》之

〔一〕楊慎《丹鉛總録·時序》：『俗以上浣、中浣、下浣为上旬、中旬、下旬，蓋本唐制：十日一休沐。』

《序》二篇——喻寶忠《序》、黄紹統《序》。周國泰之《序》撰於嘉慶二十四年『季冬下浣』，即十二月下旬。該《序》稱『今冬由封抵石』，古代冬季有『三冬』之説，即『孟冬』『仲冬』『季冬』，稱『今冬抵石』，一般應指入冬之十月由封州調任石城。然《嘉慶石城縣志》卷三《職官志》則稱『周國泰，江蘇江寧縣人，内閣考職，嘉慶二十四年十二月任』，此條在張大凱修成之時當不在其列，爲周國泰所補。由此可知，張大凱之任石城知縣爲時八個月，至嘉慶二十四年十二月離任。周國泰到任時，張大凱《石城縣志》尚未刊刻成書。周《序》曰：

下車之初，即詢及孫《志》，都人士言前令筱原張公纂修有成，將付剞劂。及觀其書，舉凡所載城郭、都鄙、山林、川澤、田舍、廬井，以及名人、古迹、里居、姓氏，一一参以余歷任所修縣志之見聞，務求折衷盡善而後已，非敢自矜創獲也。

周國泰到石城知縣任時所詢及之孫《志》，乃康熙五十一年孫繩祖所修。詢志、訪志、閲志，乃新任地方官之首事，以此瞭解當地自然、人文及經濟社會發展狀况。孫《志》之後又有喻《志》及剛剛修成的張《志》，周國泰未稱詢此二《志》，蓋尚不知有之。喻寶忠修《乾隆石城縣志》，阮元《廣東通志·藝文略》未載，駱偉《嶺南文獻綜録》亦未收録，《廣東歷代方志集成·高州府部》未輯入。李默《廣東方志要録》謂：

《石城縣志》，清喻寶忠修，乾隆四十六年。是編是四十五年庚子秋邑令喻寶忠與黄紹統、王鳳喈搜羅討論，以次纂修而成。變舊志體例，區爲綱目，綱有一十五，目三十有九，凡七十餘年中因革損益，統同辨异，有關利弊者，更深切著明焉，越辛丑十月而脱稿。是志至今未見，祇存喻寶忠序。

張大凱《重修〈石城縣志〉序》提及喻《志》，其曰：『退而徵諸舊乘，蓋自康熙五十一年來，缺無成書矣。最後乃得喻君寶忠稿本，修於乾隆四十一年。』張大凱到任之初所面臨的境況與周國泰一致，均稱前代之《志》最晚者爲孫《志》，然張大凱搜求之功顯然更有效果，所幸得到喻寶忠修於乾隆四十一年之《石城縣志》稿本，而周國泰既不知有此稿本，亦不知前任張大凱之修已成。因詢孫《志》，都人士告知其張大凱已最近修成《石城縣志》，『將付剞劂』。周《序》之説意即周國泰於十二月到任時，張《志》並未刊刻。然《序》又稱『觀其書，舉凡所載……一一參以余歷任所修縣志之見聞，務求折衷盡善而後已，非敢自矜創獲也』，此言顯然是指周國泰得張《志》稿本並憑藉其以往修志之經驗予以完善。故哈佛大學漢和圖書館藏本《嘉慶石城縣志》書名之下署謂『張大凱、周國泰仝纂』，《纂修姓氏》亦稱『總纂：署理高州府石城縣知縣張大凱、特授高州府石城縣知縣周國泰』，《廣東歷代方志集成》編入之廣東省立中山圖書館藏本之《纂修姓氏》同。該《志》之中外藏本皆當爲周國泰在張大凱本基礎上的完善本。《集成》本係榮子菡、蒙碧玉整理，卷首之前署謂『清嘉慶二十五年刻本』，所謂『嘉慶二十五年』並非舊志所顯示的信息，當爲整理者據該《志》叙事至嘉慶二十五年所作的推斷。實際上，《嘉慶石城縣志》

中述及嘉慶二十五年之人事者，僅有一條材料，即卷三《職官志・國朝訓導》：『周天琛，東莞舉人，嘉慶二十五年任。』哈佛大學漢和圖書館藏本書名之下又署曰『嘉慶廿四年刻本』，此本在内容上與廣東省立中山圖書館藏本無异，稱『嘉慶廿四年刻本』，刊刻時間只能是嘉慶二十四年十二月周國泰到任後。通常情况下，舊志之修未有刊刻在前、内容却延至刊刻之後者，故《廣東歷代方志集成》本整理者稱『嘉慶二十五年刻本』之推測是有道理的。李默《廣東方志要録》：『《石城縣志》6卷，卷首1卷。（清）張大凱纂修，嘉慶二十四年（1819年）序，刻本，叙事至嘉慶二十五年（1820年）。』此説未明言是哪一年的刻本。又張大凱《序》稱『於是序而付諸剞劂』，此言意即《序》成即『付諸剞劂』，《序》成於嘉慶二十四年九月，則周國泰到任之十二月之前，或已刊刻成書，周國泰《序》稱『及覲其書』，亦可能已是刊行之書。周《序》之『（張《志》）將付剞劂』，與張《序》之『序而付諸剞劂』是矛盾的。從常理看，張大凱九月《序》成，即交付刊刻，如果至十二月周國泰到任時仍未完成，便不能稱作『將付剞劂』，周《序》所言顯然是指尚未開始刊刻。假如果真未始刊刻，周國泰到任得『書』加以完善後作《序》於十二月下旬並刊刻成書是可能的，亦可能十二月下旬作《序》成，刊刻於嘉慶二十五年，那麽今所見之刻本之刊刻之功便與張大凱完全無關，他僅僅是完成稿本而已。然作如此理解又難解釋張《序》『序而付諸剞劂』，張《志》修成，《序》亦完成，却待後之繼任者行刊刻之功，這是有悖常理的。况且《序》成之後距離周國泰之到任尚有三個月，完全可以完成刊刻，由此可以推斷，周國泰到任時張《志》已經刊刻成書，周國泰得張《志》之成書而加以完善後重加刊刻，由於完善後的刊刻本出，則原張大凱所刊之本不行於世，故後世僅得見周國泰之刊刻本。今以廣東省立中山圖書館藏本爲代表的國內藏本、以哈佛大學漢和圖書館藏本爲代表的國外藏本，皆爲周國泰完善後的刊刻本。比較二藏本，哈佛漢和圖書館藏本頁面相對中山圖書館藏本更清晰、更少缺漏，而內容上則完全相同。

今廣東省廉江市舊爲『石城縣』建置，其縣志之修見於載籍者，最早爲明嘉靖二十四年至二十七年鄒伯貞任石城知縣時所主修。其後，萬曆四十一年至四十三年間，佴夢騮任石城知縣重修縣志。這是有明一代有文獻提及的兩部縣志，只是二者未能傳於後世。古代方志之修有個常規的做法，即新修之志或在體例上、或在史料采集上多依前代本地志書。至清康熙六年梁之棟重修《石城縣志》，則完全沒有前代縣志作參考，該志可稱《石城縣志》的重新草創。今傳世六部《石城縣志》中，清代五部，民國一部，在體例和內容上，大致可以分爲三類：一是康熙六年《石城縣志》、康熙二十五年《石城縣志》在體例上完全相同，只是內容上後者補入少許康熙六年至二十五年間的史料，如果不細加對照分辨，斷難看出其中的細微差异，將二者視爲完全相同的志書亦不爲過。二是康熙五十一年《石城縣志》、《嘉慶石城縣志》及未傳世之《乾隆石城縣志》，《嘉慶石城縣志》之修乃在孫繩祖康熙五十一年《石城縣志》基礎上，以喻寶忠乾隆四十六年《石城縣志》稿爲藍本，事以類從，收亡集逸，提綱挈領，刈楚芟蕪而成。在體例和內容上都較康熙朝前兩部《石城縣志》有了較大變化，特別是門類設置更加細緻，既有對前志之繼承，又有諸多創新，其開首功者爲孫《志》，總其成者爲張《志》。三是《光緒石城縣志》《民國石城縣志》可歸爲一類，前者在體例上相對前代諸志做了較大調整和改變，如《藝文志》依中國傳統古籍『經、史、子、集」四部文獻的編排方式，只列四部書目，佐以提要，當受《四庫全書總目》纂修之影響。各門内容上多采張大凱《嘉慶石城縣志》，張《志》是光緒、民國兩部縣志纂修的重要文獻依據。《民國石城縣志》完全襲用《光緒石城縣志》之體例，只是在内容上增補了光緒至民國二十年間之史料。

張《志》之價值，既有體例的創新，又有對康熙《志》内容繼承上的突破，其面目完全不同於康熙朝所修兩部《縣志》之形同一志，而是給人耳目一新之感。光緒《志》、民國《志》各門中大量於文末標有『張《志》』者，其内容均采自《嘉慶石城縣志》，此志可視作歷代《石城縣志》中之承前啓後的一部。歷來從事粤西地方歷史文化研究者選擇使用《石城縣志》，主要還是選用光緒《志》和民國《志》，現有《石城縣志》之整理本亦僅爲這兩部。張大凱修《嘉慶石城縣志》有着如此特出的地位和價值，却少爲人們重視和使用，其主要原因即是該志之國内藏本存在大量文字成片缺損以及字迹漫滅不辨的問題。如嶺南美術出版社所出《廣東歷代方志集成・高州府部（十三）》用廣東省立中山圖書館藏本影印之《嘉慶石城縣志》在缺損方面是頗具代表性的。因其無法使用而被棄之不顧亦是情理之中的。近得哈佛大學漢和圖書館珍藏嘉慶二十四年刻《石城縣志》，兩相對照，版式相同，雖然頁面文字上亦稍有缺損，但和國内藏本的大量連篇缺損相比較，此本則完好無缺，由此，可借助哈佛漢和圖書館藏本補國内藏本之闕，將其整理成一部能够體現其應有價值並方便查檢使用的《嘉慶石城縣志》整理本。

蔡　平

二〇二二年十二月

目録

目録

石城縣志卷之三

石城縣志卷之四

石城縣志卷之五

石城縣志卷之六

石城縣志卷之首

序

重修《石城縣志》序

嘗考《周禮・大司徒》，以天下之圖周知地域廣輪之數，而又有『職方』『形方』，以辨人民，『土訓』『誦訓』，以掌圖志。故其間或剛柔燥濕之不齊，或衣服器械之各异，俗尚之正變奢淫，政治之盛衰得失，莫不作爲詩歌貢之天子，以成省方觀民之典。而道德之一，風俗之同，可按籍以稽，此省、郡、州、縣之有志所由昉也。

戊寅歲，予攝篆封州，適阮制憲因公過境，諄然以舉修縣志是命。予承乏下，竭蹷不遑，爰因舊志，搜羅補輯，不一稔而事告蕆，呈諸上臺，特加獎賞。今冬由封抵石，見其山川景物，低徊者久之。下車之初，即詢及孫《志》，都人士言前令筱原張公纂修有成，將付剞劂。及觀其書，舉凡所載城郭、都鄙、山林、川澤、田舍、廬井，以及名人、古迹、里居、姓氏，一一參以余歷任所修縣志之見聞，務求折衷盡善而後已，非敢自矜創獲也。然吾抑又聞焉者，沃土之民不材，瘠土之民嚮義。石城蕞爾邑，其土瘠，其民貧，其山蜿蟺而鬱積，意必有賢人君子出於其間。而其時之民又能變化之、愧厲之，宅爾宅，畋爾田，無從匪彝，無即慆淫，於以登和親康樂之書，而備太史輶軒之采。是則守此土者之所厚幸也。予日望之。

時嘉慶二十四年歲次己卯季冬下浣，知石城縣事金陵周國泰謹撰。

重修《石城縣志》序

今皇上御極之二十有四年，粤東大府纂修省志，炳炳烺烺，蔚成鉅典。余於閏月之吉承乏石邑，日奉采擇文行，深自虞見聞淺陋，不足以存十一於千百也。退而徵諸舊乘，蓋自康熙五十一年來，缺無成書矣。最後乃得喻君賓忠稿本，修於乾隆四十一年，從而考獻徵文，裨殘補闕。上應列憲之勤求，下備一方之事實。較之散金碎玉，一一自拾於荒烟蔓草中者，其勞逸不迴异耶。夫作大事，必以其時。石邑雖僻處一隅，聖化涵濡，依然四其民，八其政，厠赤畿望緊之列，登春臺而享太牢者，風教固無殊也。况一閧之市，不勝异意；十步之内，必有香草。其所以整齊之、振興之，於焉鏡得失而大觀感，式人心而維習俗，亦復何限。顧忍弗鳩集，長任缺如，久且并此剩本，㒸朽蟫斷而愈無稽矣，烏乎可？學博王君，暨邑中襄事諸君子有同志焉，事以類從，收亡集逸，提綱振領，刈楚芟蕪，五閲月而告成。蓋喻君爲其難，余適因其易，又乘奉檄搜采，得爲而爲之時也。於是序而付諸剞劂。

若夫義例之密，體裁之精，綴緝之博，而當謂斯志之成，碌碌因人，遂足著數十年之晤晤，傳百餘里之忞忞，則吾豈敢。

嘉慶二十四年歲在己卯九月上浣，署石城縣事六安張大凱謹撰。

舊志序〔一〕

縣令梁之棟序

嘗聞邑之有志，猶夫國之有史也。國有史，則朝聘、會同、禮樂、兵刑之典有所寄。邑有志，則山川、人物、官政、田賦之迹有所考。邑志載一邑之事，猶之國史載天下之事，皆以垂不朽也，所繫詎小小者與！

余以不敏，承乏石邑，心實政拙，日切飲冰，才薄學淺，愧無片善。當簿書追輸之無寧晷，而精神亦已敝敝焉，又安能旁及著述，爲一邑謀不朽哉？雖然，文章盛衰關乎世教，廢者有年，興亦有候，實

〔一〕以下諸序文爲張大凱《嘉慶石城縣志》之前各志之序，以「舊志序」領起，依次綴於張大凱《序》之後。每篇序文之首繫以「縣令梁之棟」等，以示區分，此次整理概以原職官、序文作者後加「序」字，作爲各序文之題，如「縣令梁之棟序」「邑教諭何嶠序」等。

有迫而不得不應者。因集邑中紳士而議之，以爲石邑舊固有志，第闕者莫補，斷者莫續，因循相待，夫是以愈久而愈失矣。若不慎重其舉，以之考證詳確，斯志亦猶然未備也。即欲砥世勵志，標淑慝於既往，昭勸懲於將來，庸有當乎。是用偕廣文何先生，復延孝廉黎先生，暨諸士合相參酌，重輯續補。或遠搜典籍，或近采宿耆，或仍舊而删正其冗差，又或取新而增益其未備，彙集成書，三閱月而乃告竣焉。余恧焉而知愧，愧其無功也；余囅然而志喜，喜其集竣也。然其所以得竣者，諸紳士之勞，是即諸紳士共襄之力也。能使讀是編者，其賢豪有建功樹猷之想，而閭里興士人君子之行，是又石志之幸也。余亦惟有爰厥成，謀不朽，得以日爲夜思，初終不易，俯仰質於天人者，告無罪已爾，寧敢自居其功而貽羞於世者！噫！石邑之志，誠由此守而勿失墜，有隨舉以至永久可傳，其所幸又有不勝言者矣，安論誰得而誰失哉？此余之所不敢居功也。

邑教諭何嶠序

自時巡不行，久矣不聞入疆之輶，其得以窵海荒邑，上陳一人之睿覽，俾遠邇咸指掌者，所恃普天之下，若都鄙、若州、若縣，夫猶各有志載版籍存焉爾。煙火近借郵人筆，窵窔長邀晅日臨。如石城去京甸八千餘里，渺杳羅州地也。於秦爲象郡，迄漢邳離侯南略，若儋耳、安定、高雷，歷宋、齊、陳、隋，廢置無常。及李唐後，聲教漸廣，文軫日敷，輯撫代不乏人。至明朝始以隸粵東之高府，蓋自是而衣冠文物行且伯仲中州也。

兹際梁侯臨莅厥土，公事之暇，爲徵聞見於枯木之林，爲索爐餘於兵燹之後，購求前編，纂修今志。以爲匪惟備文獻之飭，實資政事一助，將藉以鏡古昔之得失，以識治行之污隆，以資興觀，以供懲勸，使閱所紀録，而如奉天子以行入疆之鉅典，寧非述職第一義乎?·爰命余參訂於其末。余竊讀之，若建置，若疆域，若年表，若人物，若祀典，若風俗、物産、食貨，以及文苑、武備、雜志，所宜仍者仍之，宜删者删之，宜補者補之。或以傳信，或以傳疑，猶於審所著述中，不忘夏五己丑之遺意，即余亦何容贅一辭也。其志建置、輿疆也，考興革而依時勢，以别利害也。其志年表、人物也，以臚一日之臧否，作九原而辨從違也。其志祀典也，有德於民則祀之，有功於民則祀之，能爲民禍福則祀之。明有禮樂，幽有鬼神，祈報由辟，靡不具舉。爲民慮者周，故爲民而敬者悉也。其於風俗有志，物産有志，食貨有志，所以釐貞淫、核奢儉，以識政教所由施也。其於文苑有志，武備亦有志，思天下不可以馬上治，則彬彬者貴而安不忘危，經緯毋容偏廢也。其志之也，因而非襲，增而非贅，偶删削而非遺，即並存而非雜。凡以鏡得失、識污隆、資興觀、供懲勸者，於是乎在。其以上追采謡納價之勤，思以贊皇圖能邇柔遠之迹者，於是乎在。今是書既成，梓工將畢，而又命余弁以一言。余以爲維國有史，在館供事諸臣得而披陳之；維邑有志，合屬得而表章之，似尤司翰自外者所不得辭也。

邑令李琰序

稽古列國皆有史，所以紀事也，而政治繫焉。自孔聖筆削《魯春秋》二百四十二年，千萬世凛爲刑書，如日月之經天。厥後作史者，有傳、有志、有書，變編年而庀材亦富，殆云盛矣。而終不如各邑之志爲核而備，山川、財賦、風俗、人物，一開卷而瞭然。故蘭臺石室，無不於此借鑒焉。使踵事者徒因循以爲補綴，稗官齊諧，非穢則誣。

余承乏石城，公餘與諸子備譚思、奮武衛，必先揆文教。嘗鳩諸子課文，以寓激勸之意，諸務或可次第舉也，而猶愧未遑。今奉上臺督修縣志，因取前所修輯者，細爲翻閲，景前哲之流風而慨慕之，稽土風之好尚而損益之，於吏治之得失，不無少補。然必知山川之險易，而後經略可行。則兩粵扼要唯三合，北交陸而獰焉者伏處，雙江既會，迤邐而朝宗於海，則昔之横山堡是其要也。今遷於安鋪，置臺墩而扼海口，惟西路入廉，驛遞蕭條，路僻而民稀，緑林於此出没。按圖而思，《周官・野廬氏》不可不豫。至於田賦，則枵爾十一里爾，而不足者，實可隱憂。其田約中中，其賦實下下，無土産資其采取。故租庸調悉取之於一片埇田，且因遷海而流離過半。近蒙聖明開界，而哀鴻頗集，雖魚鹽尚未廣其利，而口食之鹽亦不乏矣。使禁嚴而不擾，則資生者益大，安知今日之石城，不復爲昔日之石城也？繼富議教，俗尚乃敦，邑中四方雜處，聲氣互异，久之咸歸於樸儉。故四禮亦知遵行朱文公，乃魯史之行，何寥寥也。十室之邑，必有忠信。但人多徑情而行，而名不出閭里，是以士即不及彼都人士，亦不敢爲奇邪之行。文章雖不及先達，而志氣實可與維新。一言一行，節録而甂存之志謹爾。余才乏三長，知史譜即治鑒也。於數者實加意云，即未暇網羅遺軼，隨將舊刻而删補之，以存徵信，是在有心世道者一裁之。謹序。

邑令周宗臣序

地理之書，肇自《禹貢》。至於成周，又別之爲《圖》、爲《志》，各建官設屬以掌之。《圖》以知山川形勢之所生，則『大司徒』『職方』司險之所掌也。《志》以知語言、土俗、博古久遠之事，則『小史』『内史』之所掌也。而又有『土訓』『誦訓』之官，通《圖》《志》以詔王，其詳見於《周官》。凡皆以通天下之志，達上下之情，使無遏壅。一道德，同風俗，而致天下於大順，其所繫之大如此。後世郡縣雖或有《志》，而不領於王官、有司者，謂非吏議所急，故其爲書或苟且以應故事，其於治教所關，户口之登耗，田土之豐歉，財賦之盈縮，人才之盛衰，吏治之得失，風俗之淳漓，可以昭法戒、勸將來者，多略而不書，則其去成周之意遠矣。

丙寅夏，余署篆於石。到官索《志》，文多闕略，事亦多變更，意欲以餘力增證之，匆卒未暇也。兹奉上臺督修縣志，則日慫慂之。集諸紳衿録所聞見，將削牘焉，何可自愧無文，不一言以弁其端耶？夫志者，史之一家也。昔人謂文章無關世道，竟可不作，而况石之地，固交趾之域也，其人椎魯，俗多貧薄，或雨暘愆時，即東西移徙。吏斯土者，既不能家至户説，又不卒成一家言，就正於縉紳先生，俾以教於細民，令其習同仇以固圉，勤耕織以裕國，敦仁讓以厲行，是豈爲民上者哉？蓋民，子弟也；長吏，父兄也；所治之縣，長吏之家也。予雖不能以家事視民事，而於是志之可昭法戒、勸將來者，未嘗不兢兢焉。倘使石之民讀是《志》，而廓然自改，以合余前數者之言，則若以父兄而聞子弟之遷善，喜可知也。辭雖不文，亦庶乎不爲無益之空言。從此而往，海不揚波，山無伏莽，鑄鼎象物，以貢於朝。余又將執簡而續《禹貢》成周之書矣。

邑令韓鏐序

宇内郡統於省，而邑列其間，星分棋布，人情异尚也，物産异宜也。建設之由來，流傳不墜，各不相侔也。是不可以無志。然而詳略予奪，廢興增損，因乎時，當乎理，而後爲疑爲信，皆可質乎人。故志非難，而纂修釐訂之實難。余幼入江蘇，稍長，遊瀟湘、雲夢間，繼而歷益州、南溪之勝，必搜閲志籍。即身不履其地，目不睹其物，而已知某邑之勝爾爾也。

今來牧石邑，會聖天子覃敷文教，合宇内之山川風土，盡羅於志。自省而郡而縣，悉命修輯以備乙夜之觀，故石邑亦有事於纂修釐訂焉。前寅董其事，而稿已成，縉紳諸公問余序。余觀建置、疆域炳如也，年表、人物森然也，文苑、武備燦若也，風俗、祀典以迄乎食物、貨産〔一〕、雜志井井有條也。身未履其地，目未睹其物，而已知石邑之勝爾爾也。獨是由前而考，簪纓閥閱固多，由後而觀，登賢書、捷珠宫者甚少。余意欲設義學於邑之東西，以興起教化，家塾、黨庠亦猶行古之道也。無何下車纔數日，何敢預人之志焉，此余之所以歉然者也。若夫詳略予奪、廢興增損，較之舊籍，覺部署一新，壁壘改色，此諸君子之功也，余何敢與焉！

邑教諭梁繼鳴序

今天下幅幀廣大，梯山航海，慕義而來王者，駕軼乎萬古。聖天子以車書行之大同，采訪直省各州縣記載，勒成一代全書，特下徵詔，甚盛舉也。夫書在一邑，僅一邑事耳。若其獻之天朝，則問民疾苦之隱憂，陳詩納賈之微意，以及省耕省斂、朝覲述職之鉅典於是乎在。使或敷陳未備、考核弗精，每因忌諱，致生掛漏，何以對揚天子之休命！

石有舊志，前邑侯梁公修之，李公復修之，蔚然可觀。第去今一十餘年，其中時异勢殊，不無損益。在昔展界方新，流離未集，魚鹽之利待興，弦歌之聲俟化，論多感慨，宜也。兹則昇平既奏，士敦詩書，

〔一〕「食物」「貨産」，《民國石城縣志》作「食貨」「物産」，是。

民興禮讓，防制征徭，無不酌量有經，而猶或病於土滿，室磬耜懸，横經掛擾[一]，其故何歟？幸際周侯借恂斯土，韓侯莅任新政，召杜相繼，公餘搜求舊帙，補輯新編。凡山川、人物、官政、祀典諸大綱、細目，固慎取材，而於民生、士習，尤諄諄致意，非徒以潤飾美文，實體問民疾苦。陳詩納賈、省耕省斂、朝覲述職之旨，而著於是編也。書成，命余弁一言。余以苜蓿冷員，日集諸生徒課文講業，欣逢其盛，正當表章頌揚以徵太平致治，乃猶以石邑利害瀆陳，懼滋罪咎。然古人先憂後樂之懷，何能自釋？况天子以清問下民之心而采志，邑侯奉上臺布天子之命，督行以修志，余亦何得不即石邑之要務，以序石邑之志，將藉手以獻之天子也哉？石邑士民樂觀德化之成矣。是爲序。

邑令孫繩祖序

皇上誕敷文教，德洽海宇，内外臣工靡不祇承，求所以對揚休命。余受事海疆，罔敢隕越。退食之暇，閒閲邑志，中多弗稱，似未足以副同文之盛。有志補輯，深慚蚊負。誠恐崇樸則易於野，尚文則易於浮，核實則易於刻，博愛則易於濫。惟此「四易」，避之實難，安得起左、馬而操觚耶！第念食禄忠事，難易惟其所在，苟畏難而懷安，其能免素飧之譏乎！是以冰兢自矢，集邑之士夫，本以廓然而大公，

[一]「擾」，《民國石城縣志》作「耰」，是。

物來而順應。訪故老，稽舊編，事必求信，毋爲穢史，字必求正，不爲魯魚。時或删繁就簡，要不失乎寬厚；時或泛愛兼取，亦不失乎謹嚴。猶乎結繩而寓成周之治，後進而存懷葛之風。雖不敢云已至於斯，亦嘗請事於斯。蓋爲古者今之鑒，今者後之鑒，毋使後之議今，猶今之議古也。兹由《輿圖》以迄《雜記》，編目四十有八，彙爲五卷。敬付剞劂，以俟采風者達之聖明，得悉海隅雖僻，亦竊末光而能炳耀簡編。信乎，欽明文思之光被四表也。

邑令喻寶忠序

邑之有志，述作沿自先代，修明遵乎聖訓，理無不賅，體無不備。志山川、財賦，《書》之《禹貢》也；志風俗、政治，《詩》之《國風》也；志職官、禮儀、祭祀，《周官》《周禮》之節文也。筆削本乎《春秋》，紀事、屬辭法左氏、司馬。大哉美乎！非通天地，貫古今，知禮樂之原，識民物之變，其孰能與於斯？雖然，天下自省而郡而縣皆有志，安得名公大儒，鴻裁鉅筆，遍天下而爲經緯史之志乎？是故或因陋就簡，或鋪陳勦雜，然皆名曰『志』。上之大史而不嫌其陋，所謂泰山之高不辭土壤，河海之大不擇細流。攬圖書之全，覲同文之盛，小大不遺，取其明備也。

吾石邑之志，在前代者不可稽。國初邑令梁公之棟、李公琰先後修之。康熙五十一年，孫公繩祖又重修之。其書有得有失，而稽文考獻，邑舍是則無徵，距今又七十餘年矣。夫日月之精華，山川之靈异，生人之才智功名，日出而日新。由前以觀，歷歷可鏡；由後以觀，遥遥可卜。而中間數十年之紛賾變化，等之塵埃之飛、逝水之流，而不可溯，是誰之過也？予慨然久之。庚子之秋，乃與廣文黄君紹統，暨予友王君鳳喈，披羅討論，以次纂輯。變舊志體例，區爲綱目。綱有一十五，目三十有九。凡七十餘年中之因革損益，統同辨异。有關利弊者，更深切著明焉。勸誡之意，反覆見之。越辛丑十月而脱稿。黄君曰：是可爲邑完書矣。夫邑無名山大川，足爲天下奇觀也；邑又無奇人豪傑峥嶸天壤，如山斗之崇隆也，安所得掀天揭地之著作，闡奇表异，輝映於詩書史册也。予曰：不然。聽絲竹之音者，未嘗不樂黄鐘大吕也；服褐布之衣者，未嘗不樂錦繡文綺也。鼓吹休明，潤色樸陋，吾將挾此一卷，以就教於名公大儒也。

邑訓導黄紹統序

高凉隸嶺嶠之西，領州縣六，而石邑爲殿，固所稱偏陬地也。地雖偏土，人民、政事必有與立。宰斯土者，其所以慎封守，撫蒼赤，審張弛，是果何道之施，詎不各守爾典，而能報政一方歟！循是説也，則布芳躅於當時，昭遺規於來許，匪志弗章，諒矣。惟是建縣以來，歷唐至今千百餘年，其間陵谷變遷，人物隆替，户口登耗，風俗淳澆，匪紀載則不傳。即傳矣，而魚魯混淆，亦弗信。非蒐羅稽核，勒成一書，其奚以信今傳後，上備輶軒之采也哉！

石邑有志，由來已久。己丑統以司訓來此，索志循覽，中多模糊，即竊竊焉殘闕是慮。稽厥纂修時日，則出自前侯孫公，距今業七十餘載矣。故於公事謁邑大夫時，每以補輯之説爲請，諸公均有志未遑，將毋事之。興廢有時，抑亦待人而後行耶！迨乙未秋杪，心筠喻公以名進士來宰是邑，一切興革輯寧，諸善政次第舉行，即以修志之役是任。顧丁酉、戊戌兩歲，災祲見告，公心力已瘁，又卒卒弗暇。年來歲稔人和，乃起而珥筆焉。時則有若簡亭王先生者，公姻友也，淹雅多才，與之分校，將浹期而後成書。蓋其審慎謙讓若此。統雖與參考，自慚謭陋，莫贊一詞。而分門別類，去僞存真，删繁就簡，竊有力焉。於戲，石之先椎跣錯處，大都樸野悃愊，愚魯之習，亦或不免。我國家涵濡日深，聲教所訖，久已進於鄒魯。嗣公莅任，文物丕變，即楓陬茅麓，鏗琅皆弦誦聲，上之化下，疾於風草，亶其然乎。此則統目擊其盛，而志所未及載者，竊願有以補之。夫以公之經濟施於土地，土不曠矣；保此人民，民不困矣；振而政事，政不窳矣。而學問文章見於此志，特一斑焉爾。公今以循卓入覲，行將藉手以獻當宁，俾知嶺嶠偏陬，其土地、人民、政事，亦有卓卓可觀若是者，顧不韙歟。

纂修姓氏

總纂

署理高州府石城縣知縣　張大凱

特授高州府石城縣知縣　周國泰

分纂

特授石城縣儒學教諭　王公墀

署理石城縣儒學訓導　李化龍

監刻

特授石城縣典史　張觀海

參訂

舉人　李實

歲貢生　戴統相

廪生　全志沂

校録

廩生　李奉琛
廩生　揭錦
廩生　李步青
生員　吴賡秀
生員　李長青

管局

廩生　李奉琛
監生　全業成

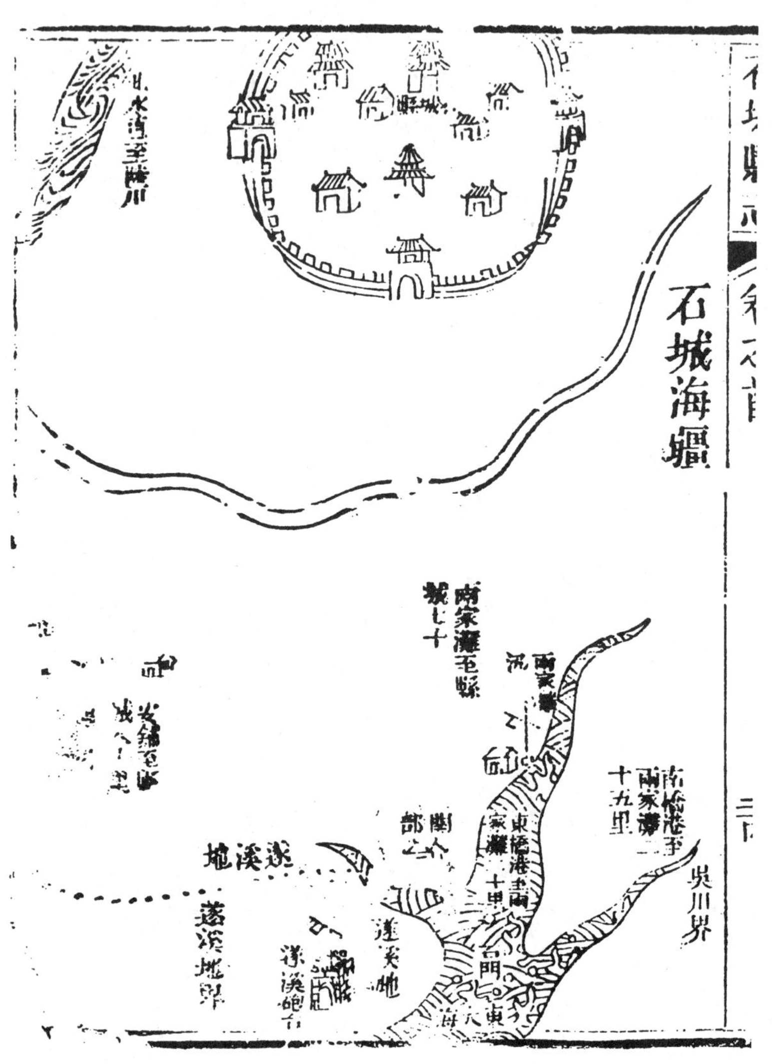
石城海疆
縣城
兩家灘至縣城七十
南橋港至兩家灘二十五里
東橋港至兩家灘十里
吳川界
遂溪地
遂溪地界
遂溪炮台

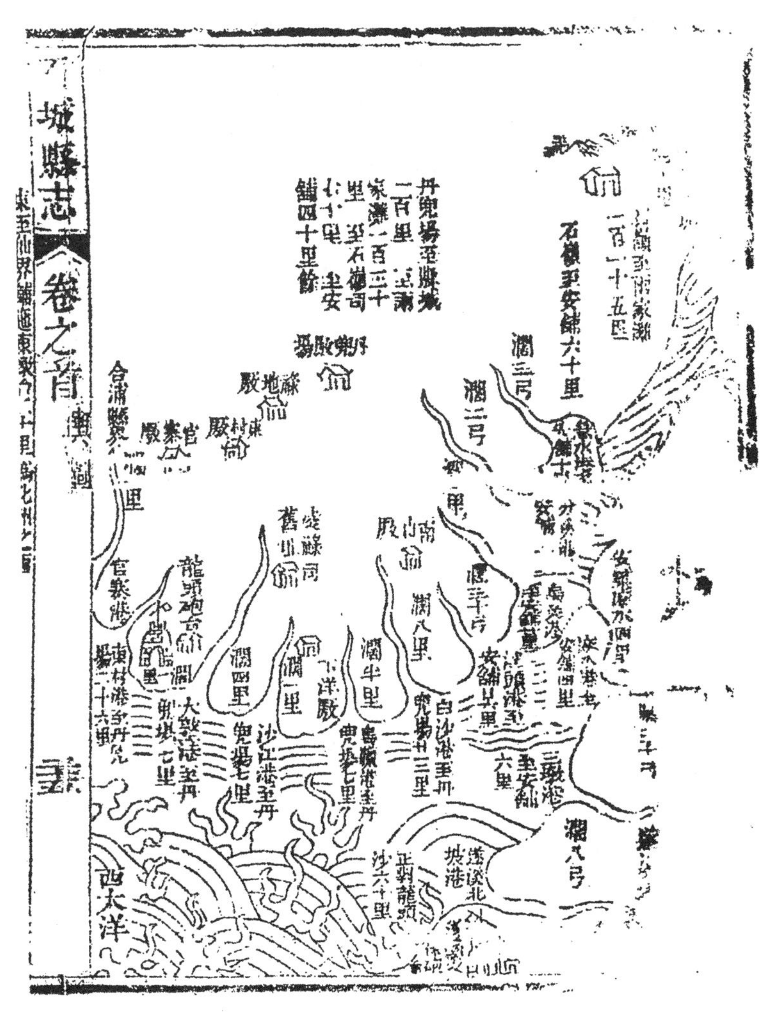
石城縣志卷之首
石嶺至安鋪六十里
合浦縣界
官寨港
西大洋

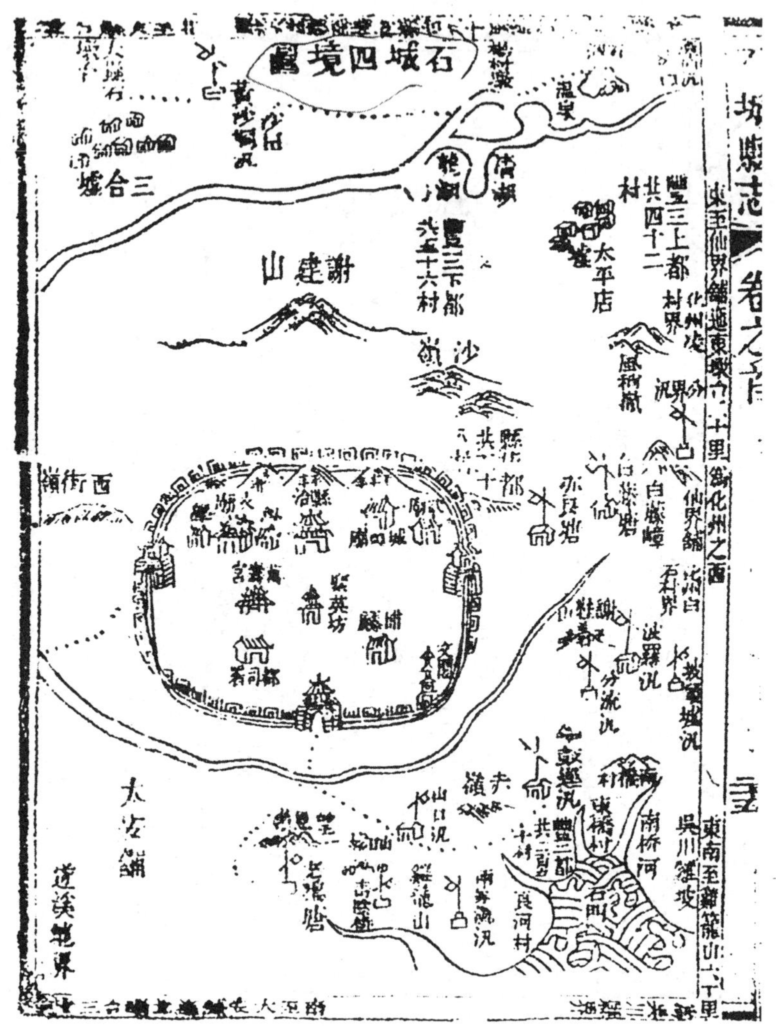
石城四境圖
謝建山
沙嶺
三合墟
太平店
溫泉
西街嶺
太安舖
東南至鎮龍山六十里
吳川隘坡
南橋河
良河村
英坊

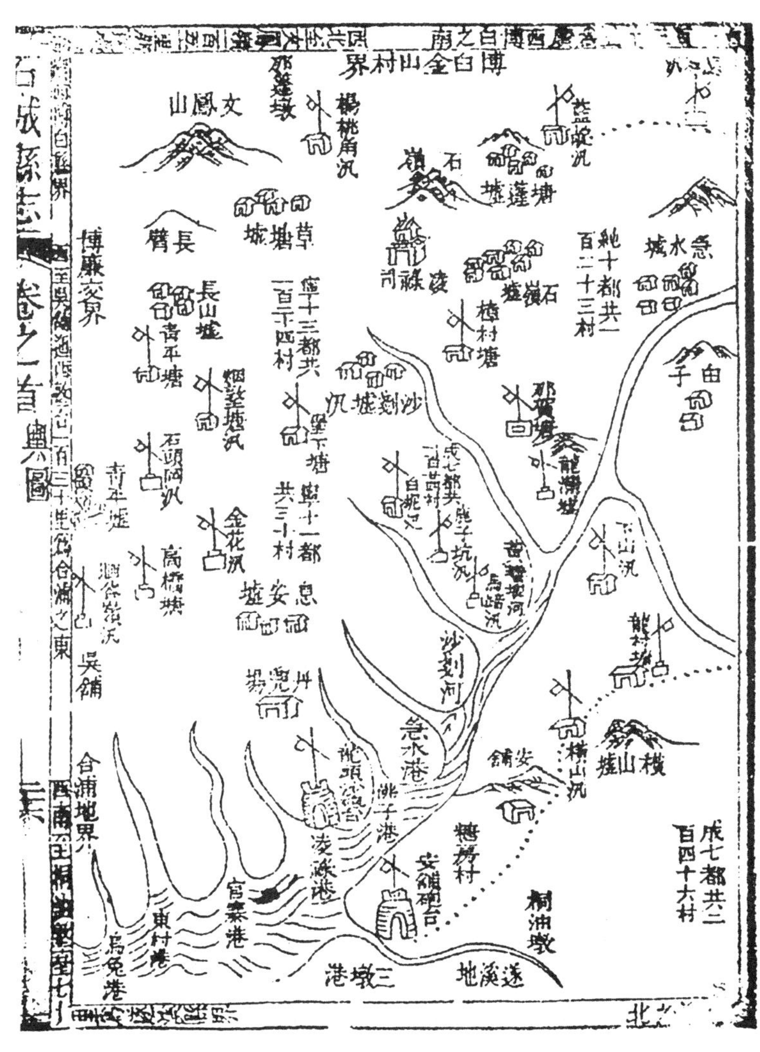
博白金山村界
文鳳山
長臂
草塘墟
長山墟
石嶺
凌祿司
蓮塘墟
石嶺墟
急水墟
由子
沙劉墟汛
息安墟
沙劉河
急水港
凌祿港
官寨港
東村港
烏兔港
三墩港
遂溪地
桐油墩
棧山墟
安鋪
合浦地界
吳鋪
博廉交界
成七都共二百四十六村

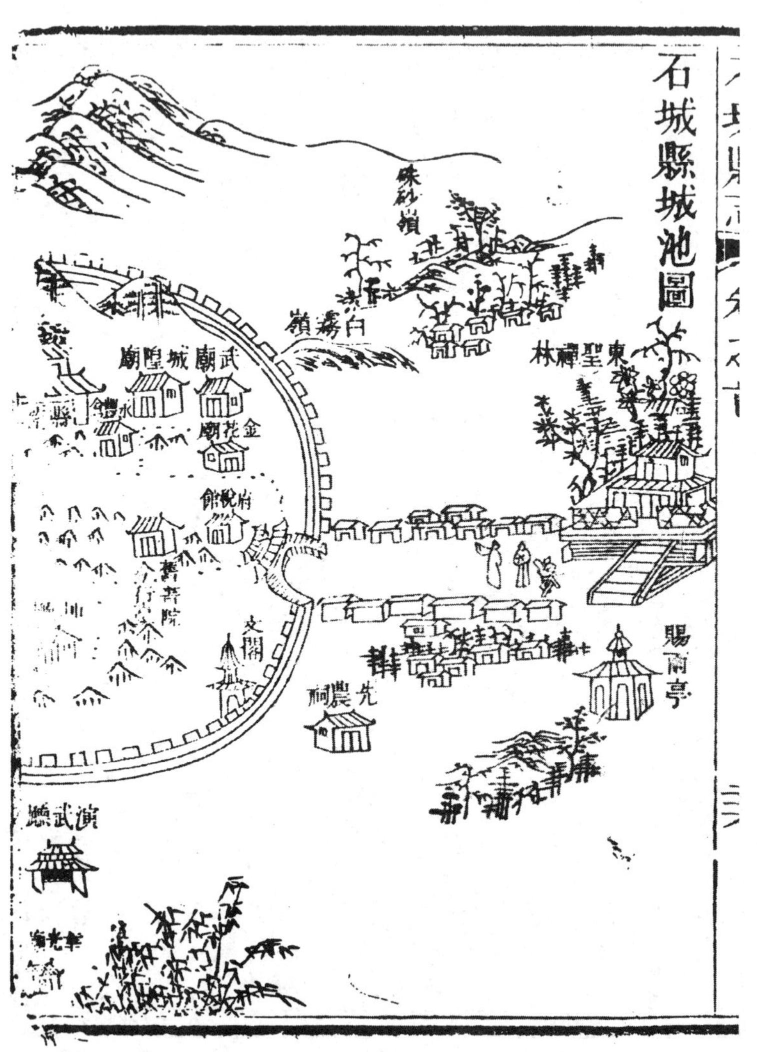
石城縣城池圖
硃砂嶺
白露嶺
東聖禪林
武廟
城隍廟
金花廟
府館
文閣
先農祠
賜雨亭
演武廳

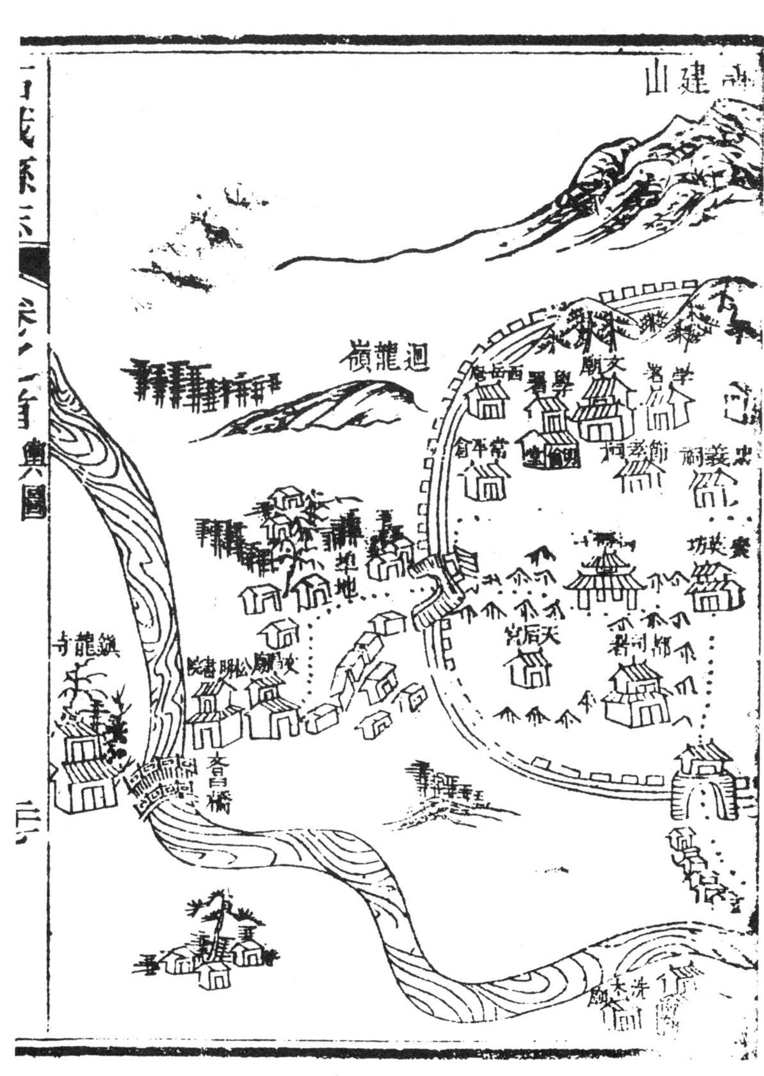
建山
迴龍嶺
西岳廟
學署
文廟
學署
常平倉
明倫堂
節孝祠
忠義祠
天后宮
都司署
鎮龍寺
文廟
松明書院
洗太廟

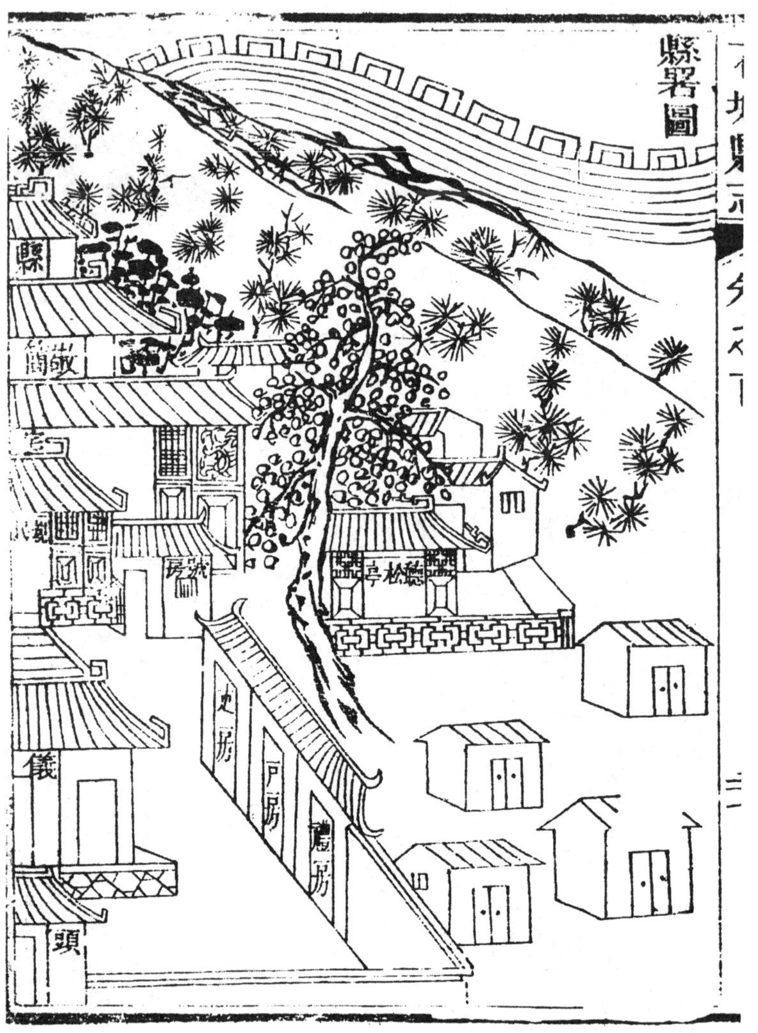
縣署圖
聽松亭
吏房
戶房
禮房

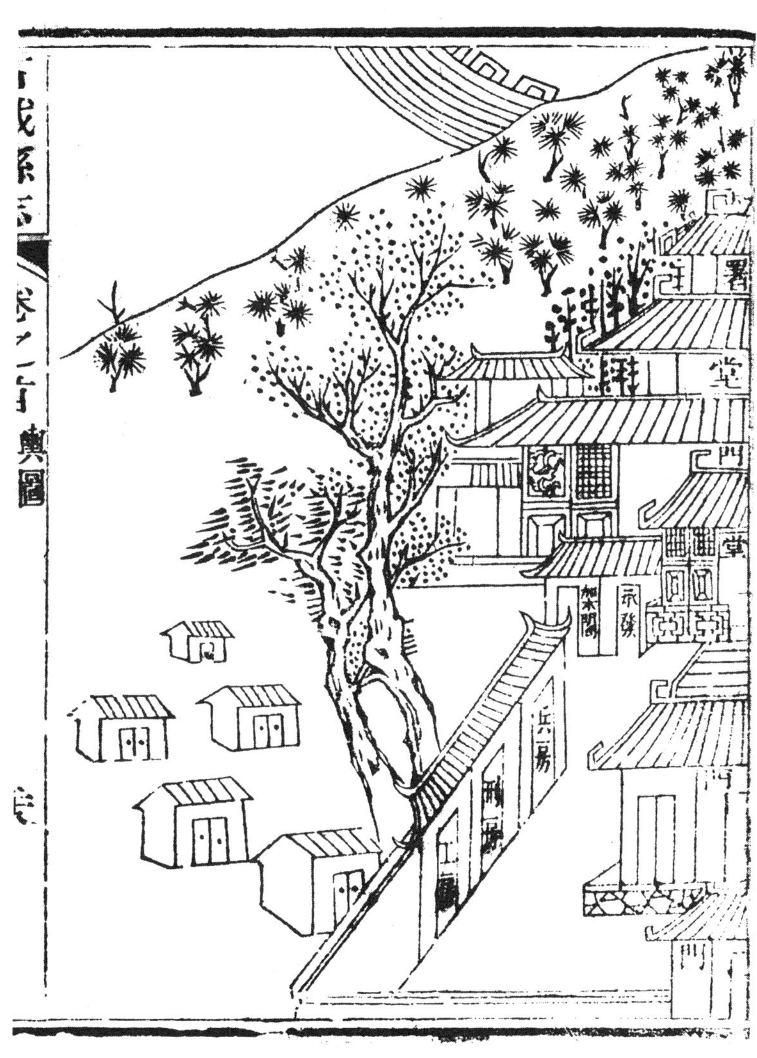
輿圖
署
堂
門
架閣
承發
兵房
刑房
門

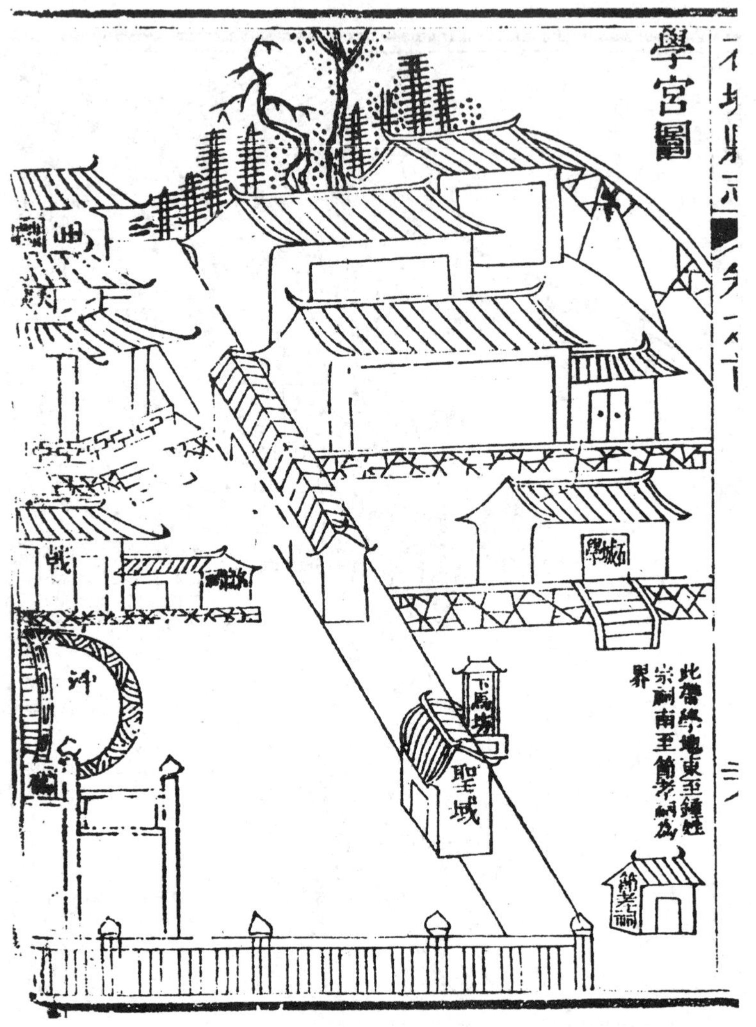
學宮圖
石城學
下馬坊
聖域
泮
此帶學地東至鍾姓宗祠南至節孝祠為界
節孝祠

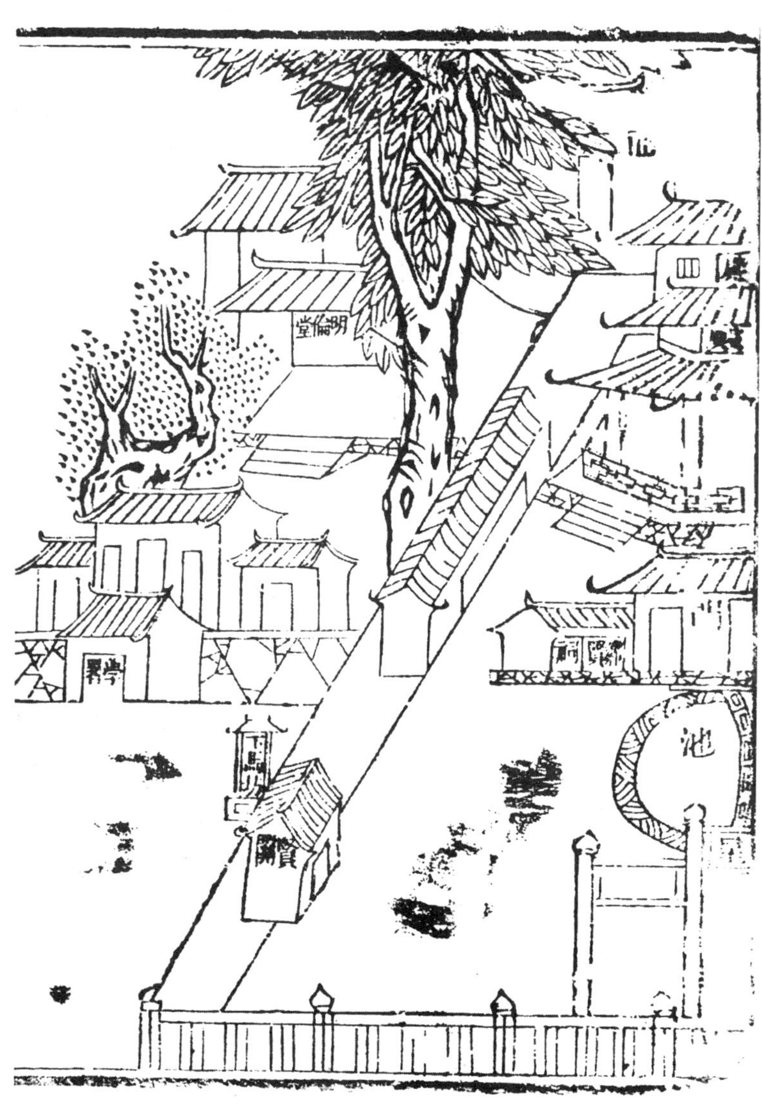
明倫堂
學署
下馬
池

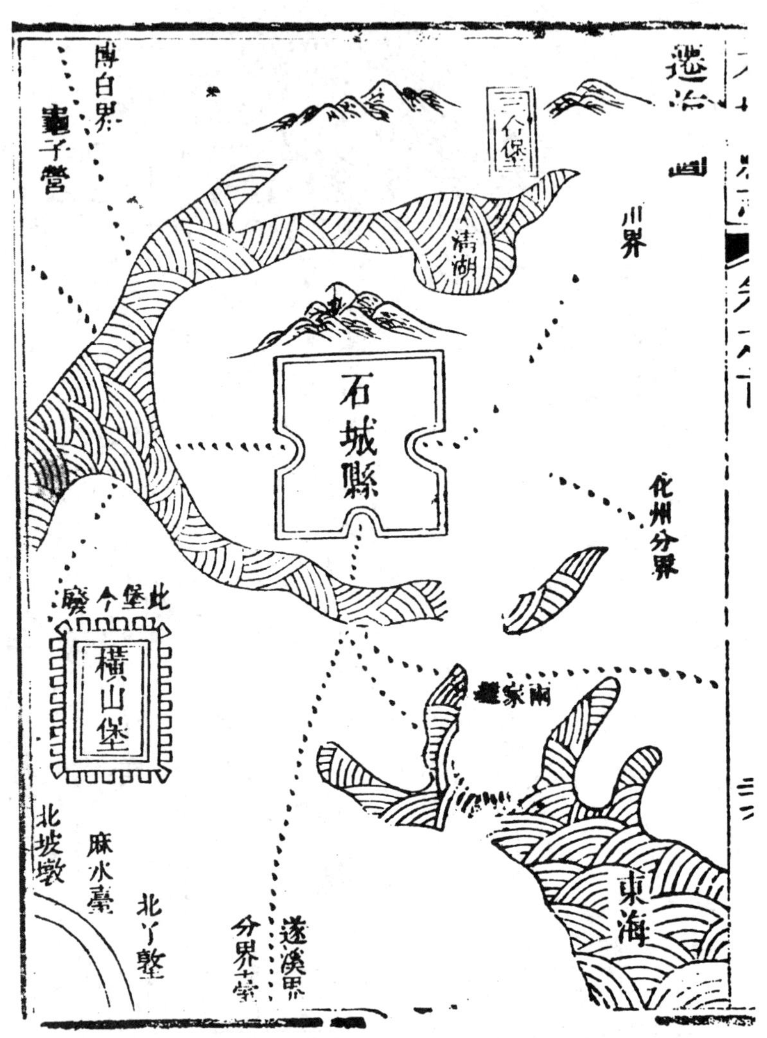
博白界
龜子營
三合堡
川界
清湖
石城縣
化州分界
此堡今廢
橫山堡
北坡墩
北丫墪
遂溪界
東海

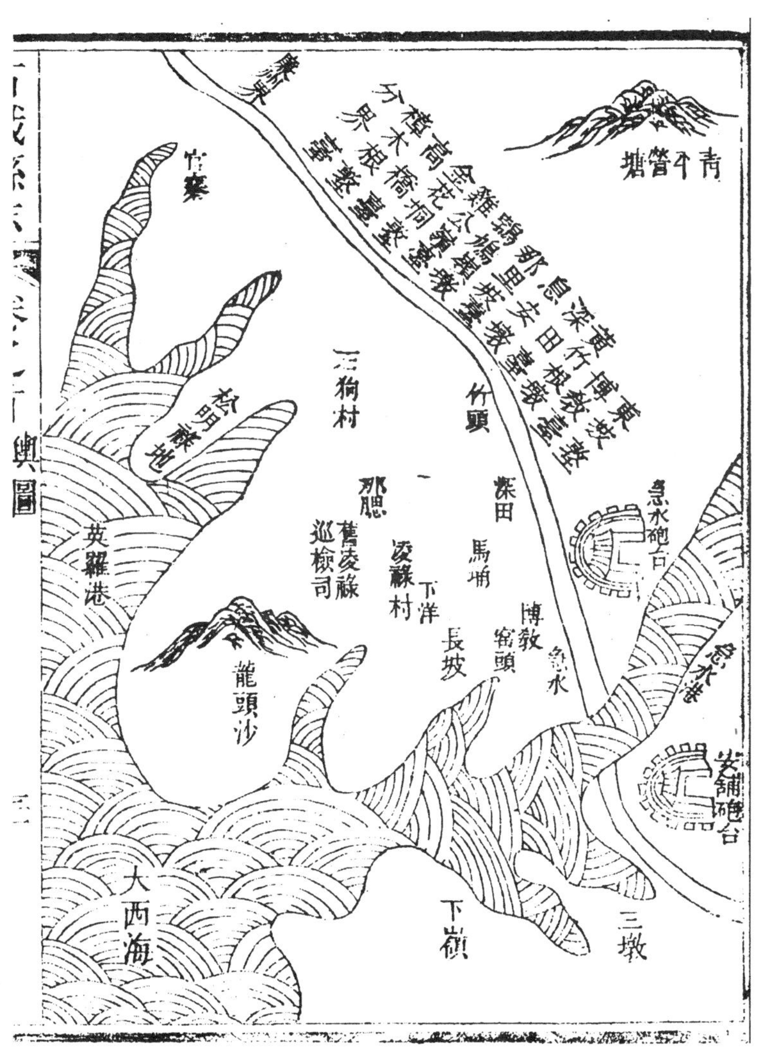
青平營塘
廉州界
黄竹博教墩
深田根墩臺
息安墩臺
那里坡墩臺
雞鶻塢鐵墩
金花公墩
高橋洞墩
樟木根墩
分界臺
竹頭
深田
馬㘭
博敎
急水
急水砲台
急水港
安舖砲台
長坡
下洋
凌祿村
舊凌祿巡檢司
石狗村
龍頭沙
英羅港
大西海
下嶺
三墩
輿圖

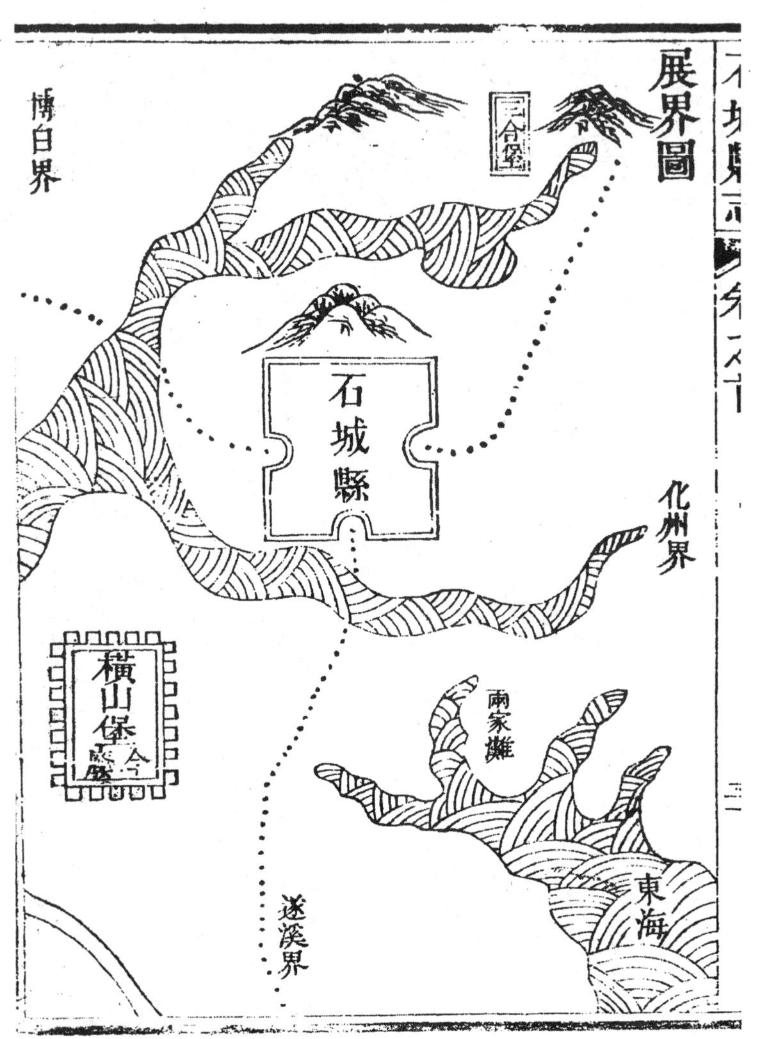
展界圖
三合堡
博白界
石城縣
化州界
橫山堡今廢
兩家灘
東海
遂溪界

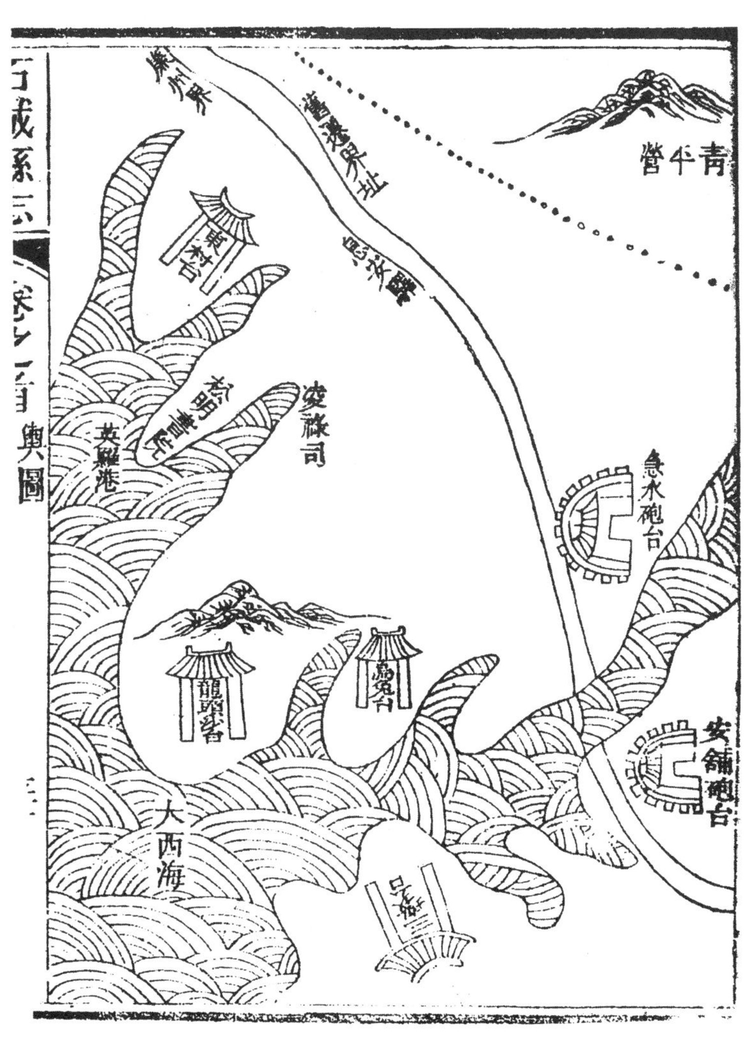
青平營
急水砲台
安鋪砲台
凌祿司
大西海

按：明自倭酋沿海煽虐，餘寇竊發，久而未靖。康熙元年，欽差大人科、价插邊界〔一〕，遷民於内，絶盜於外，於要害處設臺築墩，以資守望。康熙二年，欽差大人伊、石續遷插邊界〔二〕，嗣遊氛既息，海濱敉寧。康熙七年，特命展界，令民復業。此遷海展界，爲國朝訏謨，舊志有圖，今仍存之。

〔一〕价，據《乾隆潮州府志》當作「介」，即兵部侍郎介山。

〔二〕石，據《乾隆潮州府志》當作「碩」，即兵部侍郎碩圖。

重修《石城縣志》凡例

一、志須綱舉目張，易於觀覽。舊志編五卷，分類四十有八，散而無紀，反多罣漏。兹志爲綱十有四，爲目五十有九，以綱統目。門類既分，條貫不紊。自《典謨》以至《藝文》，中列《山川》《人物》《制度》，文爲秩然有序，披卷瞭如指掌。

一、《典謨》，舊志未經恭載，兹增入卷首，以見士民共仰，敷言建極，久道化成之美。

一、志必紀《星野》，亦仰觀天文之義也。舊志無，兹特補之。

一、《田賦》《倉貯》，古今損益不同，兹悉照喻《志》草稿，略加增改編入。

一、《武備》，原資捍衛禦防。向之猺兵，久編爲民，宜從刪削，今仍附載，以備稽考。

一、《禮樂》，爲教化之具，《學校》《禮樂》相麗爲一。我朝制作大備，移風易俗，莫善於此。而舊志均從缺略，非所以昭典則也。今自祭祀儀節以及頒行大典，并著於編，俾荒陬士子觀摩肄習焉。

一、《人物》，俱照康熙五十二年孫公所修舊志抄録，間亦依《府志》采列一二。至於女流苦節，除旌表外，其年例已符，雖人地寒微，請旌無力，兹亦增入若干，用慰幽貞。

一、舊志載《藝文》，摛華掞藻，佳製甚多。然非關一方故實者，概從裁汰。即新加諸作，亦甄别精醇，不敢濫取。

一、《貢生》，自洪武以下至成化間，内有周普、黄充、周祐、許庸、李端、羅焕、楊琳、周輔、梁舉、陳禎、蘇澤、陳哲、李惠、李廣、何信、劉安、李盛、黄鍾、李清、林鏞、蕭鳳儀、全才、陳經、勞琰、劉凱、李舒、全寬等二十七人，原係本邑名籍，舊府縣志俱登載分明。至乾隆二十四年所修《府志》，竟重攙入電白，而李清一名，又誤『清』作『青』，并不列入石城，此乃《府志》錯漏，今特釐正標明，俾後日重修《府志》者知所改正。

典謨志

世祖章皇帝御製《大清律》序順治三年

朕惟太祖、太宗創業東方，民淳法簡，大辟之外，惟有鞭笞。朕仰荷天庥，撫臨中夏，人民既衆，情僞多端。每遇奏讞，輕重出入，頗煩擬議。律例未定，有司無所稟承。爰敕法司官廣集廷議，詳譯明律，參以國制，增損劑量，期於平允。書成奏進，朕再三覆閱，仍命内院諸臣校訂妥確，乃允刊布，名曰《大清律集解附例》。爾内外有司官吏，敬此成憲，勿得任意低昂，務使百官萬民，畏名義而重犯法，冀幾刑措之風，以昭我祖宗好生之德。子孫臣民，其世世守之。

御製《人臣儆心録》序順治十二年

朕惟人臣立身，制行本諸一心。心正則爲忠爲直，衆美集焉；不正則爲奸爲慝，群惡歸焉。是故心者萬事之本，美惡之所由出也。顧事有殊塗，心惟一致。一於國則忘其家，一於君則忘其身。如此者不特名顯身榮，邦國亦允賴之矣。若夫奸邪之流，樹黨營私，怙權亂政，卒至身名俱喪，爲國厲階，蓋緣居恒無正心之功，一當勢利，遂昏迷晵亂，狂肆驕矜，上昧王章，下乖臣誼，或作威而聯羽翼，或比匪而效奔趨。如譚泰、石漢以累世舊臣，久叨恩遇，不思圖報，逞臆横行，跋扈自恣，目無綱紀；陳名夏則一介豎儒，驟蒙顯拔，倚任深重，賜賚優隆，而乃背德植交，蔑法罔上，此皆自作罪孽以致隕厥身家。朕歷稽往古，宵人誤國，代代有之。觀諸近事，復炯鑒昭，然足爲永戒，恐後之爲臣者或仍蹈覆轍，負主恩而渝素志，至於身罹刑憲，悔悼無由。故推原情狀而論列之，録成一編，以爲人臣儆心之訓云。

御頒示《賦役全書》序順治十四年

朕惟古帝王臨御天下，必以國計民生爲首務。故《禹貢》則壤定賦，《周官》體國經野，法至備也。當明之初，取民有制，休養生息。至萬曆年間，海内殷富，家給人足。及乎天啓、崇禎之世，因兵增餉，加派繁興，貪吏緣以爲奸，民不堪命，國祚隨之，良足深鑒。朕荷上天付托之重，爲生民主，一夫不獲，亦疚朕懷。凡服御饍羞，深自約損。然而祖宗、百神、軍旅、燕饗、犒錫之繁，以及百官庶役餼廩之給，罔不取之民間，誠恐有司額外加派，豪蠹侵漁中飽，民生先困，國計何資。兹特命户部右侍郎王弘祚[一]，將各直省每年額定徵收起存總撒實數，編撰成帙，詳稽往牘，參酌時宜。凡在參差遺漏，悉行駁正。錢糧則例，俱照萬曆年間，其天啓、崇禎時加增，盡行蠲免。地丁則開原額若干，除荒若干，原額以萬曆刊書爲準，除荒以覆奉御旨爲憑。地丁清核，次開實徵，又次開起存起運者。部寺倉口種種分晰，存留者欵項細數，事事條明。至若九釐銀，舊書未載者，今已增入；宗禄銀，昔爲存留者，今爲起運。漕、白二糧確依舊額，運丁行月必令均平。胖襖盔甲，昔解本色，今俱改折南糧。本折昔留南用，今抵軍需官員經費，定有新規，會議裁冗，改歸正項。本色絹布、顔料、銀、朱、銅、錫、茶、蠟等項，已改折者照督撫題價值開列；解本色者照刊書價值造入。每年督撫確察時值，題明填入，易知單内照數辦解。更有昔未解而今宜增者，有昔太冗而今宜裁者，俱細加清核，條貫井然。後有續增地畝錢糧，督撫按彙題造册，報部以憑稽核，綱舉目張，勒成一編，名曰《賦役全書》，頒布天下。庶使小民遵兹令式，便於輸將；官吏奉此章程，罔敢苛斂。爲一代之良法，垂萬世之成規。雖然，此其大略也。若夫催科之中寓以撫字，廣招徠之法，杜欺隱之奸，則守令之責也。正己率屬，承流宣化，核出納之數，慎挪移之防，則布政司之責也。舉廉懲貪，興利除害，課殿最於荒墾，昭激揚於完欠，恪遵成法，以無負朕足國裕民之意，則督撫之責有特重焉。其敬承之毋忽。

[一]「弘」，原避諱闕字，據《清史稿》補。

聖祖仁皇帝上諭十六條康熙十八年

敦孝弟以重人倫。

篤宗族以昭雍睦。

和鄉黨以息争訟。

重農桑以足衣食。

尚節儉以惜財用。

隆學校以端士習。

黜异端以崇正學。

講法律以儆愚頑。

明禮讓以厚風俗。

務本業以定民志。

訓子弟以禁非爲。

息誣告以全善良。

誡匿逃以免株連。

完錢糧以省催科。
聯保甲以弭盜賊。
解讎忿以重身命。

御製至聖先師孔子贊并序　康熙二十五年

蓋自三才建，而天地不居其功；一中傳，而聖人代宣其藴。有行道之聖，得位以綏猷；有明道之聖，立言以垂憲。此正學所以常明，人心所以不泯也。粤稽往緒，仰遡前徽，堯、舜、禹、湯、文、武，達而在上，兼君師之寄，行道之聖人也。孔子不得位，窮而在下，秉删述之權，明道之聖人也。行道者勛業炳於一朝，明道者教思周於百世。堯、舜、文、武之後，不有孔子，則學術紛淆，仁義湮塞，斯道之失傳也久矣。後之人而欲探二帝三王之心法，以爲治國平天下之準，其奚所取衷焉？然則孔子之爲萬古一人也，審矣。

巡省東國，謁祀闕里，景企滋深，敬摛筆而爲之贊曰：

清濁有氣，剛柔有質。聖人參之，人極以立。行著習察，舍道莫由。惟皇建極，惟后綏猷。作君作師，垂統萬古。曰惟堯舜，禹湯文武。五百餘歲，至聖挺生。聲金振玉，集厥大成。序書删詩，定禮正樂。既窮象繫，亦嚴筆削。上紹往緒，下示來型。道不終晦，秩然大經。百家紛紜，殊途异趣。日月無逾，羹墻可晤。孔子之道，惟中與庸。此心此理，千聖所同。孔子之德，仁義中正。秉彜之好，根本天性。庶幾夙夜，勖哉令圖。遡源洙泗，景躅唐虞。載歷庭除，式觀禮器。摛毫仰贊，心焉遐企。百世而上，以聖爲歸。百世而下，以聖爲師。非師夫子，惟師於道。統天御世，惟道爲寶。泰山巖巖，東海泱泱。墻高萬仞，夫子之堂。孰窺其藩，孰窺其徑。道不遠人，克念作聖。

御製顔子贊康熙二十八年

聖道早聞，天資獨粹。約禮博文，不遷不貳。一善服膺，萬德來萃。心齋坐忘，其樂一致。禮樂四代，治法兼備。用行舍藏，王佐之器。

曾子贊

洙泗之傳，魯以得之。一貫曰唯，聖學在兹。明德新民，止善爲期。格致誠正，均平以推。至德要道，百行所基。纂承統緒，修明訓辭。

子思子贊

於穆天命，道之大原。静養動察，庸德庸言。以育萬物，以贊乾坤。九經三重，大法是存。篤恭慎獨，成德之門。卷之藏密，擴之無垠。

孟子贊

哲人既萎，楊墨昌熾。子輿闢之，曰仁曰義。性善獨闡，知言養氣。道稱堯舜，學屏功利。煌煌七篇，並垂六藝。孔學攸傳，禹功作配。

御製訓飭士子文康熙四十一年

國家建立學校，原以興行教化，作育人材，典至渥也。朕臨御以來，隆重師儒，加意庠序。近復慎簡學，使釐剔弊端，務令風教修明，賢才蔚起，庶幾棫樸作人之意。乃比年士習未端，儒效罕著。雖因内外臣工奉行，未能盡善，亦由爾諸生積錮已久，猝難改易之故也。兹特親製訓言，再加警飭，爾諸生其敬聽之。

從來學者，先立品行，次及文學、學術、事功，源委有叙。爾諸生幼聞庭訓，長列宫墻，朝夕誦讀，寧無講究，必也躬修實踐，砥礪廉隅，敦孝順以事親，秉忠貞以立志。窮經考業，勿雜荒誕之談；取友親師，悉化驕盈之氣。文章歸於醇雅，毋事浮華；軌度式於規繩，最防蕩軼。子衿佻達，自昔所譏。苟行止有虧，雖讀書何益？若夫宅心弗淑，行已多愆。或蜚語流言，脅制官長；或隱糧包訟，出入公門；或唆撥奸猾，欺孤凌弱；或招呼朋類，結社邀盟。乃如之人，名教不容，鄉黨勿齒，縱倖脱褫朴濫，竊章縫返之於衷，寧無愧乎？况乎鄉會科名乃掄才大典，關係尤鉅，士子果有真才實學，何患困不逢年。顧乃標榜虚名，暗通聲氣，夤緣詭遇，罔顧身家。又或改竄鄉貫，希圖進取，嚚凌騰沸，網利營私，種種弊端，深可痛恨。且夫士子出身之始，尤貴以正。若兹厥初拜獻，便已作奸犯科，則异時敗檢逾閑，何所不至，又安望其秉公持正，爲國家宣猷樹績，膺後先疏附之選哉？朕用嘉惠爾等，故不禁反復惓惓。兹訓言頒到，爾等務共體朕心，恪遵明訓，一切痛加改省，争自濯磨，積行勤學，以圖上進。國家三年登造，束帛弓旌，不特爾身有榮，即爾祖父亦增光寵矣。逢時得志，寧俟他求哉！若仍視爲具文，玩愒勿儆，毁方躍冶，暴棄自甘，則是爾等冥頑無知，終不能率教也。既負裁培〔一〕，復干咎戾，王章具在，朕亦不能爲爾等寬矣。自兹以往，内而國學，外而直省鄉校，凡學臣師長皆有司鐸之責者，並宜傳集諸

〔一〕「栽」，《學政全書》作「栽」，是。

生，多方董勸，以副朕懷。否則職業勿修，咎亦難逭，勿謂朕言之不預也，爾多士尚敬聽之哉！

諭知州知縣

朕惟國家首重吏治，爾州牧、縣令乃親民之官吏，治之始基也。貢賦、獄訟，爾實司之，品秩雖卑，職任綦重。州縣官賢，則民先受其利；州縣官不肖，則民先受其害。膺兹任者，當體朝廷惠養元元之意，以愛民爲先務。周察蔀屋，綏輯鄉里。治行果有其實，循卓自有其名，非内聚賄而外干譽，謂之名實兼收也。全省吏治如作室然，督撫其棟梁也，司道其垣墉也，州縣其基址也。《書》曰：『民惟邦本，本固邦寧。』所以固邦本者在吏治，而吏治之本在州縣。苟州縣之品行不端，猶基不立，則室不固，庸有濟乎。

皇考臨御六十一年，灼知州縣之重，特行引見，咨詢明試，至詳至慎。其有廉能之員，每不次超擢，以示鼓勵。今海内群黎皆皇考所懷保也，朕膺宗社重寄，思纘皇考之治功。惟爾州縣諸臣，具有父母斯民之責，其爲朕立之基址，以固邦本焉。誠能潔己奉公，實心盡職一州一縣之中，興仁興讓，教孝教忠，物阜民安，刑清訟簡，朕將升之朝宁，用作股肱。如或罔念民瘼，恣意貪婪，或朘削肥家，或濫刑逞虐，或借刻以爲清，或恃才而多事，或諂媚上司以貪位，或任縱胥吏以擾民，或徇私逞欲以上虧國帑，王章具在，豈爾貸歟？更有任州縣時私肥己橐，而漫云且俟顯要方立名節者，其與初市清名晚而改操之人，何以异哉？至於錢糧，關係尤重，絲毫顆粒皆百姓之脂膏，增一分則民受一分之累，減一分則民沾一分之澤。前有請暫加火耗，抵補虧空絮項者，皇考示諭在廷，不允其請，爾諸臣共聞之矣。今州縣火耗任意加增，視爲成例，民何以堪乎？嗣後斷宜禁止，或被上司查核，或被科道糾參，必從重治罪，决不寬貸。夫欲清虧空之源，莫如節儉，正直節儉，則用無不足。正直則上司不可干以私，若朘小民之生，以飽上官之貪欲，冒不測之罪以快一時之奢侈，豈砥礪廉隅爲民父母之道乎？爾州縣等官，其恪共乃職，勿貽罪戾，毋謂地遠官卑，朕不及察其賢否也。特諭。

諭旌獎務期核實雍正元年

諭禮部：致治之要，首在風化。移風易俗，莫先於鼓勵良善，使人人知彝倫天則之爲重，忠孝廉節之宜敦。古帝王勞來匡直，所以納民於軌物者，舍是無由也。朝廷每遇覃恩，詔欵内必有旌表孝義、貞節之條，實係鉅典。邇來直省大吏往往視爲具文，並未廣諮遠訪，祇將有力之家囑托賂遺者，漫憑郡縣監司之申詳，即爲題請建坊，而山川僻壤窮氓耕織之人，或菽水養親，天性篤孝，或柏舟矢志，之死靡他，鄉鄰嗟嘆爲可欽，而姓氏不傳於城邑，幽光湮鬱，潛德消沉者，何可勝數？爾部即着傳諭督撫學政諸臣，嗣後務期各屬搜羅，虚公核詢，確據本人鄉評實迹，題奏旌獎。勿以匹夫匹婦而輕爲沮抑，勿以富家巨族而濫爲表揚，以副朕成俗化民、實心彰善至意。特諭。

諭開墾雍正元年

諭：朕臨御以來，宵旰憂勤，凡有益於民生者，無不廣爲籌度。因念國家承平日久，生齒殷繁，土地所出，僅可贍給。偶遇荒歉，民食維艱，將來户口日滋，何以爲業。惟開墾一事，於百姓最有裨益。但向來開墾之弊，自州縣以至督撫，俱需索陋規，致墾荒之費浮於買價，百姓畏縮不前，往往膏腴荒棄，豈不可惜？嗣後各省凡有可墾之處，聽民相度地宜，自墾自報，地方官不得勒索，吏胥亦不得阻撓。至升科之例，水田仍以六年起科，旱田以十年起科，着著爲定例。其府州縣官能勸諭百姓開墾地畝多者，準令議叙；督撫大吏能督率各屬開墾地畝多者，亦準議叙。務使野無曠土，家給人足，以副朕富民阜俗之意。特諭。

御製《聖諭廣訓》序雍正二年

《書》曰：『每歲孟春，遒人以木鐸徇於路。』《記》曰：『司徒修六禮以節民性，明七教以興民德。』此皆以敦本崇實之道爲牖民覺世之模，法莫良焉，意莫厚焉。我聖祖仁皇帝久道化成，德洋恩普，仁育萬物，義正萬民。六十年來，宵衣旰食，祗期薄海内外，興仁講讓，革薄從忠，共成親遜之風，永享升平之治。故特頒上諭十六條，曉諭八旗及直省兵民人等，自綱常名教之際，以至於耕桑作息之間，本末精粗，公私鉅細，凡民情之所習，皆睿慮之所周。視爾編氓，誠如赤子，聖有謨訓，明徵定保，萬世守之，莫能易也。朕纘承大統，臨御兆人，以聖祖之心爲心，以聖祖之政爲政，夙夜黽勉，率由舊章，惟恐小民遵信奉行，久而或怠，用申誥誡，以示提撕。謹將上諭十六條，尋繹其義，推衍其文，共得萬言，名曰《聖諭廣訓》。旁徵遠引，往復周詳，意取顯明，語多直樸，無非奉先志以啓後人，使群黎百姓家喻而户曉也。願爾兵民等仰體聖祖正德厚生之至意，勿視爲條教號令之虚文，共勉爲謹身節用之，庶人盡除夫浮薄囂凌之陋習，則風俗醇厚，家室和平。在朝廷德化，樂觀其成，爾後嗣子孫，並受其福。積善之家必有餘慶，其理豈或爽哉。

諭勸農 雍正二年

諭：朕惟撫養元元之道，足用爲先。朕自臨御以來，無刻不廑念民依，重農務本，業已三令五申矣。但我國家休養生息數十年來，户口日繁，而土田止有此數。非率天下農民竭力耕耘，兼收倍獲，欲家室盈寧，必不可得。《周官》所載巡稼之官不一而足，又有保介田畯，日在田間，皆爲課農設也。今課農雖無專官，然自督撫以下，孰不兼此任也。其各督率有司，悉心相勸，並不時咨訪疾苦，有絲毫妨於農業者，必爲除去。仍於每鄉中擇一二老農之勤勞作苦者，優其獎賞，以示鼓勵。如此則農民知勸，而惰者可化爲勤矣。再舍傍田畔以及荒山不可耕種之處，度量土宜，種植樹木。桑柘可以飼蠶，棗栗可以佐食，柏桐可以資用，即榛楛雜木亦足以供炊爨。其令有司督率指畫，課令種植，仍嚴禁非時之斧斤，牛羊之踐踏，奸徒之盜竊，亦爲民利不少。至孳養牲畜，如北方之羊，南北之彘，牧養如法，乳字以時，於生計不無裨益。總之，小民至愚，經營衣食非不迫切，而於目前自然之利反多忽略。所賴親民之官委曲周詳，多方勸導，庶使踴躍争先，人力無遺而地利始盡，不惟民風可厚，風俗亦可還淳。爾督撫等官，各體朕惓惓愛民之意，實心奉行。倘視爲具文，苟且塗飾，或反以擾民，則尤其不可也。

諭設社倉雍正二年

諭：社倉之設，原以備荒歉不時之需，用意良厚。然往往行之不善，致滋煩擾，官民俱受其累。朕意以爲，奉行之道，宜緩不宜急，宜勸諭百姓，聽民便自爲之，而不當以官法繩之也。近聞各省漸行社倉之法，貯蓄於豐年，取資於儉歲，俾民食有賴，而荒歉無憂。朕心深爲喜悦。但因地制宜，須從民便。是在有司善爲倡導於前，留心照應於後，使地方有社倉之益，而無社倉之害。此則爾督撫所當加意體察者也。又民間輸納錢糧，用自封投櫃法，亦屬便民之道。但偶有短少之處，令其添補。每致多索其數，浮於所少之外，理應將原銀發還，仍於原封内照數補足交納，庶可免多索之弊。此雖細事，督撫大吏亦不可不留心體察，嚴飭有可〔一〕，以除民累。特諭。

御製《大清律集解》序雍正三年

《周禮》大小司寇之職，以三典詰四方，以五刑聽獄訟。正歲，率其屬而觀刑象，不用法者，國有常刑。月吉始和，布刑於邦國都鄙，乃懸刑象之法於象魏，使萬民聚而觀之。是知先王立法定制，將以明示朝野，俾官習之而能斷，民知之而不犯，所由息争化俗，而致於刑措也。恭惟我皇考聖祖仁皇帝大德如天，以至仁涵育群生，法司上奏，率多全宥，停刑肆赦，屢沛恩綸。臨御六十一年，厚澤周洽乎宇内，血氣心知之倫，熙然安處於仁壽之域。朕紹守丕圖，深懷繼述。雍正元年八月，乃令諸臣將律例館舊所纂修未畢者，遴簡西曹，殫心蒐輯，稿本進呈。朕以是書，民命攸關，一句一字必親加省覽。每與諸臣辨論商榷，折中裁定。或析异以歸同，或删繁而就約，務期求造律之意，輕重有權，盡讞獄之情，寬嚴得體。三年八月，編校告竣，刊布内外，永爲遵守。《易》曰：『先王以明罰敕法。』漢鄭昌言：『律令一定，愚民知所避，奸吏無所施。』是書也，豈惟百爾有位宜精思熟習，悉其聰明以察小大之比，凡士之注名吏部，將膺民社之責者，講明有素，則臨民治事，不假於幕客胥吏，而判决有餘。若自通都大邑至

〔一〕可，《雍正上諭内閣》作『司』，是。

僻壤窮鄉，所在州縣仿《周禮》布憲讀法之制，時爲解説，令父老子弟遞相告戒，知畏法而重自愛。如此則聽斷明於上，㵝訟息於下〔一〕，風俗可正，禮讓可興。於以體皇考好生之德，而追虞廷從欲之治，不難矣。朕實有厚望焉。

諭教士子責成學臣教職雍正四年

諭：爲士者，乃四民之首，一方之望。凡屬編氓，皆遵之奉之，以爲讀聖賢之書，列膠庠之選，其所言所行俱可爲鄉人法則也。故必敦品勵學，謹言慎行，不愧端人正士，然後以聖賢詩書之道開示愚民，則民必聽從其言，服習其教，相率而歸於謹厚。或小民偶有不善之事，即懷愧耻之心，相戒勿令某人知之，如古人之往事，則民風何患不淳，世道何患不復古耶！

朕觀今日之士子，雖不乏閉門勤修、讀書立品之輩，而蕩檢逾閑不顧名節者亦復不少。或出入官署，包攬詞訟；或武斷鄉曲，欺壓平民；或違抗錢糧，藐視國法；或代民納課，私潤身家。種種卑污下賤之事，難以悉數。彼爲民者，見士子誦讀聖賢之書，而行止尚且如此，則必薄待讀書之人，而並輕視聖賢之書矣。士習不端，民風何由而正？其間關係極爲重大。朕自即位以來，加恩學校，培養人材，所以教

〔一〕『㵝』，《世宗憲皇帝御製文集》作『牒』，是。

育士子者，無所不至。宜乎天下之士皆鼓舞奮興，争自濯磨，盡去其佻達之習矣。而内外諸臣條奏中，臚列諸生之劣迹，請行嚴懲者甚多。朕思轉移化導之法，當先端其本源。教官者，多士之儀型也；學臣者，教官之表率也。教官多屬中材，又或年齒衰邁，貪位竊禄，與士子爲朋儔，視考課爲故套。而學臣又但以衡文爲事任，教官之因循怠惰，苟且塞責，漫不加察。所以倡率之本不立，無怪乎士習之不端，而風俗之未淳也。朕孜孜圖治，欲四海之大，萬民之衆，皆向風而慕義，革薄而從忠。故特簡督學之臣，慎重學臣之職，欲使自上而下端本澄源，以收實效也。凡爲學臣者，務使持公秉正，宣揚風化。以教官之稱職者即加薦拔，溺職者即行參革。爲教官者，訓誨士子，悉秉誠心，如父兄之督課子弟。至於分别優劣，則至公至當，不涉偏私。如此各盡其道，則士子人人崇尚品詣，砥礪廉隅，且不但自淑其身，而群黎百姓日聞善言，日觀善行，以生其感發之念，風俗之丕變，庶幾其可望也。特諭。

諭老人 雍正四年

諭：朕覽户部奏銷本章見恩詔内賞給老人一項，『直隸各省七十以上至百歲以上老民老婦，共一百四十二萬一千六百二十五名，賞給絹布等件價銀共八十九萬餘兩，米一十六萬五千餘石』等語，凡此老人但就民人而言，如仕宦、紳士、商賈、僧道，皆不入此數之内。《洪範》以壽居五福之首，而昔人稱七十爲『古稀』，誠以壽爲難得而可貴也。乃今日老人之多至於如此，皆由我皇考聖祖皇帝六十餘年以來，深仁厚澤，休養生息。凡山陬海澨、僻壤窮鄉，無不沐浴鴻慈，涵濡大化，太和翔洽，壽國壽民。所以期頤耄耋、龐眉皓首之人，至數百餘萬之多。所謂老者以壽終、幼孤得遂長者，皆我皇考之賜也。從此益加培養，日積月累，則民間之享高年、介眉壽者，更不知如何之衆矣。此等老人躬際昌明，年登上壽，大抵皆居心忠厚，力行善事之人。即或有一二年少時未盡醇謹者，亦必中年、暮齒能自悔悟之人。蓋一念修省，即荷上天福祐也。是國家有培養之恩，而由本人能修善以祇承之，非倖而致之者也。爾等百姓觀百年之盛事，當歡忻鼓舞，謹身修德以迓天庥。父與父言慈，子與子言孝，兄友弟恭，夫婦和順，比閭族黨之間相親相愛，無詐無欺，革薄從忠，循分守法，盡除乖戾之氣，爲國家淳樸善良之民，則天地佑善錫福，長享遐年，此必然之理也。但生齒日盛，食指繁多，則謀生之計不可不講。爾等百姓當重農桑以順天時，勤開墾以盡地利，務本業以戒遊隋〔二〕，謹蓋藏以裕久遠，而且節省食用，愛惜物力，毋縱奢侈，毋競紛華，毋任意靡費，以耗有用之財，毋但顧目前而忘經久之計。朕以勤儉先天下，宫禁之中於食餘之物皆不忍棄，必令人檢取收貯之。數年以來，所貯米粟已至數十石之多。朕臨御萬方，尚多方撙節愛養，以爲加惠元元之本。爾等小民安可縱口腹之所欲，而忘物力之艱難乎？爾等誠能體朕諄諄訓誨之意，敦善行則心體安，務本計則俯仰足，惜財用則家室裕，人心和樂，風俗醇美，同爲壽考之人，長享昇平之福，豈非朕之所厚望哉。著該部將朕此旨轉發直省督撫，通行所屬郡邑、鄉

〔二〕『隋』，《雍正上諭内閣》作『惰』，是。

村，咸使聞知。特諭。

諭閩廣百姓各務本業雍正五年

諭：閩廣兩省督撫常稱本省産米甚少，不足以敷民食。總督高其倬亦曾具奏。巡撫楊文乾則云：『廣東所産之米，即年歲豐收，亦僅足供半年之食。』朕思本省之米不足供本省之食，在歉歲則有之，若云每歲如此，即豐收亦然，恐無此理。或田疇荒棄，未盡地力，或耕耘怠惰，未用人功，或奸民希圖重價，私賣海洋。三者均未可定。昨曾面諭九卿，今廣西巡撫韓良輔奏稱『廣東地廣人稠，專仰給於廣西之米。在廣東，本處之人惟知貪射重利，將地上多種龍眼、甘蔗、煙葉、青靛之屬，以致民富而米少。廣西地瘠人稀，豈能以所産供鄰省，多令販運』等語，此奏與朕前旨相符。可知閩廣民食之不足，有由來矣。今二省督撫等悉心勸導，俾人人知食乃民天，各務本業，盡力南畝，不得貪利而廢農功之大，不得逐末而忘稼穡之艱。至於園圃、果木之類，當俟有餘地餘力而後爲之，豈可圖目前一時之利益，而不籌畫於養命之源，以致緩急無所倚賴，而待濟於鄰省哉？假若鄰省或亦歉收，則又將何如哉！該督撫等務須諄切曉諭，善爲化導，俾愚民豁然醒悟，踴躍趨事，則地方不致虚耗，而米穀不致匱乏矣。特諭。

諭舉貢生生員雍正五年

諭：從來爲政，在乎得人。《書》曰：『野無遺賢，萬邦咸寧。』蓋賢才登進，在位者多，則分猷效職，庶績自能就理，而民生無不被其澤也。朕即位以來，加意旁求，凡所以延訪擢用之道，盡朕心力。如現任官員及候補候選科目諸人，每特令薦舉，遴選引見，廣開録用之途，冀收群策之力。又念各省學校之設，原以養育人才，爰命學臣保舉賢能，升聞於朝，以備任使。乃直省學臣所舉人數不多，又多草率塞責，不能副得人之實。夫十室之邑必有忠信，今直省、府、州、縣學貢生生員多者數百人，少亦不下百餘，其中豈無行誼醇篤好修、自愛明達之士乎！著知州、知縣官會同各該學教官，將府、州、縣之貢生生員内，居家孝友、行止端方、才可辦事而文亦可觀者，秉公確查，一學各舉一人，於今年秋末冬初，申報該上司，奏聞請旨。其或僻遠中學小學，實無可舉者，令知縣、教官出具印結，該督撫查實奏聞。朕因廣攬人材，舉此曠典，所以黜浮華而資實用。州、縣教職等官爲一方師長，選賢薦能，乃其專責。倘敢有輕忽之心，虚應故事，濫舉非人者，定照溺職例革職。若或徇情受賄，則又加倍治罪。八旗之滿洲、蒙古、漢軍亦照此例。將人品端方、通曉漢文者，著該佐領各舉一人，如不得其人之佐領，亦具印結，令該都統彙齊，奏聞請旨，庶使潛修篤行之士得以表見，而國家亦收得人之效矣。特諭。

諭禮義廉耻辨雍正五年

諭：近因考試新科進士，以宋儒所云『士人當有禮義廉耻』句爲論題，諸進士試卷進呈。朕躬自披覽，見其文藝之工拙優劣固有不同，然大概皆詞章記誦之常談，見解卑淺，識量狹隘，未能真知題中之理藴而實有發明。蓋所言止於儀文末節而已，非禮義廉耻之大者也。朕則謂古人言禮義廉耻，國之四維者，蓋以天下之大、四海之衆，皆範圍其中，而不可須臾離。而士人貴有禮義廉耻之説，所指甚遠，所包甚宏。上之爲人君，下之爲人臣，皆當求其大者以爲務，而不可屬於儀文末節之間也。以禮言之，如化民成俗，立教明倫，使天下之人爲臣者皆知忠，爲子者皆知孝，此禮之大者也。進退周旋，俯仰揖讓，此禮之小者也。以義言之，如開誠布公，蕩平正直，使天下之人無黨無偏，和衷共濟，此義之大者也。然諾不欺，出入必謹，此義之小者也。以廉言之，理財制用，崇儉務本，使天下之人家給人足，路不拾遺，盜賊不生，争訟不作，貪官污吏無以自容，此廉之大者也。簞食豆羹，一介不取，此廉之小者也。至於以耻言之，爲人君者，憲天出治，誠和萬民，則當以一夫不獲其所爲耻。爲人臣者，行義達道，兼善天下，則當以其君之不爲堯舜爲耻。若夫迂拘曲謹如鄉黨自好之類，不失言於人，不失色於人，此乃知耻之小者耳，曾何足以盡有耻之道乎。欲爲君，盡君道，欲爲臣，盡臣道，而其道曾不外禮義廉耻之四端。士人者，必當以天下爲己任，其身即爲臣之身，而有致君之責者，豈可徒知禮義廉耻之小節，而不知禮義廉耻之大者乎？夫禮義廉耻，由一端之小者，擴而充之，皆可以保四海。然必知其大者而務之，自可不遺於其小。若或徒窺小節而不知其大，則迂拘曲謹，止圖檢束一身，而不敢任天下之重，此則細民之行，而非士人之道也。孔子曰：『人能弘道，非道弘人。』其可不勉自奮立乎！朕引見新科進士之時，即欲面加訓諭，因天氣炎熱，恐伊等暫時跪聽，不能悉心領會，今特詳爲宣示。朕願與大小諸臣交相儆勉，詳思禮義廉耻之大者，身體力行，則人心風俗蒸蒸日上，而唐虞三代之治，庶幾其可復見也。特諭。

諭人子毋毁傷肢體雍正六年

諭：覽福建巡撫常賚奏稱，羅源縣孝子李盛山割肝救其母病，母病愈後，李盛山傷重身故，請加旌表。部議以割肝乃小民輕生愚孝，向無旌表之例，應不准行。朕念割肝療疾，事雖不經，而其迫切救母之心，實難得而可憫，已加恩准其旌表矣。嘗讀韓愈之文曰：『母疾，則止於烹粉藥石以爲事，未聞毁傷肢體以爲養。苟不傷於義，則聖賢當先衆而爲之矣。』又讀朱子書曰：『割股固自不是，若誠心爲之，不求人知亦庶幾，今乃有以此要譽者。』是先儒論及此者屢矣。本朝順治年間定例，割股或致傷生，卧冰或致凍死，恐民仿效，不准旌表。伏思我世祖皇帝、聖祖皇帝臨御萬方，立教明倫，與人爲善，而於此例慎予旌表者，誠乃天地好生之盛心，聖人覺世之至道，視人命爲至重，不可以愚昧而誤戕，念孝道爲至弘，不可以毁傷爲正理，立法垂訓，實有深心存焉。但向來地方有司未嘗以聖賢經常之道與國家愛養之心，明白曉諭，開導編氓，是以愚夫愚婦救親而捐軀，殉夫而殞命者，往往有之。既有其事，若不予以旌表，恐無以彰其苦志而慰其幽魂。所以數十年來，雖定不予旌表之例，而仍許其奏聞，且有邀恩於常格之外者，仰見聖祖皇帝哀矜下民之聖心，固如是之周詳而委曲也。《孝經》曰：『身體髮膚，受之父母，不敢毀傷，孝之始也。』《孟子》曰：『事孰爲大，事親爲大；守孰爲大，守身爲大。』此皆言人子一身，乃父母之遺體，雖一髮一指，不可偶有虧損，以傷父母之所貽也。孔子曰：『父母惟其疾之憂。』蓋父母愛子之心無所不至，偶有疾病，尚以爲憂，設有不肖忤逆之子，父母且恕而矜之，其純孝之子，而父母之憐愛又當如何也？豈有以己身患病之故，割其子之肝肉，充飲饌而和湯藥，其父母之心斷無不驚憂慘惕不安之理也。若因此而致於傷生，又豈父母所忍聞者乎？夫父母有疾，固人子所當盡心竭力之時，而孝道多端，實不容效命捐軀於一節。孔子曰：『生，事之以禮；死，葬之以禮，祭之以禮。』是人生孺慕之誠，原通百年而無間者也。人子一身，承先啓後，負荷甚鉅。若舍生殞命於倉卒之間，而忘宗祀繼續之重，恐非所以爲孝也。況人子於親本乎天性，倘能盡至誠純孝之實，則親病雖篤，呼籲請禱，力省一身之過，誓願爲一正人，如此必能感天地、動鬼神，何須割肝刲股以爲回生之良劑乎？家庭之行，惟在至誠至敬，善體親心，不必以驚世駭俗之爲，著奇於日用倫常之外也。至若『婦人從一』之義，醮而不改，乃天下之正道。而其間節婦、烈婦亦有不同者。烈婦以死殉夫，慷慨相從於地下，固爲人所難能。然烈婦難而節婦尤難。蓋從死者取决於一時，而守貞者必歷夫永久。從死者致命而遂己，而守貞者備嘗其艱難。且烈婦之殉節捐軀，其間情事亦有不同者。或迫於貧窶而寡自全之計，或出於憤激而不暇爲日後之思，不知夫亡之後，婦職之當盡者更多。上有翁姑，則當奉養以代爲子之道；下有後嗣，則當教育以代爲父之道。他如修治蘋蘩，經理家業，其事難以悉數，安得以一死畢其責乎！是以節婦之旌表載在典章，而烈婦不在定例之内者，誠以烈婦捐生與割肝刲股之愚孝，其事相類。假若仿傚者多，則戕生者衆，爲上者之所不忍也。向來未曾通行曉諭，朕今特頒諭旨，著地方有司廣爲宣布，務期僻壤荒村家喻户曉，俾愚民咸知孝子節婦之自有常道可行，而保全生命之爲正理，則倫常之地皆合中庸，不負國家教養矜全之德矣。倘訓諭之後，仍有不愛軀命，蹈於危亡者，朕亦不概加旌表，以成閭閻激烈之風，長愚民輕生之習。思之，思之。特諭。

諭閩廣正鄉音 雍正六年

諭：凡官員有莅民之責，其語言必使人人共曉，然後可以通達民情，熟悉地方事宜，而辦理無誤。是以古者六書之制，必使諧聲會意，嫻習語音，皆所以成遵道之風，著同文之治也。朕每引見大小臣工，凡陳奏履歷之時，惟有福建、廣東兩省之人仍係鄉音，不可通曉。夫伊等以現登仕籍之人，經赴部演禮之後，其敷奏對揚尚有不可通曉之語，則赴任他省又安能於宣讀訓諭、審斷詞訟，皆歷歷清楚，使小民共知而共解乎？官民上下語言不通，必致吏胥從中代爲傳達，於是添飾假借，百弊叢生，而事理之貽誤者多矣。且此兩省之人，其語言既皆不可通曉，不但伊等歷任他省不能深悉下民之情，即伊等身爲編氓，亦必不能明白官府之意，是上下之情捍格不通，其爲不便實甚。但語音自幼習成，驟難改易，必其徐加訓導，庶幾歷久可通。應令福建、廣東兩省督撫，轉飭所屬各府、州、縣有司及教官，遍爲傳示，多方教導，務期語言明白，使人通曉，不得仍前習爲鄉音，則伊等將來引見殿陛，奏對可得詳明，而出仕地方，民情亦易於通達矣。特諭。

詔禁賭博 雍正七年

諭：游惰之民，自昔治天下之所深惡，若好爲賭博之人，又不止於游惰而已。荒棄本業，廢盡家資，品行日即於卑污，心術日趨於貪詐。父習之則無以訓其子，主習之則無以制其奴。鬥毆由此而生，爭訟由此而起，盜賊由此而多，匪類由此而聚。其爲人心風俗之害，誠不可以悉數也。大凡爲不善之事者，雖干犯功令，猶可得微利於一時，而獨至賭博，則今日之所得，明日即未必能保。若合一年數月而計之，勝者與負者同歸於盡，此天下人所共知者。而無如邪僻之人一入其中，即迷而不悟，且甘爲下賤而不辭者，大可悲矣。數年以來，屢降諭旨嚴禁，而此風尚未止息者，則以製造賭具之尚有其人，而有司之禁約未曾盡力也。百工技藝之事可以獲利，營生者何事不可爲？而乃違條犯法，製此壞風俗、惑人心之具，其罪尚可言乎？嘗思賭博之風所以盛行者，父兄爲之，子弟見而傚之；家主爲之，奴僕在傍見而傚之。甚至婦人、女子亦沉溺其中而不以爲怪。總因習此者多，故從風而靡者衆也。假若嚴行禁止，使人不敢再犯，則日積月累，後生子弟無從而見，即無從而學，此風自然止息，無俟條教號令之煩矣。凡地方大吏有司有化民成俗之責，而乃悠悠忽忽，視爲平常，安辭溺職之咎？今特定本地官員勸懲之法，以清其源，嗣後拿獲賭博，必窮究賭具之所由來。其製造賭具之家，果審明確有証據出於某縣，將某縣知縣照溺職例革職，知府革職留任，督撫司道等官各降一級留任。如本地有私造賭具之家，而該縣能緝獲懲治者，著加二級，知府著加一級，督撫司道等官著紀録二次。將此勸懲之法永著爲例，於雍正庚戌年爲始，著該督撫通行曉諭，使城邑、鄉村及遠陬僻壤，咸使聞知。特諭。

勸開墾雍正七年

諭：國家承平日久，户口日繁，凡屬閒曠未耕之地，皆宜及時開墾，以裕養育萬民之計。是以屢頒諭旨，勸民墾種，而川省安插之民，又令給與牛種、口糧，使之有所資，藉以盡其力。今思各省皆有未墾之土，即各處皆有願墾之人。或因食用無資，力量不及，遂不能趨事赴功，徘徊中止，亦事勢之所有者。著該省督撫各就本地情形，細加籌畫，轉飭有司，作何勸導之法。其情願開墾而貧寒無力者，酌動存公銀穀，確查借給，以爲牛種、口糧，俾得努力於南畝，俟成熟之後，分限三年照數還項，五年後按則起科。總在該督撫等統率州縣，因地制宜，實心經理，務使田疇日闢，耕鑿惟勤，以副朕愛養元元之至意。特諭。

諭富户 雍正七年

諭：直省各處富户，其爲士民殷實者，或由於祖父之積累，或己身之經營操持儉約，然後能致此饒裕，此乃國家之良民也。其爲鄉紳有餘者，非由於先世之留遺，即己身之俸禄制節謹度，始能成其家計，此乃國家之良吏也。是以紳衿士庶中之家道殷實者，實居五福之一，而爲國家所愛養保護之人，則爾等本身安可不思孳孳爲善，以永保其身家乎？夫保家之道，若奢侈靡費固非所以善守，而慳吝刻薄亦非所以自全。《周禮》「以鄉三物教萬民」，有曰「孝」「友」「睦」「婣」「任」「恤」，可知公財行惠，「任」「恤」之義與「孝」「友」而並重者也。蓋凡民之情，賤者忌人之貴，貧者忌人之富。彼窮乏之人，既游閒破耗，自困其生，又皆不知己過，轉懷忌於温飽之家。若富户復以慳吝刻薄爲心，朘削侵牟，與小民争利，在太平盛世年穀順成之時，固可相安。從來遇歉荒之時，貧民肆行搶奪，先衆人而受其害者，皆爲富不仁之家也。迨富家被害之後，官法究擬，必將搶奪之貧民置之重典，是富户以斂財而傾其家，貧民以貪利而喪其命，豈非兩失之道，大可憫惻者乎！朕爲此勸導各富户等，平時當以體恤貧民爲念。凡僯里佃户中之窮乏者〔一〕，或遇年穀歉收，或值青黄不接，皆宜平情通融，切勿坐視其困苦而不爲之援手，

〔一〕「僯」，《雍正上諭内閣》作「鄰」，是。下同。

如此則富户濟貧民之急，貧民感富户之情。居常能緩急相周，有事可守望相助，忮求之念既忘，親睦之心必篤，豈非富户保家之善道乎？從來家國一理，若富户能自保其身家，貧民知共衛夫富户，一鄉如此則一鄉永靖，一邑如此則一邑長寧。是富户之自保其家，尤富户之宣力於國也。朕臨御以來，屢經人條奏民間貧富不均，請行限田之法，乃至逆賊曾静私著《謗書》，謂『方今輕徭薄賦，惟利於豪强兼并之家，與貧民無涉，非復行井田不能養贍百姓』等語。朕思此等怪謬支離之説，乃理勢所萬不能行者。夫天下富者一而貧者百，以一人之有餘，欲濟衆人之不足，貧者未必便能成立，而富户無辜已受摧殘矣。此乃懷欲窮天下之賊論，有此情理乎？朕既知其必不可行，若但令地方出示曉諭，陽奉陰違，朕實耻而不爲。若以不能行之事，委之各省督撫，以示德於貧民，使之感朕恩意，而以奉行不力之故，歸怨於各督撫等，又朕所不忍爲者。是以特頒諭旨，告誡爾等富户，爲富户者，當知己之得於天者甚厚，當存濟人利物之心，行救困扶危之事。敦睦宗族，周恤鄉鄰，下逮佃户、傭工，皆加惠養，則人人感其德意，即可消患於未萌。况積善之家必有餘慶，種福果於天地之間，子孫必常享豐厚，豈不美歟？著各省督撫將朕此旨通行該屬之鄉紳士、民人等共知之，料朕赤子良民必不負朕期望之誠意也。特諭。

諭沿海弁兵雍正七年

諭：粤東三面皆海，各省商民及外洋番估携資置貨，往來貿易者甚多。而海風飄發不常，貨船或有覆溺，全賴營汛弁兵極力搶救，使被溺之人得全軀命，落水之物不致飄零。此國家設立汛防之本意，不專在於緝捕盜賊已也。乃沿海不肖之弁兵等利欲熏心，貪圖財物，每於商船失風之時利其所有，乘機搶奪，而救人之事姑置不問。似此居心行事，更甚於盜賊，無耻殘惡之極，豈國家弁兵忍爲之事乎？如雍正六年八月間，有福建龍溪縣人徐榜貿易西洋，行至廣東新寧縣地方，遭風損船。廣海寨守備鄧成同兵丁等巡哨至彼，撈獲銀錢，私相分取，而坐視徐榜等在危困之中，不行救護。此案現在題參候審。又聞有香山縣澳門番人月旺貿易交趾，於雍正六年十二月在瓊州府會同縣遭風損船，該汛百總文秀即駕小船搬運貨物，及至登岸，止還本人緞匹銀器數件，其餘藏匿不吐。地方官現在查追。似此貪殘不法之事，廣東、福建二省居多，而他省沿江、濱海之營汛亦所不免。此皆該地方督撫、提鎮等不能化導於平時，又不能稽查懲究於事後，以致不肖弁兵等但有圖財貪利之心，而無濟困扶危之念也。嗣後若有此等，應作何嚴定從重治罪之條，使弁兵人等有所畏懼儆戒，著沿海督撫各抒己見議奏，到時九卿會同，再行定議。此旨頒到之時，著一面即行出示宣諭弁兵等，一面定議具奏。特諭。

欽定《訓飭州縣規條》諭雍正八年

諭：牧令爲親民之官，一人之賢否，關係萬姓之休戚，故自古以來慎重其選。而朕之廣攬旁求，訓勉告誡，冀其奏循良之績，以惠我烝黎者，亦備極苦心矣。惟是地方事務皆發端於州縣，頭緒紛繁，情僞百出。而膺斯任者，類皆初登仕籍之人，未練習於平時，而欲措施於一旦，無怪乎徬徨瞻顧，心志茫然。即采訪咨詢而告之者，未必其盡言無隱。此古人所以有學製美錦之嘆也。向以大學士朱軾、左都御史沈近思外任多年，周知地方利弊。雍正二年曾令二臣商著規則，以爲州縣之南車。乃書未就緒，而沈近思物故。邇年以來，朱軾復時多病，此事遂至遲延。去年始降旨，委諸總督田文鏡、李衛。今二臣各抒所見，繕録諸條以進。朕親加披覽，見其條理詳明，言詞剴切，民情吏習罔不兼該，大綱細目莫不備舉。誠新進之津梁，庶官之模範也。在二臣各就其所閱歷者而言，繁簡同异之間，不必一致，而慎守官方，勤恤民隱，興利除害，易俗移風，其大指則一而已矣。爰就本文付之剞劂，頒賜州縣官各一帙，俾置之几案間，朝夕觀覽，省察提撕，治效未臻，必思所以勉之，弊端未革，必思所以去之。本之以實心，行之以實力，毋始勤而終怠，毋静言而庸違。如此則不但國家得司牧之賢，草野有父母之頌，而爾等身膺顯擢，叨被榮光，福貽子孫，名標史册，豈不美歟。特諭。

諭富户借貸銀米毋重生息 雍正八年

諭：民間借貸一事，所以通彼此之有無，濟一時之緩急，意本善也。乃有貪利營私之徒，往往乘人匱乏，勒索重利。如借貸米穀，則不但加三起息，竟有加五或多至加倍者。小民偶爾窘迫，止顧目前，及禾稼登場，終歲辛苦之所獲，不能復爲己有，雖豐潤之歲，僅足供償債之需。一遇歉收之年，則束手無策，必致息上起息，累年不能楚結，且貽累於子孫。而挾貲射利、乘急多取者，視爲固然，全無矜憐憫惜之意。貪饕爲性，澆薄成風，此亦世道人心之患也。夫緩急亦人所有，《周禮》三物六行，『孝』『友』『睦』『婣』，而繼以『任』『恤』，蓋儕類里黨有急則相倚任，有困則相賑恤，此鄉鄰風俗之美，王化所先。而其人以仁厚居心，亦所以長享福澤于勿替，此即仰邀天地神明賜佑休徵之根本也。從來窮通貧富，境遇不常，幸而富貴有餘，是天之待我獨厚，則當思濟人利物，恤災扶困，以廣行善事，仰答天恩。若以天之厚我者，持以爲剥削貧人之具，不但上天監臨，必加譴責，即返之於心，亦忍爲之乎？凡屬貪鄙之人，利令智昏，以爲如此可以致富，獨不思貧富有一定之數，善惡有不爽之報。假令爲富不仁者，皆得擁厚貲以長子孫，則樂善好施者必致匱乏終身矣。自古迄今，有此天理乎？嘗見不義之財得之若易，乃享受未久，或耗於意外之災患，或敗於不肖之後人。是知刻薄之行損人適以自損，仁厚之風利人還以自利也。此種盤算薄惡之俗，若不曉諭化導，遽以官法繩之，恐轉阻其借貸之路，非所以爲便於窮民。故特將天道好還循環往復之道，委曲詳明，覺悟貪夫薄夫，而啓其良心，杜其敝俗。凡有借貸銀錢米穀者，加二加三起息，尚屬情理可行，若太多則誠爲富不仁矣。著地方有司，將天理人心時時訓誨所屬之人，以化其殘忍刻薄之習。倘勸導既久，如下愚頑惡之性不移，尚有爲富不仁、重利盤放者，則訪確一二人，加以懲治，以儆其餘。如此庶惡習可以轉移，貪風可以止息也。如有無藉棍徒因朕此勸導之訓諭，或借端圖賴，或生事强借，以擾害良善温飽之家者，尤當加以重懲，不可寬貸，但全賴地方有司奉行勸導之公當勤誡也。特諭。

禁止鬧喪雍正十三年

上諭：朕聞外省百姓有生計稍裕之家，每遇喪葬之事，多務虛文，侈靡過費。其甚者至於招集親朋鄰族，開筵劇飲，謂之『鬧喪』。且有於停喪處所，連日演戲，而舉殯之時，又復在途扮演雜劇戲具者。從來事親之道，生事死祭，皆必以禮，得爲而不爲，與不得爲而爲之者，均爲非孝。是知各循其分，乃能各盡其孝，而初不在以奢靡相尚也。况當哀痛迫切之時，而招集親朋飲酒演戲，相習成風，恬不知怪，非惟於理不合，抑亦於情何忍？此甚有關於風俗人心，不可不嚴行禁止。着各省督撫等通行，明切曉諭，嗣後民間偶有喪葬之事，不許仍習陋風，聚飲演戲，以及扮演雜劇等類，違者按律究處，務在實力奉行，毋得姑爲寬縱。特諭。

嚴禁四惡乾隆元年

上諭：朕聞奸宄不鋤，不可以安善良；風俗不正，不可以興教化。閭閻之大惡有四：一曰盜賊，三代聖王所不待教而誅者也；二曰賭博，干犯功令、貽害父兄，以視《周官》之罷民，未罹於法而繫諸嘉石、收之國士者[一]，罪有甚矣；三曰打架，即周公所謂亂民，孟子所謂賊民也。四曰娼妓。則自周以前，人類中未嘗有此四惡者，劫人之財，戕人之命，傷人之肢體，破人之家，敗人之德，爲善之害者，莫大於此。

是以我皇考愛民之深、憂民之切，申嚴究禁，戒飭守土官，法在必行，日夜捕緝，積歲月之久，然後道路少响马及老瓜賊，而商旅以寧。賭博及造賭具者漸次改業，而家室以安。聚黨打架者斂迹，而城市鄉鎮鮮聞鬥囂。娼妓遠藏，不敢淹留於客店。此皇考十有三年，政教精神所貫注，海内臣民顯見其功效，實享其樂利者也。朕自嗣位以來，蠲免租賦，豁除賠累，裁革積弊，增廣赦條，無非惠保良民，使得從容休息，衣食滋殖。無識諸臣誤謂朕一切寬容，不事稽察，以致大小官吏日既縱弛。民間訛言諸禁以開，風聞直省四惡皆微露其端倪。即如天津一帶，私鹽横行無忌，恐其他類此者相繼而起。是守土之官敢悖世宗憲皇帝明旨，墜十有三年之成功，而戕賊善良、傷風敗俗也。自後州縣官有政令廢弛，使四惡復行於境内者，該督撫不時訪察，即行嚴參。督撫司道郡守有不能董率州縣殫心捕治者，或被内外臣工核實列參，或朕訪聞得知，必以溺職治罪，與苞苴受賄賂等，決不輕貸。爾諸臣慎毋泄泄沓沓，自取殃咎，戒之戒之。特諭。

[一] 『國士』，《清通典》作『圜土』，是。

高宗純皇帝御製正文體乾隆十年

國家設制科取士，首重者在四書文，蓋以六經精微盡於四子書。設非讀書窮理，篤志潛心，而欲握管揮毫，發先聖之義藴，不大相徑庭耶！我皇考有『清真雅正』之訓，朕題貢院詩云『言孔孟言大是難』，乃古今之通論，非一人之臆見也。近今士子，或故爲艱深語，或矜爲俳儷辭，争長角勝。風檐鎖院中，偶有得售，彼此仿傚，爲奪幟争標良技，不知文風日下，文品益卑，有關國家掄才鉅典，非細故也。夫古人論文，以渾金璞玉、不雕不琢爲比，未有穿鑿支離可以傳世行遠者。至於詩賦，掞藻敷華，雖不免組織渲染，然亦必有真氣貫乎其中，乃爲佳作。今以四書文彩，掇辭華以示淹博，不啻於孔孟立言本意相去萬里矣。先正具在，罔識遵從，習俗難化，職此之由，嗣自今其令各省督學諸臣，時時訓飭鄉會考官，加意區擇。凡有乖於先輩大家理法者，擯棄勿録，則詭遇之習可息，士風還淳，朕有厚望焉。特諭。

諭賓興典乾隆十年

諭：三載賓興，國家舉賢右文之大典必諸弊悉去，然後可以拔真才。所謂稂莠不除，則嘉禾不生，其理顯然。向來察弊之法不得不嚴者，正慎重科名、厚待良士之道。昨歲朕親臨貢院，遍觀堂所，周覽號舍，矮屋風檐，備極辛苦，深可軫念。比賦四詩，命刻堂壁，可以知朕心矣。今歲會試已展期三月，以待春温，嗣後即以爲例。兹特諭降明旨，命禮臣知貢舉，俾得先期計議，從容料理，當嚴則嚴，當寬則寬，於剔除弊端之中，寓優恤士子之意。知貢舉者，其善爲之。特諭。

御頒闕里禮樂祭器乾隆十二年

國家敬天尊祖，禮備樂和，品物俱陳，告豐告潔，所以將誠敬昭典則也。考之前古，籩、豆、簠、簋諸祭器，或用金玉以示貴重，或用陶匏以崇質素，各有精義存乎其間，歷代相承，去古寖遠。至明洪武時，更定舊章，祭品、祭器悉遵古，而祭器以瓷代之，惟存其名。我朝壇廟陳設祭品，器亦用瓷，蓋沿前明之舊。皇考世宗憲皇帝時，考按經典，範銅爲器，頒之闕里，俾爲世守，曾宣示廷臣，穆然見古先遺則。朕思壇廟祭品既遵用古名，則祭器亦應悉用古制，以備隆儀。著大學士會同該部稽核經圖，審其名物度數、製作款式，折衷至當，詳議繪圖以聞。朕將親爲審定，敕所司敬謹製造，用光禋祀，稱朕意焉。特諭。

皇帝五旬大慶恩賜詔嘉慶十四年

朕纘承洪緒，臨御寰區，思以眇躬托於兆民之上，所願萬方臣庶同臻康樂和親。是以夙夜寅畏，不敢暇逸，以勤求郅治。今兹春秋方届五旬，秉誠執競，惟日孜孜，曷敢稍有滿假，鋪飭鴻休。惟念朕繼統膺圖，仰荷上蒼眷命，列聖垂恩，虔祜亶祐，實有度越恒常者。遡自乾隆三十八年，我皇考高宗純皇帝精心付托，即以朕名默告昊穹。嗣詣盛京，恭謁三陵，復親率朕躬，面稽列祖。維時雖未明示建儲，而大統攸屬，冲漠之中，篤承佑相者二十餘年。至丙辰，大廷授璽，恪奉訓政三年，尤爲千古未有之隆遇。時值承平日久，稂莠蘖牙，適有三省教匪不靖之事。朕日稟睿謨，授師籌筆，知所式循。洎親政以後，陳律旌庸，遂獲剪艾渠魁，蕩除群醜。今億姓樂業，庶事咸熙，更幸四序均調，雨暘時若，三靈協祉，水土平成。朕恭受蕃釐，履盈思懼。屬者内外臣工效祝輸忱，一切繁文縟節概從屏袪。惟允懷古訓，天子代天養萬民，若以予一人擥執撝抑，使德不下究，海内希恩倖澤之志，鬱而弗宣，朕心歉焉。爰祇循茂典，俯順輿情，舉可嘉惠臣民者，布令推恩，靡有靳惜。前已降旨，特開恩榜，烝我髦士。兹履端肇慶，載頒綸綍，俾内外遠邇，咸霑闓渥，溥迓祥和。朕用是以仰答天恩，覃敷考澤，廣稱仁壽斯民之意。所有應行事宜，開列於後。

一、五岳四瀆等祀，應遣官致祭，著察例舉行。

一、歷代帝王陵寢，先師孔子闕里，應遣官致祭，著察例奉行。

一、自王以下，宗室、覺羅十五歲以上，著俱加恩賜。

一、滿漢大臣年六十以上者，俱加恩賜。

一、内外滿漢文武各官，俱加一級。

一、内外大小各官，除各以現在品級已得封贈外，凡升級及改任，著照新銜封贈。

一、國子監貢監生及各官教習，免坐監期一月。

一、各省儒學以正貢作恩貢，以次貢作歲貢。

一、滿漢孝子順孫、義夫節婦，該管官細加諮訪，確具事實，奏交禮部核實旌表。

一、八旗滿洲、蒙古、漢軍兵丁，及内札薩克、喀爾喀等蒙古年七十、八十、九十以上者，分賞賚。至百歲者，題明旌表。

一、軍民年七十以上者，許一丁侍養，免其雜派差役。八十以上者，賞與絹一匹、綿一斤、米一石、肉十斤。九十以上者倍之。至百歲者，題明旌表。

一、直省有坍没田地，其虚糧仍相沿追納者，該地方官查明咨部，奏請豁免。

一、從前各省偏災地方，所有借給貧民籽糧、口糧、牛具等項，查明實係力不能完者，予豁免。

一、各處養濟院所有鰥寡孤獨及殘疾無告之人，有司留心以時養贍，毋致失所。

一、各省軍、流以下人犯，俱著減等發落。

一、各省監禁人犯，著將上年秋朝審緩決至三次各犯，仍照節次查辦之例，查明所犯情節，分別減等發落。其緩決一次人犯，内有案情本輕，可與矜原者，亦著該部查明，請旨定奪。

於戲，惟一人受兹多福，用敷賜厥庶民，俾萬姓懷於有仁，肆四揚我光〔一〕，命布告天下，咸使聞知。

皇帝六旬大慶恩賜詔嘉慶二十四年

朕承寶命，統御鴻圖，惟夙夜不敢康，際春秋之鼎盛，托身元元之上，勤思業業之中，二十四年如一日。恭惟昊穹祐順，列聖垂休，席化宇於承平，民用和睦；應昌期而篤祜，身其康强。溯昨賜慶於五旬，越今受釐者十載。朕躬膺懋眷，心切栞忱，誡百爾以咸勤，慮一夫之不獲。肄勞秋獮，四方足紀律之師；率作春耕，百里最循良之吏。息牧垌於紫塞，甌脱長寧；恬泛水於黄流，尾閭直達。俾予從欲以治，敎民胥康以生。往者蘖牙伏於畿南，乃者崛堁嘘由海上。朕深思宥密，益慮旰宵。方懼人子之滋慝，乃荷天心之昭鑒。震雷消沴，甘澍洗霾，甄陶太和，蕭勺群慝。暘而暘，雨而雨，克臻玉燭之調；雲非

〔一〕「四」，《清仁宗實録》作「對」，是。

雲，烟非烟，敢謂珍符之至。幸三靈之丕應，偕萬彙以咸亨。爽惟民迪吉康，驅斯世躋仁壽，朕懷用愜，其敢自多。今歲十月令辰，爲朕六旬慶節，亦即却彼珍貢，屏厥繁文。允念爾萬方祝嘏之忱，宜沛朕九宇同仁之惠。先已特開慶榜，兹庸覃錫恩綸。綏萬邦，屢豐年，普延祺於有衆；大一統，王正月，爰布令於始和。所有應行事宜，悉遵五旬大慶所頒。

石城縣志卷之一

星野志

凡星之著於圖籍者，皆有州國宮官物類之象〔一〕。《漢書》各按星占係以時事，幾若影之隨形，雖不無附會之疑，而人之所爲，其美惡之極，實與天地流通，而往來相應。董子之言非無據也。石固偏處海濱，而封域必有分星，天或垂象而見吉凶，人得觀文以察時變，星土烏可略也。志星野。

《通志》，自南斗十二度至須女七度，是爲星紀，于辰爲丑，吴越之分野。

《府志》，南越之地自遷、固以來，皆以爲屬星紀牛女之分，惟《唐書·天文志》謂，翼軫逾南紀，盡鬱林、合浦之地。《地理志》謂，自韶、康、端、封、梧、藤、羅、雷、崖，循北以東爲星紀之分，自鬱、富、昭、象、龔、繡、容、白、廉，循以西爲鶉尾之分。蓋以東界北接吴者屬星紀牛女分野，西界北抵楚者屬鶉尾翼軫分野也。歷數諸郡，而高州無明文，以開後人游移之説。又翼軫既盡合浦，而高州於漢實合浦郡地，於是《吴川志·星野》遂謂，當屬翼軫，爲荆州之南徼，省乘所載。《雷州府志》亦謂，嶺以外要以上下流別，自雄、韶、肇、高，皆直翼軫。然考高州，於漢爲合浦郡地，而《前漢書·

〔一〕『宮官』，《漢書·天文志》作『官宮』，是。

地理》則固以合浦屬牛女矣。至唐，始以合浦屬翼軫，而高郡於唐不隸合浦，則知渾高州以言合浦，則有屬牛女者；析高州以言合浦，始專屬翼軫耳。又宋熙寧八年十月，彗星見軫，未幾，交趾陷欽、廉、邕，而高不與焉，則高州之不在軫也，明矣。

按：分野之説，昉於《保章》，詳於歷代之史。揚州之宿斗牛女，粤又揚之南裔，《明一統志》主班固與僧一行之説，以廣州九郡屬牛女，柝翼軫爲廉州，論者取之。高州列九郡中，石城去高州僅二百里，其宿同直牛女，固無庸置辨矣。至欲於宿柝度〔一〕，又於度柝其分抄〔二〕，此百里彈丸之地，烏能揣度而悉合之？或謂順治十年蓬星出，參之玉井，斜行没於天船。明年，李定國遂出石城，歷高州，敗於新會之古樓。據此以定石之分野，亦古人占驗之法。然淩雜米鹽，猶恐如史遷所譏耳。

〔一〕『柝』，疑當作『析』。下同。

〔二〕『抄』，疑當作『杪』。

地輿志

沿革　疆域　山川　鄉都　津梁　風土　物産

天有分星，地有分土，觀其脉絡，察其風氣物宜，非可截然界畫也。自建邦擾民，必土地而制域，於是廣輪之數，山川之勝，鄉都之制，關梁之阻，風俗之殊，物産之宜，皆有專屬焉。石城自漢入版圖，唐設縣治，啓土胥宇，由來久矣。或振古而如兹，或因時而移易，不有紀載，何由考見。志地輿。

沿革〔一〕

唐虞。南交。

三代。荆揚之南裔。

秦。象郡。

漢。元鼎六年，置合浦郡，地屬合浦郡之高凉縣。東漢建和元年，置高興郡。建寧元年，改爲高凉

〔一〕『沿革』，原作『沿表革』，當作『沿革表』，此次整理，將表釐以文字叙述形式。

郡，旋廢。建安二十五年，復置高涼郡。

三國。吴赤烏五年，復置高興郡。

晉。太康中廢高興，并入高涼。

宋。元嘉九年，置羅州，屬高興郡，尋廢高興，并入高涼。

齊。羅州，屬高涼郡，復置高興郡。

梁。大通中，置羅州於高興郡。

陳。羅州高興郡，仍梁制。

隋。開皇九年，省高興郡，仍置羅州。大業初年，廢羅州，并入高州。三年，廢高州，改爲高涼郡。

唐。武德五年，復置羅州，析置石城縣。天寶元年，改爲濂江。

五代。濂江縣，屬羅州。

宋。開寶五年，省濂江入吴川，改屬辨州。紹興五年，復名石城縣，屬化州。

元。石城縣，屬化州。

明。石城縣，洪武元年屬化州，九年屬高州，十四年屬化州，仍隸高州府。

國朝分疆定域，與化州同屬高州府。

附羅州釋疑

羅州爲我舊境，耳而目之矣。第據《府志》，則代所廢置，皆非我有。《州志》則謂，北同江口有舊州址，磚石尚存，是爲化之羅州云。按：化州距北百餘里，有湖曰『青湖』，州址在焉，於高凉近。我縣距北三十里，有湖曰『青湖』，亦曰『舊州湖』，則州陷而爲湖也。湖上城址，猶半亘山麓，於吴川、辨州近。梁天監四年，始置羅州，至隋大業而廢，地入高凉，計必近高凉，則附高凉也。唐武德五年，復置羅州。宋開寶而廢，地入吴川，計必近吴川，則附吴川也。意者化州之『青湖』，址爲梁羅州，我縣之『青湖』，址爲唐羅州乎？且自武德以歷開寶三百三十九年，耳目已故，黍離未忘，是以紹興置縣，遂於舊州擇勝，毋亦遺民尚在，闞聚易爲力耳。厥後一遷而黄村，再遷而今治，其相距僅一二十里。移必有漸，創必有因，由此以决之，則附吴川之羅州，斷斷乎爲舊州湖矣，庸何疑。舊志。

按：羅州故址，《化州志》謂在青湖，我舊志亦載在青湖。馬端臨博極群書，而《通考》混而爲一，固由身未歷其地也。乃生長斯土者，亦茫然無别，則又何與？竊嘗取府、縣《志》，細加考訂。我縣之青湖，址即唐武德五年所柝置之石城縣[一]。其曰『羅州』者，則以隸於羅州而後人因而沿襲之也。宋開寶

[一]『柝』，疑當作『析』。

五年，省我縣入吴川，意當時因縣陷爲湖，故以地屬之歟？厥後紹興五年，置縣於江頭鋪，復武德初名。嗣是元皇慶八年，再遷黄村。天曆元年，三遷今治，皆仍而不改，蓋從古也。舊志謂，地脉由石龍謝獲來，山骨崚嶒，故名『石城』，自屬臆説。第當年命名必非無因，夫人情莫不欲去危而就安，邑地當要衝，出坎漸磐，誰不樂之？意昔分疆畫土，義取於鞏固乎。今國家幅幁式廓，四海以内之水，六合以外之山，孰非如帶如礪者。邑一彈丸耳，使各固封守，永奠苞桑，無水火之災、寇賊之虞，其安若磐石然，斯不亦實稱其名者哉！或又相傳昔爲幹水縣，在縣南東橋村，俗誤傳爲我縣舊址。更無徵也。舊志。

疆域

縣在高州府城西南，縣境廣一百六十里，袤一百五十里，環封四百餘里。

東至仙界鋪迤東墩臺三十里，爲化州之西。

西至吴鋪迤西墩臺一百三十里，爲合浦之東。

南至太安鋪迤北墩臺三十里，爲遂溪之北。

北至大蟲石墩臺一百三十里，爲廣西博白縣之南。

東北天堂嶺至楊村墩臺九十里，爲廣西陸川縣界。

東南至雞籠山六十里，爲吴川縣界。

西北至文鳳嶺一百五十里那蓬墩臺，爲廣西博白縣界。

西南至桐油墩臺七十里，爲遂溪縣界。

由縣治至府治一百九十里。

由縣治至省城一千二百五十里。

由縣治至京師八千八百三十七里。

山川

城中之山：

三台山，三岡並列，故名。岡之左臂爲白霧嶺，右臂爲迴龍嶺。自謝建穿田而來，平陽突起，形家以爲鳳形，又以爲船形。乾隆四十一年，知縣喻實忠種松萬株於其上，以壯景色。登山四望，緑野平稠〔一〕，萬頃在目，爲一邑之勝。

南境之山：

音鋪山，城南六里，縣之案山。

〔一〕『稠』，當作『疇』。

望恩山，又名和尚嶺，城南十里學署之向山，望如偃眉，形家曰『文星』。

謝鞋山，在望恩之東，離城十里，高十餘丈。脉自那良山來，聳翠冠絶，其狀如鞋。翰林楊欽讀書其上，有石棋盤。

雞籠山，南五十里，在石門内海汊中。狀圓如籠，故名。爲東南橋兩家灘水口。

龍頭山，南七里，乾隆乙卯年建塔於其上。

北境之山：

謝建山，城北五里，縣之障山。自帽子嶂分脉，奔騰數十里，至高峰鋪横亘而西。層巒叠巘，煙雲萬狀。

高峰山，謝建山之東北，離城十里，聳拔獨异。

三峰山，謝建山之西北，離城五里，即建嶺。讖云：『謝建嶺上起三峰。』

萬峰山，北十里。

謝善山，北四十里，一名『高山』。

那樓山，北三十里，周圍二十餘里，險而難升，其狀如樓，故名。

石屋山，北四十里。

石澗山，距城七十里，五星連珠，石上出泉，流而爲澗。

仙人嶂，北七十里，自博白來，亘數十里，中多勝迹。

三星嶂，距城八十里，自博白逶迤而來，與仙人嶂對峙。

東境之山：

朱砂嶺，城東半里，嶺上有砂，其色赤，可研以代赭，故名。

馬鞍嶺，東一里，舊有寨，今名『羅官堂』。

那良山，東十里，帽子嶂之脉至白藤一分此山，一走望恩，起伏迤邐而南。堪輿所謂餘枝分去作城郭者。

白藤山，東二十里，地出白藤，故名。自帽子嶂來，特起秀拔。

風稍嶺，東三十里，今吳家後龍嶺是也。

麗水嶺，東三十里。

西境之山：

崎嶺，城西一里，與朱砂嶺對峙，若輔弼然。

紅頭嶺，西五里，與崎嶺兩岸交拱，爲縣水口。

豺狗嶺，西十八里。

横山，西六十里，近横山堡。

長臂山，西九十里，高百丈許，周圍二十餘里，自廣西博白縣分脉。

長釵嶂，西五十里，石嶺墟旁，其東南有大白石塊。

東北之山：

牛槐嶺，距城四十里。

石洞山，距城八十里。

横石山，距城九十里。

天堂山，距城一百二十里，自化州車禾嶺分脉，上有水泉不涸。元末民避難於此，獲保無虞，故曰『天堂』。於縣山最高，可爲一方之鎮。

六吉山，距城一百一十里，自天堂山來。堪輿家當六秀之位，故名。

西北之山：

石籬山，距城四十里，自廣西博白縣碧嶺分脉，其嶺西、南、北三面峻壁，東南稍平，石狀如籬，故名。

尖山嶺，距城五十里，自博白界長山嶺來，形最鋭上〔一〕。

文鳳嶺，距城六十里，脉自天堂山來，中峰高聳，左右翼張如鳳，又名『文峰』。

深田山，距城八十里，高二百丈。

〔一〕『上』，《光緒石城縣志》《民國石城縣志》均作『秀』。

城東西郊之水：

羅水，以羅水舊遶縣城如羅帶，故名。源出白藤嶂山下，一綫溪流，至東清榕橋折而南，遶出城西，注於合江。

東橋江，城南四十五里，發源化州謝獲山，南流與南橋江會於石門，流入於海。

南橋江，城南六十里，與東橋對，故名。源出化州謝畔山，西南流，會於石門入海。

兩家灘，城南五十里，源出遂溪桃枝江，近石門，潮汐出入，爲商船聚集之所。

南廉，城東北三十里，源出廣西榕縣〔一〕，西入於海。

合江，城西二十里，源出廣西陸川縣，入境四十里，至合江匯諸溪之水，經龍灣、安鋪入海。此境中水之大者。陸川小船由此上下，穀米貨物藉以流通。餘皆小溪，不能通舟楫。

暗江，城西二十五里。

渡子江，即沙劀河，城西八十里，源出博白縣寨山嶺下，南流至賀江，合九州江水入海。

零禄港，即零烈水，城西一百二十里，源出廉州，東南注海。

官寨港，去零烈十里，近官寨鹽場。源出廉州石康墟六牛山，南流二十里，合永安所水注於海。

佛子港，城西一百里，源出本縣西禄山下，過客往來者掇石叠積，俗云『獻花供佛』，故名。下流與

〔一〕『榕縣』，諸《志》同，當爲『容縣』。『容縣』之名始於明洪武十年，時改容州爲容縣，隸屬廣西承宣布政使司梧州府。

零烈合，注海。

縣西南大海，南石門西龍頭沙，爲出入海口。

蓄水之陂凡十有九：

板橋。

牛頭。

那送。

長奇。

梓木。

長鞍。

花石。

瓦灶。

榕木。

楓木。

黄墩。

周家。

焊垌。

沙湖。

燕尾。

那蓬。

莫院。

高蒼。

垌心。

潴水之塘凡三十：

清水。

銀魚。

白甕灣。

渡頭。

潤水。

龔九箔。

黄坭灣。

湴湖。

長坡垌。

山猪湖。

木院。

火甲。

龍村垌。

横石。

白水。

陵村。

籬根渠。

六洛垌。

歐家洋。

白坭垌。

水江渠。

大灣。

白塘。

渡子江。

瓦塘。

燈草。

蘆荻。

平坡。

牛角。

文峰。

按：石之疆域縱横四百餘里，觀其形勝，自帽子嶂祖山而來。近則嶂以謝建，案以望恩，鞍山峙左，崎嶺護右。遠則文鳳秀列天表，那樓筆勢干霄，而謝鞋、東勝環拱擁翠，石門、籠山砥柱中流，斯固石之大觀也。由帽子嶂而中分之，其中條從麗水嶂走謝建，結縣治，其餘支至合江而盡。南條從白藤嶂走望恩，環作城郭，復析而西回紅頭嶺〔一〕，爲水口山，而餘枝至豺狗嶺鎖外重水口。東條自風稍嶺分枝，纏繞縣龍至舊州湖而盡。舊志則謂，自謝獲三分，中條從白藤走謝建，至合江而盡，結縣治；南條走謝鞋，環作城郭，而餘枝走石門海而盡，爲舊幹水；北條自六壬山走横石渡水，而結天堂，徑奔零禄海而盡。形家之説互异，今並存之。

〔一〕析，當作『折』。

鄉都墟市附

縣中官街横二而縱一，自縣屏墻直至古羅州坊中分之，則後東横爲迎恩坊，通關帝廟，小巷四。西横爲祐善坊，通學署，小巷三。又前東爲安寧坊，通東門，小巷二。西横爲安壽、萬壽坊，通西門，小巷二。直大街爲聚英坊，即四牌樓。上自鄒公祠，徑通南門，小巷四。環城以外爲縣坊，外爲四鄉，分領各都。

鄉四：

縣坊，四面距城二三十里、五六里不等。城東墟逢六爲期，西墟三九爲期。

永安鄉。

永泰鄉。

永平鄉。

永寧鄉。

永安鄉，領都四：

豐一都，縣東南二十里。東南五十里良土坂墟，今名江邊墟。

豐二都，縣東南遂溪、吴川界，五十里。南二十五里，山口墟；東南五十里，南橋墟，今廢；南五十里，兩家灘墟；東南六十里，坡頭墟；東南五十里，良垌新墟，六十里，那梭墟，吴川界。

豐三上都，縣東北陸川界，六十里。東北三十里，太平店墟。

豐三下都，縣東南化州界，六十里。

永泰鄉，領都二：

成四都，縣西北四十里。西北五十里，石嶺墟。

成七都，縣西六十里。西三十里，龍灣墟；又清水墟，今廢；六十五里，横山墟；西南三十里，牛墟子墟；七十里，安鋪墟，舊名『暗鋪』，今易之。

永平鄉，領都二：

純八都，縣北四十里。北一十五里，急水墟；五十里，扶陵墟；四十里，□□墟，今廢；西北六十里，黿子墟，今廢。

純十都，縣北六十里。北百二十里，塘蓬墟；西七十里，草塘墟，今徙柝石勁、廟山二墟；西北百二十里，長山墟，博白界。

永寧鄉，領都二：

寧十一都，縣西北七十里。西百一十里，青平墟；八十里，沙剗墟。

寧十三都，縣西九十里。西一百五十里，下洋墟；九十里，息安墟。

按：石之鄉四，都十有一。都以統圖，圖以分甲，民屬鱗次，而村莊大小成焉。地有居民，則必有食貨。古者日中爲市，懋遷有無，誠民事所利賴。石之爲市者少，而爲墟者多，民間日用皆所倚便。但使上不徵貨以病民，下不居奇以壟斷，樂利相承，可勿替也。舊志鄉都、墟市分編，兹以墟附都，取其易於循覽爾。

津梁

文昌橋，西關外半里，明知縣佴夢騮捐俸創造，架木爲之，後圮。乾隆四十一年，知縣喻賓忠易以磚石，旁立碑，題曰『文昌橋』。

鎮龍橋，知縣佴夢騮改築西路，移通駟橋而更新之，距文昌橋數十步。

二橋，距鎮龍橋里許。

三橋，距二橋半里。

揚詩橋，西十里。

田金橋，西二十里，立有碑記。

白鷺橋，西二十二里。

龍灣橋，西三十五里。

以上俱西通廉州。

安鋪墟東、西二橋，東係監生黄大進等捐建，西係生員嚴劉齡捐建。
石鞏橋，南關外十步。
南天宫橋，南關外半里。
青陰橋，南十五里。
以上三橋係通雷瓊之路。
南榕橋，北十八里。
莫院橋，北三十里。
峻嶺橋，北四十九里。
三合橋，北五十里。
北溪橋，距三合橋一里。
楊村橋，北五十八里。
以上係北通陸川。
江邊村橋，東南三里。
新石橋，東南三里。
木榣橋，東南三里。
碗窑橋，南三十五里。乾隆三十七年，黄雲彩捐造，今圮。

以上四橋，俱小路南通銅鼓逕、梅菉、吴川。

青榕橋，東五里，即大橋頭。

頭鋪橋，東十五里，亦名『大橋』。

雷霹橋，東十五里。

白藤橋，東二十二里。

響水橋，東二十五里。

仙界橋，東三十里。

以上係東路，通高州。

三艮橋，西十五里。

中火橋，西二十里。

黄了大橋，西三十里。

羅住橋，西七十里。

楊尾橋，西八十里。

那樓橋，西九十里。

高橋，百二十里。

大魚河橋，百二十五里。

以上西通廉州。
丹竹水橋，東北三十里。
五營橋，北四十里。
員山上、下二橋，西十五里。
秋楓江石橋，北三十里，鍾姓建。
那良埤橋，北四十里。
武陵橋，北八十里，今圮。
龍灣渡，西四十里，渡夫一名。
賀江渡，西六十里，渡夫一名，成七都輪役。
黄鱔埤渡，西六十里。
沙剗渡，西八十里，渡夫一名。
良垌渡，南五十里，渡夫一名。
南橋渡，南六十里，渡夫一名。
鶴地渡，北三十里。
江頭渡，北三十里。
急水渡，北二十里。

花石渡，西三十里。

白石渡，西二十里。

合江渡，西二十里。

論曰：石當岐劇之旁，軌若門，武若簇。昔《志》所謂『重譯無虚日，逢迎有餘勞』者也。倘淦陷川絶，不免淹没淖濘之患，此獨行李羞哉！政可知矣。故火朝覿而道茀不可行。君子以是知陳之不振也。石邇者周行如砥，長橋卧波，舉山川缺陷之處，轉而爲輔相用，利有攸往，實式憑之。敢曰『無疆惟休』哉！徒杠輿梁，民不病涉，則庶幾云爾。舊志。

風土

縣境東北多山，西南瀕海。其氣鬱蒸，多濕熱，風雨寒燠，不甚應候。春有青草瘴，秋有黄茅瘴，然不爲癘。先春草木萌達，蟄蟲啓户。元日風，徵早晚稻。上半日無風，早稻好；下半日無風，晚稻好。上元晴，百果實。三月三日雨，百果多蟲蝕。清明晴，徵豐。穀雨雨，徵熟。夏氣盛熱，旱則疫作。雨多震雷，傷人畜，或不雨而震。六月十二前後，大風雨。俗謂彭祖忌。

夏秋之交，時多颶風，飛瓦拔木。凡海濤聲吼，海鳥交翔，或天脚暈若半虹，名曰『破蓬』，土人以爲風候。每風必回南乃止，不則數作。凡風必雨，無雷電，有雷則否。秋多雷，寒露風，霜降雨，則穀不實。中秋月色明暗，徵明年上元陰晴。秋冬之交濕鬱，中人每成瘧疾。冬十月朔至十二日陰晴，卜明歲一年水旱。有霜無雪，水極寒不冰，草枯，諸木惟桃、李、梅、柳黄落。

石俗鮮奔競而寡交遊，敦本業而少經商。農勤耕耘，女少蠶織，諸工陶埴梓匠，盡皆樸柮。屋宇多用磚石，家貧亦有編竹葺茅者。婦女出入，以烏帕蒙頭，不尚塗抹。言語不一：有客話，與廣話相類；其餘有哎話、雷話、潮話、地獠話。大約十里而殊，鄉、城各别。

婚禮，通庚後行聘，先用檳榔、餅餌等物以當委禽。富者有釵鐲鐶金銀。娶日，彩旗、鼓樂前導，用檳榔纍起，名『檳榔山』，並果品，以桌抬之。女家奩妝從厚，六禮俱舉，唯親迎不行。

喪禮，尚殯殮，貧者不殮。七七如期。致奠遇三、五、七期，用鼓樂，延僧道禮懺，名曰『修薦』。親友誄奠多用猪羊酒果，間亦代以銀錢，主人報禮。葬無期，卜地剋擇，礦以磚灰，亦有用炭隔者。

祭禮，凡時節慶忌，皆設饌，享祖先。

慶吊往來，皆用金銀、彩緞、雞鴨、酒肉，貧者不能備。惟檳榔，貧富皆用。

元旦，拜先祖畢，家衆以次拜賀，親朋相過曰『拜新年』，間亦延飲。

立春，先一日造土牛芒神。邑人扮春官，四街商民扮春色。本縣率師生官吏出東關郊外迎春，童男女争以豆穀、砂石擻土牛〔一〕，謂之『消疹』。及打春，争推倒土牛以辨豐歉。

〔一〕『擻』，當作『撒』。

上元，各街市、社廟作紙船遣災，鄉落亦然。張燈結彩。燈有人物、毬蓮、六角、屏風、走馬、龍鳳、獅虎、牛猴、鬼判等色。放花炮、煙火，士庶嬉遊達旦，謂之『慶元宵』。

二月初二日，童子多用發蒙〔一〕。

初九日，迎南天二女神出宮，祀於演武亭。四處商民輻輳，妝扮馬會。至十四日乃罷。

三月三日〔二〕，童子類用長髮。

清明，折柳枝懸於門，併插頭上。老幼掃墳墓，掛紙添土。祭畢，宴飲而歸。

端午，以艾懸門，飲雄黃、菖蒲酒，謂之『辟邪』。自一日至五日，童子以紙鳶爲戲，謂之『放殃』。

七月七日，曬書籍、衣服，以祛蠹濕。是月，各鄉農斂錢以禳蝗蟲。是夕，婦女乞巧。

十四日，士庶剪彩楮爲衣，及設酒饌、金銀、寶燭以薦祖考。間有以楮衣、饅頭祭厲鬼於路者。

偶綫斷落其屋，必碎破之，以爲不詳。

中秋，具酒饌，邀知己賞月，兒童燒瓦塔，以芋相餉。

重陽，士大夫携盒登高，賞菊、飲酒。

立冬，各街市皆出墟坡買賣，以避火災。

〔一〕《易·蒙》：『初六，發蒙，利用刑人，用説桎梏。』『發蒙』，啓發蒙稚。

〔二〕『三月三日』，漢民族傳統節日上巳節，又稱『三月三』，即農曆三月初三。『上巳』，即三月上旬的第一個巳日。

冬至日，會族兄弟於祠内，用猪羊祭品以祀其先祖。

臘月念四夜，爲小年夜，祀灶曰『送灶神上天』。念五夜，曰『送家神上天』。

除夕，享先，家人圍爐聚飲曰『團年』。各家掃宇送帚于荒郊，曰『送窮』。尊長分錢于卑幼，曰『壓歲』。其夕，燃燈、放炮、燒榾柮，坐達旦曰『守歲』。

四季之月，城鄉皆祭社，會飲分肉。

物産

稻之屬凡三十：

早稻，二月播，六月收。

早糯。

夏至白。

早粘。

六十日，六十日熟，故名。

芒稻。

馬屎。

黄粘。

白粘。

馬尾粘。

小粒。

鐵鎚。

紅周。

牛牯粘。

大糯。

小糯。

粳，即大禾稻。

香秔。

黄䆉。

水芮，宜水田。

鹹稻。

大穛。

百稌。以上宜鹵。

坡穇。

坡穲。

坡禾。

山旱。

山木。

芮稻。

牛黍。

粟之屬凡四：

高粱[一]，俗名金粟。

鴨脚。

狗尾。

珍珠。

麥之屬凡二：

小麥。

[一]「高粱」，當作「高粱」。

蕎麥。

菽之屬凡十有四：

緑豆。

紅豆。

黄豆。

黑豆。

柳豆，樹生，葉似柳。

扁豆，青、赤、白三種。

猪牙。

龍瓜。

刀鞘豆。

雙筋，青、紅、白三種。

八月角。

貢豆。

芝豆。

番豆，一名落花生。

瓜之屬凡十有二：

西瓜。

冬瓜。

甜瓜。

節瓜。

土瓜。

絲瓜。

金瓜。

水瓜。

王瓜。

苦瓜。

匏瓜，一種葫蘆。

角瓠。

菜之屬凡二十有九：

芥菜。

白菜。

莙蓬，即甜菜。
波凌。
峝蒿〔一〕。
芫荽。
芥藍。
蘿蔔。
苦藚，即苣。
蕹菜。
油菜。
浮藤。
枸杞。
莧，青、紫、紅三種。
茄。
芹。

〔一〕『峝』，當作『茼』。

葱。

蒜。

蕎。

薑。

蕨。

木耳。

野莧。

老公根。

藤合子，即夜合藤所生。

黴脚。

菌。

蓬。

芋之屬凡十：

黄芋。

紅口芋。

青竹芋。

雞母芋。
漳州芋。
麵芋。
薑芋。
早芋。
土芋。
蕃芋。

薯之屬凡五：

甜薯。
紅薯。
公薯。
木頭薯。
葛蕨薯。

棉之屬凡二：

大樹棉，種成樹，可久采，俗名吉貝。
小樹棉，一年一種。

蔴之屬凡有六：

苎蔴。

黄蔴。

蕉蔴。

青蔴。

蘆蔴。

波蘿蔴。

木之屬凡十有二：

榕。

松。

樟。

刺桐。

球柏。

烏柏。

苦練。

桄榔。

蘇木。
沙羅，子榨油。
冬桃。
柳。
楠，有火力、馬榴、猪肚、黄楠、香楠數種。
桂。
槁。
和。
紫荆。
鐵力。
赤檫。
赤藺，子可食。
胭脂。
槜，子可食。
梓。
柏。

棠梨，可刻字。
木棉，一名攀桂花。
山麻。
黄桐。
春花。
貓尾。
赤血。
白花。
烏蛇。
楊杞。
鴨脚。
飯飲。
碎。
槲。
楓。
花桐。

水楡。

山茶。

果之屬凡三十有六：

李。

桃。

梅。

相。

柚。

棗。

梨。

番石榴。

柿。

石榴。

香橼。

金橘。

荔枝，又一種名毛荔枝。

龍眼。
波蘿蜜。
甘蔗。
橙。
蕉。
五斂，亦名羊桃。
酸楂子，即檸檬。
橄欖。
烏欖。
木欖。
楊梅。
餘甘。
山竹子。
檬果。
毛韶，亦名磨厲子。
倒棯子。

雞冠子。

藤韶。

馬蹄。

山蕉。

木梡子，能去垢。

馬檳榔。

藤纜。

竹之屬凡十有六：

緑竹。

麻竹。

大頭竹。

青竹。

蘿笛竹。

黄枝竹。

馬蹄竹。

火甲竹。

紫竹。

石竹。

竻竹。

黄竹。

單竹。

黑眼黎竹。

筋竹。

包竹。

香之屬凡有四：

白木。

雞骨。

楓香，末樹皮爲之。

芸香，楓乳。

藥之屬凡九十有一：

陳皮。

橘紅。

乾葛。

紫蘇。

萊菔子。

白芥子。

火麻仁。

萆麻子。

白扁豆。

薑黄。

蓮蓬。

薄荷。

槐花。

槐角。

槐枝。

桃仁。

茱萸。

桑白皮。

桑寄生。
側柏葉。
薏苡仁。
小茴香。
木鼈子。
巴豆。
艾葉。
金櫻子。
澤蘭。
芝蔴油。
扶留葉。
牛膽。
羊肝。
猪膽。
茄根。
史君子。

生薑。

三藾。

韭子。

甘菊。

黄臘。

蜂蜜。

荔枝核。

蠶繭。

紅豆蔻。

金銀花。

朱决明。

草决明。

茶葉。

山葉。

天門冬。

麥門。

五加皮。
砂仁。
益智。
香附。
仙茅。
梔子。
高良薑。
谷精。
益母草。
稀簽。
馬鞭草。
土茯苓。
鳳尾。
蓽茇。
車前。
草豆蔻。

馬齒莧。

蓬朮。

黑牽牛。

蛇床子。

九里明。

旱蓮草。

蒼耳。

番腸，解斷腸草毒。

絲茅根。

曼陀羅。

蜈蚣。

牡蠣。

蛇蜕。

蟬蜕。

蜂房。

夜明砂。

穿山甲。

蟾蜍。

海螵蛸。

鱉甲。

蜥蜴。

龜板。

斑貓。

蝸牛。

花之屬凡五十有三：

素馨。

茉莉。

建蘭。

風蘭。

鶴頂蘭，大小二種。

木蘭。

碎蘭。

月桂。

薔薇。

荼蘼。

紫薇。

山茶。

山牡丹，俗名百日紅。

半邊蓮。

海棠。

合笑。

木槿，即紅花。

夜合。

玉簪。

狀元紅，一名天蒜。

九里香。

七里香。

剪春羅。

滴滴金。

鷹爪蘭。

狗牙。

金錢，即午時花。

萱。

菊，黄、紅、白三種。

蓮。

鳳仙，俗名指甲。

鳳尾。

雞冠。

山丹。

木芙蓉。

千葉石榴。

千日紅，紅、白、藍三種。

觀音蓮。

觀音竹。

夾竹桃。

長春。

滿天星。

羅漢松。

白禪。

蝴蝶花。

夜蘭香。

木樨。

玉芙蓉。

白牡丹。

胭脂碟。

美人蕉。

黄葵。

佛桑，紅、淡、白三種。

草之屬凡二十有四：

茅。

蒲。

大艾。

長命。

萍。

藻。

蘆。

荻。

莽。

接骨，治跌傷。

酸漿。

鵝子。

蓼，大小二種。

白藤。

雞藤。

烏肉。

赤香。

荔枝藤。

黄藤。

蔴藤，可作草鞋。

薯莨藤。

大藍，可久采。

小藍。

斷腸，俗名苦蔓，能殺人。

明知縣佴夢騮曰：山澤之利，民實憑之。而斷腸一草，反以毒吾民。無賴輩逞忿一朝，顧藉手以鳴得計，相漸成風，月無虚日，致軫當道之念，數令除根，計斛旌賞，用心良殷矣。第惡種交加，萌芽易長，代有窮期，而生生則無盡者。余承乏以來，思人各有生，而彼獨輕之，不過肆傾陷、覬埋葬耳。首爲禁諭，置服毒于勿問，責死者以備棺。迄今數載餘，庭無服毒之訟。間有老弱，其子弟與人争搆，强之藥，不飲。曰：縣令不給埋葬，我死無益汝也。全活頗多，或以除根計賞之不及云。

鳥之屬凡四十：

雞。

鴨。

鵝。

鵓鴿。
地鴿。
鴆。
燕。
鵲。
鳩，火、斑、䳡三種。
鴝鵒，俗名了哥。
鸛鴒。
鷓鴣。
伯勞。
鶺鴒。
鴛鴦。
布穀。
翡翠。
杜鵑。
梟。

鶯。

鷂。

鳶。

鶴。

鷺鷥。

鸕鷀。

畫眉。

山鵰。

磨穀。

瓦雀。

山雞。

水雞。

竹絲雞。

水鴨。

山判官。

箭猪，身類雞。

烏。

鴉。

鵖。

鵬。

鳥王，群鳥見之，環集其上。

獸之屬凡二十：

馬。

牛。

羊。

狗。

貓。

虎。

豹。

山馬。

封豕，俗名山猪。

猴。

猿。

狸。

狐。

豺狗。

山狗。

山貓。

田鼠。

藤鼠。

倒掛。

古志載，石之有鹿，特其名耳。昔郡城春秋丁祭，責石城辨鹿供應，皆各殷户往廣西陸、博等山林網羅，不獲則重價市之。獵家每鹿一個，動需價銀十餘兩，計到縣與到郡之役費，需銀亦上下二十餘兩。而鹿性激烈，往往解送中途倒斃。既苦殷丁倍價，又累夫役懲責。前縣令田發深悉其弊，詳請免供。時高廉觀察靳公批云：石邑既不産鹿，豈可累及里民。如詳准免，嗣後另於産鹿處所采買，即或一時缺乏，以羊代祭可也。夙年積弊，一旦獲免，仁人之言，其利溥哉。兹編物産雖依舊志，亦已删去麋鹿一項，仍籙田縣令之事，以志免供之始云。

鱗之屬凡四十有七：

鯉。

鰱。

鯇。

鯪。

鯮。

鯽。

斑。

盆魚。

鱸。

鰣，一名三末。

鰽。

鰽白。

黄魚。

赤魚。

白帶。

絲刀。
魛魚，俗名尖嘴。
馬交。
馬母。
石頭。
黄齊。
山甲。
沙魚。
鱲。
骨。
鰶。
鱆。
鯧。
鱙。
土。
青鱗。

烏魚子。

鰻。

鱔。

鱵。

鮨。

桂，一名緦婆。

沙黄。

塘虱。

七星，一名牛肝。

錦鱗。

坭鰍。

黄蟮。

鎖管。

黄蝦。

龍蝦。

小蝦。

介之屬凡十有四：

龜。

鱉。

黿。

鱟。

蟹。

螃蜞。

毛蟹。

沙螺。

田螺。

蠔。

蜊黄。

蟲之屬凡有七：

蝦蟇。

禾蟲。

坭釘。

蜂。

蚺蛇。

螟蛉。

山蠶，有大小二種，身有五彩者，繭可作布，大者絲更佳。

建置志

城池　公署　坊表　館驛

天之所造，地之所設，已定者也，而裁成輔相，有人事焉。建造之事，創之自人，不爲、不立、不修則壞。是以因時而制宜，尤貴興廢而舉墜。石雖僻陋，而城池以重封守，公署以出政令，坊表以樹風聲，館驛以安行李，制度之所必須，規模亦略備矣。若夫補偏救弊，損益而潤澤之，是所望於後賢也。志建置。

城池

元天曆間，縣尹黄昱遷今治，無城池。

明洪武二年，縣丞倪望築土垣，周二百五十丈。

正統四年，舊志作宣德四年。爲廣西流賊攻陷。五年，縣丞夏仲謙請易以磚石，郡通判馬文饒督其役。周五百三十五丈，府志作五百二十七丈。高二丈一尺，厚半之。闢門三，東曰『望恩』，西曰『鎮夷』，南曰『威武』，門上建大樓，四隅置角樓。北近岡阜處，東西各加鼓樓。城上環置窩鋪七，南四，東、西、北各一。中軍鋪一，在城北臺嶺中，守以猺兵。國朝乾隆八年，裁猺兵，廢。

嘉靖間，添窩鋪一。

隆慶六年，寇燹城圮，知縣韋俊民修復，增高三尺。

萬曆三十三年，又於原增處環爲陽橋，復高女墻三尺，垛子七百一十有八，添南、北鼓樓各二。

崇禎十三年，三門增修甕城。時知縣陳濟倉卒完工，遇大風雨，三門盡圮。里甲苦於修葺，凡十餘載乃定。其時，陳濟亦因是落職。

國朝順治十三年，增高一尺五寸，易以平頭，爲垛子六百零三，重建二大銃臺於東北隅、西北隅。二銃臺，康熙二十四年，知縣白玠以不利風水，詳准毀拆，以其磚砌學宫照墻並縣衙。城上角樓、鼓樓、窩鋪等制，今廢。

城下池，深數尺，廣丈。闕城以通縣中之水，爲水關三，東偏水由東門水關注濠，東北之水則由大渠遶縣署前，南行至聚英坊，下會縣署右所前水分爲二，一折而東，由典史署右南趨龍家塘，出南門水關注濠；一折而西，遶都司署前，南匯於蕹莢塘。又西北之水，一自學前，一自西岳廟，俱導而南下，會聚英坊下，西折出西南水關注濠。惟北跨嶺無濠，舊有土墻環之。濠塹浚鑿，正統年無考。

順治十五年，開濬濠塹，深一丈五尺，廣二丈五尺，並鑿後嶺。

時奉文增修平頭城，總兵官栗養志移鎮本邑，詳請鑿池，並鑿通後嶺，血水涌出而止。至乾隆四十年，知縣喻賨忠允士民請，始填塞之。是年，修濬城池，人工浩繁，因計城堞周圍若干丈畫爲十一分，分派縣中十一都里甲取夫爲之。其後繕修，遂依舊例，視某都中所捐築，壞處各加葺治，惟城大樓則均各鄉之力。

嘉慶二十年，知縣張廷幹重修。修補西、北、南三面崩缺處，逾年旋圮。

按：縣城北、東、西三面跨臺山有半，地脉自建嶺綿亘而來，北闕其門，並闕其池。亦因其形勢，恐傷地脉耳。順治時，鑒於前明正統間爲西賊所破，隆慶時倭奴所陷，崇禎戊寅又爲白梅賊所傷，濬城隍，鑿池北嶺，相傳傷殘地脉，知縣王訓、典史吴斌相繼而卒，或亦形家所忌矣。後百餘年，人文不興，議者咸歸咎之。乾隆乙未秋，邑侯喻賓忠莅任，士民即以填塞此池爲請，爰召工畚土填之，即所傳修復龍頸是也。今閱數十年，車馬絡繹，又復蹂踐成坑，培補而修復之。是在官斯土者之肩其任焉。

公署

縣署坐三臺嶺正中。中爲親民堂，即大堂。堂東庫房二間，前中爲露臺，爲甬道。東側號房。正東爲吏、户、禮三房。西側承發、架閣二房。正西爲兵、刑、工三房。

前爲儀門。東旁爲土地祠，西爲監獄，舊儀門前有寅賓館，今廢。頭門。舊爲譙樓。乾隆三十八年，毁於颶風。四十一年，士民捐資建頭門，卑小不稱體式。門外兩房店鋪偪塞，中間路不盈丈。舊時東有旌善亭，西有申明亭，基址俱被侵占，知縣喻賓忠逐一清查。各鋪因遞年輸納地租，日久逐漸越占，乃計各占造鋪屋工料，倍給其值，令自折改。復減其地租，還出所占地，寬四丈，長六丈有餘。自屏墻、頭門、儀門、内外甬道，於乾隆四十六年冬興工修造，易舊規模。

屏墻。墻之外爲横街。

正堂後宅。中一間，東西各一間。

川堂。乾隆四十二年改建，匾曰『敬事堂』，一廳四間。

堂東旁花廳。乾隆四十二年冬建，又東側房一連九間。

堂西旁書房。正廳一間，東西二間，又西側二間。

三堂。正廳二間，又書房一廳二間。

四堂。正廳一間，東四間，西二間。又東爲聽松亭，舊名知稼堂，因圮，乾隆四十二年重修，匾曰『聽松』。

考縣署，舊在東黄村。元天曆中，遷今處。明洪武二年，縣丞倪望復建。正統五年縣丞夏仲謙，成化間知縣陳綱，正德間知縣楊維甫，嘉靖間知縣楊浩、劉嶅、鄒伯貞，萬曆間知縣謝璿，國朝知縣王灝，前後興修。乾隆四十二年、四十六年，知縣喻竇忠次第重修。

典史署。距縣治屏墻直街三十餘步，頭門二間，儀門一間，大堂三間，二堂三間，東西廊各一間，三堂三間。西書房二間，厨房一間。署舊在縣署内廨東房。康熙二十七年，知縣韓鏐買武生黄衷屋作倉廒。三十九年，改爲典史署。乾隆四十四年，典史岳秉中重修。

巡檢司署。舊在凌禄地方，後在成四都石嶺墟，距城西北五十里。

教諭署。在頖宫東旁。頭門三間。左爲學科，右爲門房。大堂三間，二堂三間，東西廊二間。又東偏書房久圮，乾隆四十四年，邑人士爲教諭陸文焉重修，共六間。外有屏墻，直至節孝祠，俱是學地。

訓導署。在明倫堂後。大堂三間，堂下耳房二間。二堂三間，東偏書房上下六間，後厨房一間。另後院一所。明倫堂前爲甬道，儀門三間，左爲土地，右爲門房，頭門一間，外有屏墻。舊大堂二進，相連逼隘。東偏爲荒地。乾隆三十四年，邑人士爲訓導黄紹統捐修。

都閫府署。在聚英坊西南三十餘步。東西轅門二間，左右鼓房二間，儀門三間，東偏字識房一間，大堂三間，堂下東西耳房二間，西北花廳一間。二堂三間，三堂三間，東廊二間。又西側箭道一所。署舊名所在縣□十餘步，後改建。乾隆四十四年，都司孟明遠重修。

把總署。在城隍行北通十字街口，距都司轅門西三十餘步。

行署今廢。

察院行署。在北街東嶺下。

布政分府行署。在察院東。

按察分司行署。在察院西。

亭館

萬壽宫。在文廟照墻之左。

知稼亭。在縣中峰下，今廢。

旌善亭。在縣署頭門外左，今廢。

申明亭。在縣署頭門外右，今廢。

啓春亭。在東郊外羅官堂前，每歲迎春在此。

接光亭。在東關外東聖禪林前。康熙四十四年，知縣孫繩祖建，有記。乾隆四十年，知縣喻寶忠重修，改名『雨賜』，督學使者李調元有詩。嘉慶二十年，知縣張廷幹重建，但制度卑隘蔽塞，盡失舊觀。近日迎送官員皆在此處，故又稱『接官亭』。

坊表

聚英坊。在城内西街之中，東曰『翰苑』，爲翰林編修楊欽立；北曰『省郎』，爲户部郎中李澤立；西曰『豸史』，爲山西道御史黄充立；南曰『六桂』，爲永樂戊子科同榜中式舉人李俊、龍德輝、李殷禮、禤昭、何清、全有志六人立。後曰『叢桂』，俗稱爲『四牌樓』，歲久傾圮。康熙四十七年，知縣孫繩祖捐俸重建，有記。乾隆三十一年，知縣景德重修。五十一年，知縣王誥重修。祀文昌神像於其上，額曰『文昌閣』。

興賢坊。在縣治西横街十餘步舊學左右，今廢。

羅州坊。在縣治屏墻外街口。康熙四十年，知縣孫繩祖建，有記。

彭氏節孝坊。在忠義祠左。乾隆八年，知縣王灝爲李仲妻旌建。

伍氏節孝坊。在彭氏坊東旁。乾隆八年，知縣王灝爲李恒郁妻旌建。

謝氏節孝坊。在東門内。乾隆四十一年，知縣喻賓忠爲羅天輔妻旌建。

莫氏節孝坊。在赤嶺村。乾隆十年，知縣魏綰爲黄雲肇妻旌建。

曹氏節孝坊。乾隆十年，知縣魏綰爲庠生陳堯思妻旌建。

陳氏節孝坊。乾隆十二年，知縣李瓊林爲蕭石芝妻旌建。

黄氏節孝坊。乾隆十七年，知縣王振統爲增生吴捷春妻旌表。

黄氏節孝坊。在良田村。嘉慶十八年，知縣張廷幹爲陳琩妻旌表。

林氏節孝坊。在青平墟。嘉慶六年，知縣李澐爲庠生曹爾猷妻旌建。

李氏節孝坊。在城内北街。嘉慶十七年，知縣張廷幹爲陳欽虞妻旌建。

百歲坊。在長山墟。嘉慶四年，知縣閻曾步爲林翰舉一百零四歲旌建。

謝侯遺愛碑。在縣大門左。明萬曆乙未年，士民爲知縣謝瓆立，有條例政績碑。

項侯遺愛碑。在縣大門右。明萬曆辛丑年，士民爲知縣項汝廉立。

鄭廣文去思碑。在儒學大門前。明萬曆丙午年，通學生員爲訓導鄭煒立，今廢。

葉尉去思碑。在東關真武廟前。崇禎戊寅年，通邑爲典史葉啓元立。

平倭亭碑。在東門内五步。明隆慶壬申年，士民爲嶺西道李公材立，後亭圮，移碑於郭祠，久廢。

按：徽音芳躅鐫諸史册，必披卷而後可考也。表厥宅里，榜之通衢，則行道之人皆見之，坊表所由來重矣。雖其間流品不一，或以名顯，或以行彰，均足砥世而礪俗。至柏舟矢志，芬揚彤管，亦得與士夫並傳。後之生斯土、官斯土者，其感發興起，又將何如也。

館驛

皇華公館。在新和驛内，廢。

府館。在北街東，久廢。

新和驛。在縣治東二十餘步，久廢。

三合驛。距城東北六十里。

息安驛。距城西北九十里。

上三驛。於康熙四十九年奉裁。

縣城館。在東門内，即知縣孫繩祖所建松明書院。

龍灣館。由縣城西達廉州憇息之館，離城四十里。乾隆四十一年建，今圮。

青蔭館。由縣城南往遂溪憇息之館，離城二十五里，今圮。

横山館。由遂溪之廉州，經由縣境住宿之館。離城西南八十里，今圮。

仰塘館。由横山達青平憇息之館，離城西南八十里。

青平館。由仰塘、龍灣往廉州住宿之館，離城西一百一十里。

高橋館。由青平往廉州憇息之館，離城西一百四十里。

舊志曰：石當岐劇之旁，軌若門，武若簇。昔所謂『重譯無虚日，逢迎有餘勞』者也。又曰：凡有事於境土，授館視塗，致粢獻餼，約有常經，此固自昔已然矣。今驛已廢而館存，其朽敗者過半。乾隆四十一年，繕修完好，至今停驂者便之。第典守無人，屢修屢壞，皇華至境，塗飾一時，既過而作踐者踵至，加以風雨摧敗，時時傾塌，每歲葺補，土木滋費矣。

田賦志

户口　賦税　經費　耤田　鹽課附

賦貢自虞夏以來，則壤任土以給度支，歷代所同，而名物、制度隨時每多變易。我國家休養生息百數十年，天下土闢民聚，月盈歲增，而夏税秋糧之外，不以一毫累民，制歸簡易，事便遵循。當事者撫字誠勞，豈必催科獨拙耶。志田賦。

户口

宋元户口無考。

明洪武十四年，編户二千六百七十五，口四千零五十一。天順間，屢遭巨寇殘破，户口無定。至嘉靖間，知縣韓鎮議定十一里，户一千五百一十二，口一千九百九十。嘉靖二十七年，楊文通等復業，共户一千五百五十九，口二千一百二十五。萬曆間，清丈後乃定實户二千一百七十六，口五千二百五十七。

至國朝康熙元年，丁口五千二百五十七，内幼丁、灶丁八百二十二，又新增男婦三百五十丁口。

康熙五十年，原額男婦丁口五千二百五十七，内除幼丁、灶丁八百二十二丁，例不派徭差、鹽鈔等銀，連新增男婦三百五十丁口，共編四千七百八十五丁口，內男子成丁三千四百九十五丁。於遵旨復粵東邊界，案內遷移未復人丁三丁八分九釐，實編男丁三千四百九十一丁一分一釐，婦女一千二百七十七丁，新增一十三口，實編婦女一千二百九十口，內有優免男丁八百三十三丁四分，每丁止派鹽鈔銀一分三釐五毫二絲一忽，無優免男丁二千六百五十七丁，每丁派猺差民壯均平鹽鈔共銀三錢五分八釐二毫二絲九忽，婦女一千二百九十口，每口派鹽鈔銀一分三釐五毫二絲一忽，共編銀九百八十兩零七錢七分九釐，閏加銀四十九兩八錢六分三釐。

康熙五十二年，欽奉恩詔，盛世滋生，永不加賦。

雍正四年，命天下州縣丁口俱派入畝米均勻俵徵。

乾隆元年編審，至三十六年止，滋生人丁共五百九十二丁。欽奉恩詔，永不加賦。通計男婦共五千三百七十三丁。

以上係照往制，五年一屆編審丁口數目。乾隆三十七年，奉行停止編審。

乾隆五年，奉行每年造報民數實册。至嘉慶二十四年，册報通縣民户一萬七千七百三十一户，丁口一十三萬八千九百一十一。丁口内男丁七萬四千七百七十六，丁女口六萬四千一百三十五口。

按盛世滋生，永不加賦。聖祖仁皇帝好生之德，與天地無疆，至丁口派入畝米。聖聖相承，良法美意，萬古爲昭。踐土食毛之倫，以生以長，熙熙皞皞，奕世共遊昇平之宇矣。今閲舊志論，一曰石之丁口分派於糧，是以當多事之秋，不聞有無糧白丁之嘆。又曰石邑編丁歸并於賦，而賦不浮於田。善夫，石民之幸也。前明知縣佴夢騮論之詳矣。其言曰：予志賦於石而得一善法焉，編丁是也。凡民初生爲黄，四歲爲小，七八歲爲童，至十五而筋力可任矣。小司徒登萬民於版，辨其貴賤、老弱、存亡，而上下其籍，無常數也。今制成丁若干，不成丁若干，傳在版者蓋不可易，故民間有丁去糧存之嘆。至今僻封猶踵敝轍，獨石當事諸賢計丁糧多寡之額而折衷之。每糧三石派納一丁，多至百十，少至升合，悉準以爲例，而逃亡影射之弊頓爾一清，誠仁人君子之用心哉。然不特此也，凡大役動衆，有均平不能敷者，勢不得不借力於里甲，如交黎之兵千里轉餽，曩事第以都分均之，糧少者向隅矣。甲寅歲，瓊米之運悉令照丁糧起役，民無不均之嘆。補偏救弊，或亦少有當乎。倘曰媲美諸賢，與丁法並著不刊也，則吾豈敢！吾三復此論，爲吾昔日之石民慶也，又嘆夫昔之宰斯土者何多君子也。敬録之以告後之賢者。

賦稅

明洪武十四年，册載官民田稅二千一百一十七頃六十八畝。天順間，屢遭寇賊巨寇胡公威。殘破，糧稅增耗無定。至嘉靖間，知縣韓鎮議定十一里，官民米六千一百零四石。嘉靖二十七年，知縣鄒伯貞清米一千七百五十三石一斗七升四勺二抄，官民共米七千八百五十七石七斗七升四勺二抄八撮。萬曆間，清丈後定官民田地塘箔升科，共稅二千六百六十五頃一十五畝六分九釐六毫六絲五忽七微二僉四沙，每米一則科派三升二合五勺四抄八撮四圭，共正耗米八千六百七十四石六斗五升九合三勺二抄二撮零六粟六粒，官米一千三百二十八石六斗八升七合三勺二抄六撮六圭九粟五粒，民米七千三百四十五石九斗七升一合九勺九抄□□三□□□六粟三粒，内辦鹽灶米三百九十三石五斗八升三合。

國朝順治十二年，於清丈久奉委府學官潘經勘荒蕪田税二百二十九頃七十六畝二分一釐五毫〔一〕。

康熙元年，插邊界外田税二百五十三頃三十七畝二分八釐四毫，又遷魚課米一百六十一石八斗九升四合。

康熙二年，續插邊界，田税五頃八十三畝四分五釐九毫。

總共荒蕪并原續遷移税四百八十八頃九十六畝九分五釐八毫，官民并一千七百六十四石四斗二升一合一勺零七撮七圭七粟。

康熙七年，展界，清查荒遷各年墾復田一百二十二頃九十畝零七分三釐零三絲九忽二微八僉。

康熙十三、十七、十八各年，墾復田税六十三頃二十六畝八分五釐七毫七絲八忽。

康熙二十二年至五十年，墾復荒遷起徵，共税四十六頃三十六畝四分七釐三毫五絲八忽五微六僉三沙。實在田地塘江沙箔二千四百三十頃零七分三釐二毫四絲五忽八微四僉三沙。通縣地丁並墾復連升科魚課，共派糧料四差，及奉文扣回優免添派胖襖、雕漆、衣裝、物料溢價等銀七千五百八十四兩五錢七

〔一〕以下四條，《嘉慶石城縣志》缺損嚴重，此據康熙二十五年《石城縣志》卷二《食貨志》補。

分七釐六毫八絲七忽七微五僉五沙。全書開載存留銀三千三百四十兩零三錢六分三釐六毫八絲，照例徵銀二千三百三十八兩二錢五分四釐六毫八絲，徵錢一百萬零二千一百零九文。徵本色米二千二百三十六石一斗五升八合零一撮零三粟七粒。以上舊志。

康熙五十七年至乾隆九年，節年招墾復原額税二百四十二頃七十九畝八分二釐。

另雍正十年至乾隆五十七年，里民報墾溢壙山場升科税三百零四頃六十畝零四分三釐六毫。

通計田地塘江沙箔及溢壙山場，共税二千九百七十七頃四十畝零九分八毫。原額田税二千六百二十五頃九十九畝四分四釐四毫，地税三十七頃八十八畝三分零一毫，塘税八頃六十九畝七分五釐九毫，江税九畝三分，沙箔税一十三畝七分五釐。

科官民正耗米八千六百九十九石五斗四升四合四勺。又原額農桑米八石，内四石徵本色四石，派入民米。通共官民農桑米共八千七百零三石五斗五升四合四勺，内官米每石派糧料銀二錢六分一釐二毫一絲八忽。民米每石，縣坊、豐一、豐二、豐三上、豐三下、成四六都派糧料四差銀五錢八分六釐。成七、純八、純十、寧十一、寧十三五都派糧料四差銀七錢八分二釐一毫七絲三忽。又派鹽灶米每石減編派科銀三錢零七釐九毫六絲三忽。又一項地畝餉以通縣田地塘江沙箔照萬曆四年例，每畝派銀七釐零三絲零八微三僉一沙，每兩帶徵水脚一分五釐，照例起徵。以及丁口、物料、溢價、胖襖、雕漆、衣裝、南工匠價、水脚等銀俱均勻派編。

徵銀八千六百三十六兩五錢三分。又遞年升科税三百零四頃六十畝零四分三釐六毫，編徵銀四百八十一兩六錢四分六釐五毫。不徵米稅，則亦不一。

徵本色米每畝九合二勺八抄三撮五圭六粟四粒。二千四百六十一石五斗六升一合二勺九抄，內折價米四百二十六石四斗八升二合八勺，歲徵銀每石折銀五錢。

各都徵銀米數分晰列後：

縣坊都。原額中則田地塘民稅二百零八頃六十一畝七分八釐九毫，科米六百七十九石零一升七合九勺，徵銀六百七十四兩一錢，徵本色米一百九十二石一斗三升。另升科溢壙山場稅一十九頃零九畝五分六釐二毫，共徵銀三十五兩五錢八分三釐。

豊一都。原額中則田地塘民稅一百九十四頃二十六畝六分四釐，稅有七毫，科米六百三十二石三斗零六合三勺，徵銀六百二十七兩七錢二分四釐，徵本色米一百七十八石九斗一升二合。另升科溢壙山場稅一十五頃五十九畝九分八釐四毫，共徵銀二十兩零四錢一分七釐。

豊二都。原額中則田地塘民稅二百六十三頃三十二畝四分四釐，科民米八百五十七石零七升八合八勺，徵銀八百五十兩零八錢七分一釐，徵本色米二百四十二石五斗一升三合。另升科溢壙山場稅一十三頃六十畝五分八釐八毫，共徵銀二十二兩八錢九分一釐。

豊三上都。原額中則田地塘民稅二百九十五頃四十二畝七分四釐四毫，科民米九百六十一石五斗六升九合一勺，徵銀九百五十四兩六錢零六釐，徵本色米二百七十二石零七升八合。另升科溢壙山場稅二十四頃零二畝一分八釐二毫，共徵銀三十八兩九錢零一釐。

豐三下都。原額中則田地塘民税一百三十五頃□十二畝九分四釐四毫，科米四百四十二石四斗九升三合七勺，徵銀四百三十九兩二錢一分八釐，徵本色米一百二十五石二斗零五合。另升科溢壙山場税一十七頃七十六畝二分二釐，徵銀二十二兩一錢八分九釐。

成四都。原額中則田地塘民税一百六十三頃九十一畝四分五釐，科米五百三十三石五斗一升五合五勺，徵銀五百二十九兩六錢五分一釐，徵本色米一百五十石零九斗六升。另升科溢壙山場税二十七頃四十五畝一分七釐六毫，共徵銀五十兩零四錢一分六釐。

成七都。原額中則田地塘民税二百三十二頃九十三畝五分九釐五毫，科米七百五十八石一斗六升九合二勺，徵銀七百五十二兩六錢七分七釐，徵本色米二百一十四石五斗二升六合。另升科溢壙山場税三十頃六十二畝七分五釐三毫，共徵銀四十九兩七錢一分零五毫。

純八都。原額中則田地塘民税一百七十五頃九十一畝五分八釐四毫，科米五百七十二石五斗七升七合九勺，徵銀五百六十八兩四錢三分一釐，徵本色米一百六十二石零一升二合。另升科溢壙山場税三十頃零三十八畝一分一釐六毫，共徵銀四十兩零七錢五分九釐。

純十都。原額中則田地塘民税三百零八頃四十八畝一分八釐八毫，科米一千零四石零五升九合二勺，徵銀九百九十六兩七錢八分五釐，徵本色米二百八十四石一斗零二合。另升科溢壙山場税四十三頃三十一畝二分零六毫，共徵銀五十四兩四錢五分七釐。

寧十一都。原額中則田地塘民税一百八十四頃五十三畝一分四釐，科米六百石零六斗二升零二勺，徵銀五百九十六兩二錢六分九釐，徵本色米一百六十九石九斗四升七合。另升科溢壙山場税三十一頃五十三畝四分三釐七毫，共徵銀四十七兩三錢六分九釐。

寧十三都。原額中則田地塘江沙箔民税三百三十三頃三十一畝八分六釐八毫，科米一千零八十四石八斗九升九合，徵銀一千零七十七兩零三分九釐，徵本色米三百零六石九斗七升五合。另升科溢壙山場税五十六頃二十一畝二分一釐三毫，共徵銀九十九兩五錢六分二釐。

外縣坊、豐一、豐二、豐三、成四、成七、純八、純十、寧十一各都，原額中則田官租税共一百七十六頃一十二畝一分五釐九毫，科米五百七十三石二斗四升七合六勺，徵銀五百六十九兩零九分五釐，徵本色米一百六十二石二斗零二合。

以上銀米數目分都徵納，催科者按册而稽，瞭如指掌。

本縣原額漁課米一百六十一石八斗九升四合。每石派課料銀五分八釐零一絲一忽。徵銀七十四兩一錢五分八釐五毫。

舊志載，本縣額辦漁課正米八百六十二石零四升零八勺，帶辦本色漁油五百七十八斛九兩四錢五分，魚鰾二十八斤四兩三錢六分。又翎毛九千六百根，白苧蔴一千五百五十六斤十五兩六錢。今無徵米七百石一斗四升六合八勺。成化時，知縣陳綱奏減實徵米一百六十一石八斗九升四合，有閏加派米一十二石，内魚課派正銀並水脚銀共五十一兩五錢零六釐五毫七絲六忽一微，有閏加正銀三兩九錢八分，水脚銀三分七釐八毫，魚油料派正銀並水脚銀共二十二兩六錢五分二釐三絲七忽一微一僉，有閏加正銀一兩四錢五分，水脚銀四錢二分五釐。

舊志〔一〕云：『魚之有課，自蛋始也。自萬曆九年，蛋叛剿絶，而課有常供，時當事佴夢騮以箔代課税，以五十一處之埠均派額銀，議詳准行。』至今沿之，此魚課原委。邊海多魚利，而課有損益，詳録舊志以見賦税因革之一端。

以上官民、農桑、墾復、升科、漁課共米八千八百六十五石四斗四升八合四勺，派徵銀九千一百九十二兩二錢七分四釐，内除額載優免人丁銀二百八十七兩二錢七分九釐。寧十一、十三兩都減編鹽米銀一百八十六兩六錢四分，外徵銀八千七百一十七兩一錢七分五釐，遇閏加銀二百七十兩零九分八釐。徵米二千四百六十一石五斗六升一合三勺。遇閏加米一百二十七石七斗四升零五勺，撥支化石營兵米又折價米四百二十六石四斗八升二合，遞年撥解高州鎮左營。

外賦

一、税契銀五十兩。

一、縣前地租銀六兩一錢。

〔一〕『舊志』，指康熙六年《石城縣志》及康熙二十五年《石城縣志》。

一、本縣學田二頃四十三畝六分，原租銀三十四兩六錢二分，内除原報荒遷地起造神廟缺銀一十七兩八錢三分。康熙十二年，報復遷移界外田税一十七畝六分，徵銀一兩二錢，實在學田連墾復共二頃四十三畝九分，每畝徵銀六分八釐零一忽二微八僉九沙。共實徵銀一十六兩七錢六分，歷年徵收解府轉解學院給貧生膏火之用。

一、本縣新設耤田四畝九分，每歲收租一十七石五斗，内實收租一十二石，官墊補五石五斗。内開銷粢盛穀四斗，耔種穀一石，祭品銀五兩。

雍正四年，欽奉諭旨，州縣守土官俱著行耤田，禮部議照九鄉耤田四畝九分之例，設立耤田，建先農壇，祭品銀兩，在地丁項下動支。雍正十二年奉行，耤田穀石照出陳之法，除本年新收外，歷年舊穀盡數糶售，每石定價四錢五分，糶售穀銀即存各州縣。遞年祭先農之用，不必開銷錢糧，俟届五年後積穀復多，仍前辦理。乾隆三十四年復奉行，應用祭品銀兩，約計至下届出糶之時，爲數若干，扣存貯庫，盈餘解繳藩庫。本縣每年所收耤田租穀缺額，尚當續置補足。

按：田賦惟正之供，閭閻奉上之義應爾。治人者食於人，治於人者食人，此理民共曉之矣。我朝厚澤深仁，浸淫衍溢。自聖祖仁皇帝康熙五十四年，蠲免地丁錢糧。嗣高宗純皇帝乾隆十二年、三十六年、四十五年，三次普蠲錢糧。我皇上御極以來二十餘年間，又復累次蠲免，异數曠典，亘古未有。石雖偏隅，亦與天下蒼生沐浴膏澤，共浹肌髓，則所以奉公上而終厥事者，宜何如勸勉耶。

經費

本縣起運錢糧款目：

一、户部項下，京庫金花均一鋪墊地畝餉，本折共銀一千八百八十二兩一錢二分一釐。

一、裁扣員役優免米銀一百一十四兩四錢四分。

一、兵部項下，驛傳節裁銀四百六十兩四錢八分六釐。

一、工部項下，均一四司竹木、翠毛、魚油等料共銀二百一十三兩□錢九分七釐。

軍器料銀一十一兩□錢六分五釐。

一、本色物料溢價銀六十六兩三錢三分八釐。

一、雕漆、衣裝、胖襖銀七兩五錢，閏加銀二錢二分。

一、南工匠價銀三十二兩四錢零二釐，閏加銀二兩七錢一分二釐。

一、舊編存留款項節年裁扣修宅、薪蔬、行香、餵馬草料、廪糧□□進表。覲費花□□□□飲□□□際留回備支外，實銀四百六十二兩七錢六分五釐，閏加銀二十三兩零八分八釐。

一、裁汰教諭、新和古潘驛、凌禄司巡檢官役經費，内除設復巡檢官役備支外，實銀一百八十八兩一錢六分，閏加銀一十五兩六錢八分。

一、裁汰本縣燈夫、息安驛丞官役、永豐倉大使官役，拜進表箋鄉飲酒禮，及各裁扣經費均平内除留回加給備支外，實銀一百九十八兩八錢五分五釐，閏加銀二兩八錢六分七釐。

一、康熙十七年，裁扣充餉外除留回新加備支外，實銀六十八兩五錢二分七釐。存留扣荒内除免扣等項外，實銀一十五兩三錢五分，閏加銀三兩零二分七釐。

一、康熙二十七年，裁扣貢生盤纏銀四十兩，舉人宴席、旗匾、會試、水手扣荒銀共一十五兩零七分一釐，如遇鄉試會試中式仍於本項内動支。

一、乾隆元年，奉行正印官俸匀攤銀一兩三錢零六釐。

一、項存留額編兵餉並差鈔均平餘剩，新增丁口共銀一千四百七十四兩零七分六釐，閏加銀六十五兩二錢八分二釐。

一、項升科米銀四十八兩六錢四分八釐。

一、項墾復自康熙十一年至乾隆九年，除奉行報墾不實開除無徵外，實銀一千三百五十七兩四錢九分三釐，閏加銀四十四兩八錢零二釐。

一、項雍正十年至乾隆三十三年，報墾溢壙山場起徵税銀共四百八十兩零四錢零六釐。

按：舊志《賦役》内載歲辦、雜辦、額辦三役，如差官賫表盤纏覲風花紅卷餅、歲考生童果餅、使客下程中伙等類，款目繁瑣，遞年歸并裁汰，難稽其詳。又如《税課》内載酒醋、毛皮、篷木、縮砂等物，今俱不存其名。經制既歸簡易，草野俱識遵從，有催科之責者，使國計無絀，民力常舒，斯已矣。

留支款目：

一、本縣知縣俸銀四十五兩，除荒及勻攤外，實銀三十九兩一錢二分一釐。門子二名，皂隸十四名，馬快八名，轎傘扇夫七名，庫子四名，斗級四名，禁卒八名，仵作二名，共工食銀二百九十四兩，閏加銀二十四兩五錢。民壯三十名，內撥高州府通判衙門十名，共工食銀一百八十四兩。鋪役四十六名，工食銀二百七十六兩，閏加銀二十三兩。又知縣養廉銀六百兩，雍正七年奉行火耗銀內動支。

一、本縣典史俸銀三十一兩五錢二分，門皂、馬夫六名，共工食銀三十六兩，閏加銀三兩。又典史養廉銀六十兩，乾隆三年奉行，在火耗銀內動支。

一、本縣教諭、訓導二員俸銀各四十兩。門斗二名，齋夫三名，共工食銀五十兩零四錢，閏加銀四兩二錢。

一、廩生二十名，共餼糧銀四十八兩。膳夫二名，工食銀一十三兩二錢三分三釐，閏加銀一兩一錢一分一釐。

一、本縣凌禄司巡檢俸銀三十一兩五錢二分。弓兵二名，折半工食銀六兩，閏加銀五錢。又凌禄司巡檢養廉銀六十兩，乾隆三年奉行，在火耗銀內動支。

一、本道庫大使一員。向爲本府永豐倉大使，乾隆三十一年改，今缺。本府司獄司一員，俸銀各三十一兩五錢二分。皂隸每二名，工食銀各一十二兩，閏各加銀一兩，俱在縣經費項下動支。

一、時憲書額銀一兩，除荒外實銀八錢九分八釐。

一、迎春土牛、芒神、春花、春鞭、祈晴、日食、月食、香燭、謝雷祭品等項額銀七兩，除荒外實銀六兩二錢八分九釐。

一、拜牌香燭額銀五錢，除荒外實銀四錢四分九釐。

一、文廟春秋二祭，額銀五十六兩八錢三分七釐，除扣荒外實銀五十兩零九錢九分九釐。

一、武廟春秋二祭，五月十三誕辰一祭，共銀四十兩。雍正六年，奉行致祭，品物銀一十五兩。乾隆四年奉行，添銀二十五兩，於起運項下動支。

一、文昌廟，嘉慶七年奉旨賜春秋二祭。共頒銀二十六兩六錢六分七釐，遞年於地丁起運項下動支。

一、山川、社稷春秋二祭，孟夏雩禮，額銀二十兩零七錢五分八釐，除荒外實銀一十八兩五錢八分五釐。

一、祭無祀鬼神，額銀一十六兩三錢二分七釐，除荒外實銀一十四兩八錢零三釐。

一、孤貧口糧，額銀七十二兩。原額銀一十四兩四錢，於一件推廣皇仁等事，增銀五十七兩六錢，閏加銀六兩。

一、本縣鄉勇三十五名，共工食銀二百一十兩。雍正十年奉行，添設楊桃角汛一十五名，藍靛汛一十名，烏石垌汛五名，沙田垌五名，譚伯汛五名，工食遞年於起運項下動支。

按：下奉上，義也；上恤下，禮也。重禄勸士，既優既渥，賤而逮於厮役輿隸，禄足代耕，甚哉法之詳也，奈何復有朘民脂膏而不厭者，至乃縱狐假威，爲虎附翼，抑又甚矣。

鹽課

舊志，邑歲辦大引〔一〕鹽二千三十一引零一十五斤，歲派鹽鈔銀五十九兩九錢六分五釐，有閏加銀四兩九錢九分七釐。明洪武初，開官寨、丹兜二場，官後以課少，并海北提舉司，給散工本徵解，嗣又改并廉州府場官徵辦。萬曆年間，户灶呈控院道，在寧十一、十三兩都自煎自賣，設艇一十四張，以便挽運輸餉課銀一百八十兩三錢一分零。

國朝康熙元年，遷海，鹽田俱濱界外。七年，展界後，以土商領之，仍歸廉州場徵辦。雍正初年，設立委員，爲丹兜場，屬高廉鹽運分司。乾隆八年，裁高廉鹽運分司，歸高州府管理。

本縣丹兜場委官一員，駐下洋。公署，三進九間。廒口五處，下洋、禄地、南山、東村、官寨。鹽倉十座。鹽田二百五十六丘，池漏二百五十六個，灶二百五十六座。穀倉二間，貯接濟穀二百二十八石五斗七升一合八勺。每歲春間按

〔一〕『大引』，文據名。清代鹽商及納課憑證之一。『引』，即引票。鹽商領引行鹽，每張引票行鹽的數量不同，各地區也不盡一致。引票分大引和小引，亦即有數量之不同。大引爲明代舊制，其時大引爲四百斤，小引爲二百斤。清代大引每引數百斤至千斤不等，有的地區每引多達兩千數百斤。

灶分給，秋成還倉。

額收熟鹽六千六百包，内原額五千包。雍正九年，增鹽九百九十一包。乾隆四十三年，復加額六百零九包，灶價每包原額二錢六分四釐。乾隆二十年奉行，自正月至四月，每包加給灶價一分。乾隆四十三年奉行，每包加價銀一錢五分，共給價銀四錢一分四釐。

征課銀七百七十兩零四錢三分八釐。灶丁二百五十六丁，每丁輸課銀七錢零八釐，共銀一百八十一兩三錢一分九釐。又商人賣出帑鹽，加增課銀五百八十九兩二錢一分九釐，赴高州府完納場員領回，同丁課彙解赴運庫。

場員額支飯食銀一百二十兩，司總一名，辛力銀三十六兩。司事四名，工食銀七十二兩。書辦一名，工食銀一十二兩。差役、門子、水火夫共六名，工食銀四十二兩二錢。巡丁十二名，工食八十兩零四錢三分八釐四毫。以上銀同鹽價銀，赴高州府庫領帑支發。

引餉

本縣埠商額徵餉引銀四十四兩九錢二分一釐，原派入民糧徵解。康熙三十二年奉行，接餉配引一百七十五道九分六釐。康熙三十五年奉行，將加鹽配引九十六道四分九釐。康熙四十六年，加增餘費銀一十六兩二錢二分七釐，共額加引二百七十二道四分五釐。每引行鹽二百三十五斤，每引細徵餉費銀三錢一分四釐八毫六絲一忽二微零八末零六塵。額徵餉銀八十五兩七錢八分二釐。乾隆二十三年，餘鹽改引八百二十道零四分二釐，額徵餉銀二百五十八兩三錢一分九釐。

通共引一千零九十二道八分七釐，共徵餉銀三百四十四兩一錢一釐，配正改引鹽一千七百一十二包零十二斤。又加配鹽二百五十七包零九斤，每包納價銀三錢，共納鹽價銀五百九十兩零七錢六分二釐。

通縣食鹽户口，乾隆二十三年詳定，自七口以上銷鹽三斤，五口以上銷鹽二斤，三口以上銷鹽一斤。按月分别各鄉買銷。舊志載，本縣官吏隨住人口計口食鹽，每口周歲食鹽一十二斤，村鄉民婦男子每口周歲食鹽六斤，照户口派折鹽鈔銀兩徵解。

附載

廣西陸川埠原額改加鹽引共二千七百二十道零三分三釐，博白埠原額改加鹽引共一千八百六十四道八分三釐，二埠共引四千五百八十五道一分六釐，赴丹兜場配銷。

按：丹兜場員缺場灶，於康熙五十五年奉行裁撤，鹽額攤入旺産之雷茂、博茂二場增補供配。又是年改埠歸綱，所有原額課銀并續加課銀共七百七十兩零四錢三分七釐八毫，歸并局商代完。續緣該場下洋等廒鹹潮沙漬，不能養淡改稻，而編海窮丁餬口無資，不免私行煎煮。據局商郭允恭等稟請，設法收買。奉憲批准議復委員謝象塙到場收買，謝象塙到場收買配給石城、陸川、博白三埠運銷。旋於乾隆六十年復回丹兜場，飭委蕭大使督辦丁課銀兩，亦歸場員徵解，至今尚未復實。官署亦未建回現在場商，俱是埠商張鴻義一人辦理，自收自配。石城一埠，每年額銷引目一千零九十二道八分六釐二毫零，額徵餉銀三百四十四兩一錢，由縣督催埠商照數領折解餉。至於緝私要隘，係在安鋪、急水、石角、兩家灘各處，向有埠商巡役，在此堵緝，仍由縣加差幹役，會同營兵緝拏私販以銷引目。

倉貯志倉貯　社倉〔一〕

藏富於國，不如藏富於民，固也。顧民有謀一朝夕之供而不給，胡可與言？蓋藏也，民貧不能自藏，撫民者代爲藏之，待其急而散之。藏於官，猶藏於民也。《周禮》遺人、廩人掌委積治豐凶，後則李悝之平糴，耿壽昌之常平，長孫平之義倉，朱晦庵之社倉，法良意美，至今猶遵用之。顧行之不善，弊亦叢生，所謂有治人無治法也，是在乎行之者。志倉貯。

倉貯

永豐倉，去縣治東四十餘步。永樂九年建，爲廒二。康熙五十五年，於衙内東偏增建小倉，爲廒一。

預備倉，去永豐西五步。弘治三年建，爲廒一，久廢。

察院義倉，在縣廨右。萬曆二十二年建，爲廒二，久廢。

〔一〕　原志《倉貯志》下無小字『倉貯』『社倉』。

常平倉，康熙二十一年，知縣韓鏐買受謝鼎正學宫西偏房屋三間并周圍餘地建，爲廒二，東西分作二倉，均曰『永豐』，後改爲『常平倉』。

按：原建倉廒二十五間，雍正十年添建三間，乾隆四年添建一十五間。今東倉廒十九間，衙内三間，西倉廒二十一間，共四十三間。

本縣額儲常平穀二萬九千八百六十石零八斗九升。

康熙二十九年庚午，官員捐納紀監穀四千八百石。三十一年至三十七年，官民捐積生息穀一千六百八十四石二斗五升。

乾隆四、五、六、七等年，生俊捐監穀一萬零六百石。

六年，原參貯穀一千零五十七石六斗四升。

十年，買補平糶穀五千五百零九石。

十年、十一年、十二等年，生俊捐監穀二千二百十石。

按：常平之利，利在平糶，歲凶告糶，得數萬斛米以濟窮簷，利莫大焉。邑倉貯不滿三萬石，凶年平糶循存七糶三之例，糶穀不逾萬石，嗷嗷數萬衆，何以濟之？今庫貯折米銀一千有奇，豐年穀賤，申請易穀貯倉，可得二千餘石，再請於府倉穀内分撥萬石以備賑糶。此事之可建白者，竊嘗籌之，而舟車轉運，建置倉廒之費，計何所出，姑識諸此以俟後圖。

社倉

社倉貯穀五千四百三十三石七斗二升六合，内雍正二年知縣侯瑜及各鄉紳民捐穀三千六百石，雍正八年知縣鄒光任及紳民捐穀八百八十九石一斗六升。

乾隆九年，知縣王灝及紳民捐穀五百四十石。

三十及三十七年，出借社穀，共收息穀四百二十石五斗六升六合。

十九年，奉文建立社倉，知縣王振統議於每兩都適中處所建立一倉，縣坊、青平、銅鼓逕、石嶺、塘蓬、三合共六處，勸諭紳民各捐倉費穀二百八十二石，變價銀一百三十五兩三錢六分，建青平、銅鼓逕二倉，嗣貢生林璋兆捐倉費穀一百八十石。各紳士續捐穀八十石，變價銀一百二十一兩九錢，建石嶺、塘蓬、三合三處，惟縣坊一倉尚未及建。後因五處倉朽壞，各社正分貯各倉十九處。

按：社倉與常平異，常平在官，社倉在民。常平遞年借支兵糈，遇有事，撥濟動用，非專以資民食。社穀則借諸民而已，無他動支。常平平糶，非歲荒穀貴，不得申請。及得請，而吏胥作奸，囤販射利，貧民不得實惠。社穀則出借於社，正副可歲一行之，而里黨相親，貧富易別，斗斛無欺，故社倉之法於民最便，行之亦較易。而社正副不得其人，則侵蝕欺詐，其弊較常平較難稽詰。社正副篤實者少，汰而易之，又難其人。今查各鄉社穀，因乾隆二十二三年歲荒，各社正副侵虧，追歸官廩，穀貴聽各鄉民臨時公舉，社正領借，秋收催還，有出納之責，無典守之任。此一時權宜變通之計，後之君子另籌善策，實力行之。

石城縣志卷之二

學校志 書院附　社學附

治民之道在厚風俗，風俗之厚在端士習。士習端而賢才興，教化之本在是矣。顧士不素厲而欲求賢，所謂不琢玉而求文采也。故古者家有塾，黨有庠，州有序，國有學，凡以養士也。今國家崇儒右文，學校遍於天下，士之涵濡沐浴於其間者，不以遐陬僻壤而有間，人文蔚起，爲國之楨，於邑人有厚望焉。志學校。

學校

學宮，舊在江頭鋪南。府志。

元皇慶間，遷於新和驛左。府志。

明洪武間建，在縣之西台。九年，知縣崔惟中作欞星門，立射圃。府志。元季兵燹，明洪武間縣丞倪望重修。

成化間，遷西關外迴龍嶺。

嘉靖壬寅春，經歷邱君正改遷縣治及軍所之間。府志。改建于縣西。戴嘉謨有記。

萬曆十一年，仍復西台舊址。府志。萬曆間復遷北街舊址。

天啓七年丁卯，移於台右，立向子午。府志。改建于崇聖祠，移崇聖祠于明倫堂。

國朝康熙十二年癸丑，知縣李琰捐銀四百兩，在洪武時舊處鼎建，改壬山丙向兼已亥。有記。

二十四年，知縣白玠、訓導蔡叔度合紳衿修築照墻於黌門外。

署縣周宗臣、儒學教諭梁繼鳴、訓導蔡叔度合紳士倡捐，修築泮池在黌門内。

崇聖祠，在正殿後。明倫堂，在正殿西。督學道遲煊撰文竪碑於明倫堂，知縣韓鏐倡修。

堂後爲訓導署，堂右有西齋舊署一所。先年，守備謝天恩起屋罩，去屋簷，墻後横一段東直一帶。正殿左爲教諭署，下有東齋舊署一所。自街而上一十一丈餘，東至小巷止，因天啓七年改向，與廪生全若彝兑西邊地開泮池，今改回原址。以上俱録舊志[一]。

乾隆二十二年，知縣顔煌重建，改壬山丙向兼子午。四十年，知縣喻賨忠、訓導黄紹統合紳衿倡捐重修，基址仍舊，移置名宦、鄉賢兩祠。兩祠舊在戟門下，時移置戟門左右。

嘉慶五年庚申季冬，署縣杭喻義、署教諭潘逢年、訓導李螢書倡捐重修明倫堂。

嘉慶十六年，署縣鄭域輪、教諭招起元、訓導饒鴻勳合紳士重修，廟制不改[二]。

[一] 所謂『録舊志』，指周宗臣、韓鏐纂修康熙二十五年《石城縣志》上編《建置・儒學》。

[二] 自『訓導李螢』至此，《嘉慶石城縣志》原書殘缺嚴重，此據《民國石城縣志》補。

大成殿後後爲崇聖祠，殿前爲露臺，兩□爲東西□廡□處爲戟門，戟門左爲名宦，右爲鄉賢祠，戟門□□□周以圍墻，□爲泮池，下爲□□□，欞星門下□□□□，右爲賢關門，周以欄□□□□外空地下□□□□墻，左爲禮門，右爲義路。

康熙二十四年，頒『萬世師表』匾額〔一〕。雍正四年，御頒『生民未有』匾額。乾隆三年，御頒『與天地參』匾額。嘉慶五年，御頒『聖集大成』匾額。

歲貢兩年一貢，遇特恩，則將本年歲貢作恩貢。

十二年，例考拔貢一名。

學田

縣坊廖門前垌，一十二畝，租一十二石。

白石垌，先荒田八丘，租錢三百文。

豐三上、榕樹岡等垌，即今淹塘村三十一畝，租三十一石。知縣鄒伯貞記。

〔一〕《嘉慶石城縣志》本頁缺損十分嚴重，據可辨數字，對照《光緒石城縣志》相應部分，《光緒志》曰：『康熙二十三年……御書「萬世師表」匾，敬懸大成殿。』本段文字以下『雍正四年』『乾隆三年』『嘉慶五年』均采自《光緒石城縣志》。

成七黄盤村等垌，五十五畝，租錢三千二十一文。順治十三年，奉提學道查報訖，租錢在縣徵解。

項知縣没官田二十一畝六分釐〔一〕，塘租一畝。十三年，報學道訖。

暗鋪後坡田，五十三畝，前朝已詳學道訖。

河村、麻獨、獨埤等垌田，米三石六斗三升四合，租八十石正。

白石等垌田，米一石九斗，租四十六石。城西隅塘一口。

以上舊志所載學租，歷年久遠，已多更改，今將現存者開列于後：

一、土名成四都淹塘，租二十八石，税米一石六斗零三合七勺。

一、土名純八都大車排，租二十四石，税米一石。

一、土名縣坊沙田埇，租一十二石，税米五斗五升。

一、土名純八都三角塘，租二十四石，税米一石二□。因沙埋吞，減租四石，每年折錢二十千文。

一、土名縣坊新村，租一十六石，征米一石。文昌誕租。

一、土名成四都老鴉塘，租一石。

一、土名純八都東義灣，租二石。

一、土名豐三下都仔塘，租一石。

〔一〕「分」下，疑有脱字。

一、土名縣坊蒜葉，租九石。

松明書院〔一〕

舊在寧十一都凌禄地方，離城百二十里。宋元符間，蘇公軾由儋徙廉，經此止宿，燃松賦詩。因見書院〔二〕，額曰『松明』。至元季頹廢。

國朝康熙五十年，知縣孫繩祖遷建於縣治東隅。邑人原任建安知縣黃衮裳，捐正院地基，長一十一丈零六尺，闊三丈五尺五寸。又捐西院地基，長六丈九尺，闊二丈一尺五寸。生員文啓兹捐西院出後路地基，長六丈九尺，闊九尺四寸。

建正院三進，前棟三間，頭門額曰『松明書院』。中棟爲正堂，額曰『照紅堂』。後爲高閣，額曰『流韻閣』。閣上設蘇文忠公主，豫章理學吴公雲題『蘇文忠公至今存』七字懸其中。閣下房三間，刻豫章理學吴雲《重建松明書院記》懸於中廳之前，勒知縣孫繩祖《樂助題名記》碑鉗於左右。其西院後築

〔一〕『松明書院』，在《嘉慶石城縣志・學校志》中，隸《學田》門下，然其涉及内容較多，且分列『移新縣』『移學』等項，爲閱讀醒目，於格式上將其與『學田』等并列。

〔二〕『見』，疑當作『建』。

書室二間，以室似船，額曰『子舟』。前作厨房。又用價銀十兩買受歐君陵瓦屋三間，以居典守之人。其正院頭門外筑屏墻，規模大備。以上録舊志。孫知縣又自作記，以紀其事。乾隆初，假爲行臺。五十一年，知縣周克達乃遷建西關外文昌廟右，上下兩進六間，設蘇公並鄒公神位於堂，左通文昌廟，同爲生童肄業之所。

松明書院風教攸關，不但爲一邑名勝也。予於康熙五十年，竭蹶修復一切未盡之圖，方計漸次就理。兹忽奉調清遠，諸凡未備，實切予懷，謹將所撥租石及屋地契券等項交移，附梓於志，俾垂永久云。

移新縣：

爲移交事，竊照松明書院爲蘇長公講學處，查舊址在郭外曠野，歷元明數百年，化爲榛莽。本縣傷先賢遺迹之泯也，思引而近之，結想十載，始得邑署東偏隙地，遂與紳士鼓舞落成。間從放衙退食之餘，登樓拜謁，眺望山川雲物、稼穡災祥，靡不了然心目，不可謂非一邑勝境也。無如簿書鞅掌，未暇分心綜理，先經移明儒學司事，復撥官租若干以備典守修葺。今奉調遄征，所有屋地文契、租穀數目並留院什物，另檄捕巡知照外，合就印識列單移交。夫事不難於創始，而樂於圖終。斯舉也，本縣百爲粗備，闕略正多，貴縣尚友古人，諒能踵事增華，掩瑕就瑜，相與嗣而葺之，以垂永久，毋庸饒舌。第恐地當孔道，使客往來絡繹，一經信宿，便相沿成例。嗣後除學憲暨親臨，各上憲巡歷自應祗侯駐劄，此外自在貴縣爲政務，令車馬駐江干，勿使寓人於我室，以致毀傷薪木，則此院庶幾可永矣。爲此合關貴縣請煩查照存案施行。

移學：

爲先賢之遺迹重新繼美之，防維貴密，特移掌理，以垂久遠事。竊照松明書院爲故宋端明學士東坡蘇公講學處所，舊迹在郭外百餘里，人迹罕到。歷元明數百年，蕩爲丘墟。本縣濫竽兹土，心儀蘇公遺迹，思欲移遠就近。寤寐十載，始得城内東隅隙地。遂與紳士父老共醵金落成，規模焕然，以妥公靈而傳其軼事，典綦重矣。第一官傳舍，更代轉環，縱踵事無不增華，而石邑當瓊、廉孔道，使客絡繹，不有專司，保無以過化存神之地，翻作驛騷車馬之場乎。因思貴學職司文教，仰止先賢，諒能悉心維護，俾無廢墜。且三年一校，學憲按臨西嶺，來往必經，得此登堂懷古，信宿留題，亦未始非石邑之光。除將撥給田畝丘段數目、屋地契券以及日用器物，逐一印識，移交新縣立案，並另檄捕巡知照外，合就列單移送專理。嗣後請煩貴學嚴飭守院人等，時啓閉，司洒掃。其有傷我薪木、毁我墻屋者，置之以法。其有風雨薄蝕、傾朽滲漏者，估計修葺應費工料並典守口糧，查照開單所撥田米支給。至於學憲經臨暨親臨，各上憲巡歷聽候駐劄。此外乘權藉勢，排闥居停，概行擯絶。他如文事武備，爲途既判，應毋干預。如或越分横行，即移縣詳憲查禁，務使日新月盛，源遠流長，不特先賢得所憑依，而創始與圖終者亦均有嘉賴，其相與永之可也。爲此合牒貴學煩爲查照，存案施行。

行捕巡：

爲檄行存案查理事，照得松明書院爲先賢東坡蘇公遺迹，本縣移建邑治東隅，誠恐更代頻仍，無人耑理，勢必流爲過客居停、輿馬雜沓，非所以重先賢而崇文教也。今經移送儒學掌理，一切典守修理工費，除撥田地聽學支給外，所有留存書院日用器物，并田米數目，合就列單，行知存案，爲此牌仰該捕、司官役，遵照牌内事理，不時查察，毋使闕失中絶。總之，一邑名勝，同事兹土，自應共相保護，嗣後除學院暨親臨，各上憲巡歷駐節外，概行擯絶，其餘逐年應行修葺處所，亦須協和商酌，以補時塞，不得歧視，以致積久傾圮，莫可收拾，有辜本縣十餘年經營創始苦心可也。

計開：

書院臨街西首屋地，新舊文契共三紙。

立賣屋契人歐君陵，今有父置瓦鋪一座二間，并後小屋二間，坐落東街，坐北向南，要行出賣，托中送至松明書院處，應言承買三面，言定屋價銀一十兩正，其銀就日當中親手接訖，其屋交與買主，任從修整居住。日後歐家兄弟叔侄不得异言，願賣願買，兩無逼勒。今欲有憑，立契存照。

康熙五十一年二月十二日契陵的筆。中人李華押。

又上手陳明貴原契一紙：

立賣地契人李子清、李子正同侄李貴，今有祖置東街屋地一所，坐北向南，東至書院，西至文家地止，北至書院，南至大街，叔侄商議要行出賣。先問房親，各稱無錢，托中送至□處，應言承買三面，言定地價錢二千文，其錢就日當中交清。叔侄親手接訖，其地交與買主，任從起造居住，永爲己業。日後李家兄弟子侄不得异言向贖等情，此係願賣願買，兩無逼勒。如有反悔，執契到官，甘罰無辭。今欲有憑，立契永遠存照。

康熙五十一年四月二十四日契清的筆押，在場同領弟李子正押，侄李貴押，中人黄元吉押。

計開撥租户名丘段：

撥縣坊五甲陳敬通歸米壹拾壹石捌斗，每年租壹百叁拾陸石捌斗捌升，除守院人等口糧貳拾陸石捌斗捌升，尚存穀壹百壹拾石，内又該條銀壹拾壹兩捌錢伍分叁釐陸毫叁絲，遇閏加銀叁錢玖分叁釐伍毫貳絲，糧米叁石叁斗叁升陸合貳勺，遇閏加米壹斗柒升柒合捌勺，每年糶抵外餘穀貯作修理之資。

一、佃人陳啓貴耕租叁拾肆石貳斗貳升，田陸拾丘，土名景山等垌。

陳雲亮耕租叁拾肆石貳斗貳升，田伍拾叁丘，土名景山等垌。

陳國仕耕租陸石玖斗陸升，田壹拾貳丘，土名景山等垌。

陳國顔耕租貳石肆斗肆升，田伍丘，土名景山等垌。

陳國榮耕租伍石肆斗柒升陸合，田玖丘，土名景山等垌。

陳國勝耕租柒石肆斗肆升，田壹拾叁丘，土名景山等垌。

陳朝霖耕租壹拾壹石玖斗零肆合，田叁拾丘，土名景山等垌。

陳啓輝耕租叁拾肆石貳斗貳升，田壹百零陸丘，土名新村等垌。

一、存院什物備載文移，兹不另紀。

康熙五十二年正月望日，孫繩祖識。

乾隆三十八年，知縣趙謙德審斷西園下截海租歸入書院案讞。

正堂趙□勘審得邱國興、陳日開、曹振公等三股承耕西圍下截官壙一案，緣乾隆三十五年邱、陳、曹等姓捐築，土名西圍下截，海壙一段分股耕種，未經報墾。馬國旺等藉先有塘下、夾口兩圍墾照影占邱、陳等姓，因曹鄭氏夫故，原報開墾照經追銷之老虎碌，土名遂以鄭氏出名呈告，繼而馬國旺又藉伊買林、梁二姓西圍上截民田，搪卸訐訟連年，前縣俱未勘訊，昨經本縣唤集人證，親赴履勘，始悉馬國旺之塘下、夾口在南，西圍上截坐落東北，曹鄭氏之老虎碌則在北首，仍係荒壙。按之西圍下截，均係指鹿爲馬，則馬國興因上下俱係伊業覬覦凑錦，而邱、陳、曹等已費工本，勢所必争究竟，實係海沒官荒，詢之都地鄰證人等，僉稱無异質之丘。陳、曹、馬諸人亦各俯首供認不諱，自應遵照舊奉，瀕水地面不許占耕。

諭旨，並沿海沙坦，禁止墾升，憲檄將此西圍下截仍作官荒，不宜與水争地，當經照例審斷。已據各姓，俱經具結，退出在案，但查此項官壙不碍水道，邱、陳、曹等姓鳩工築塞，用錢九百餘千，現可耕種。若將基塍毁廢，讓之于水，似乎可惜，且使海埂居民失業。本縣再三斟酌，此係潮汐往來之處，坍漲靡常，一經官收租息，即應詳明永爲定額。兹暫將此項田租歸入書院，以爲肄業生膏火之費。倘將來或有潮水衝决，不能修築，許其報明，由縣勘銷，免致後累。並據邱國興、陳日開、曹振公等議，呈請將西圍下截分作三股佃耕，每年共完官租四十五石。該處離城窵遠，每穀一石，折錢五百文，豐嗇無减，定於十月内共繳租錢二十二千五百文，不敢逋欠等情，後據繪圖注説，呈繳本縣隨照各股共耕人數，據情分别給照承耕粘卷，蓋印立案。其馬國旺原受林、羅兩姓西圍上截，亦轉賣與邱、陳、曹三姓，分清官民界限，以免復起争端。至塘夾口仍照馬國旺照印照管業，毋許再行混争，各宜遵依存案此讞。

按：書院之設，所以養育人才。而吾邑松明書院始自蘇文忠公，先賢留貽，尤足動人仰止。自明以前，制度湮没無可考，及知縣孫繩祖遷建城東，規模固大可觀矣。讀其自撰諸記及《垂永録》所云，既爲院舍經營，復爲院田籌畫，量移之日，尤不能忘，其敬先賢、嘉後學之意何懇懇也。乃過化存神之地，翻爲驛騷車馬之場，昔人慮及之，後人即旋蹈之。今所建者名爲書院，實則蘇祠，屋僅二椽，不成書院體式，其有從而拓之者乎。當日之門堂房閣，士子已不得遊息其間，乃復如舊志備載之者，邑人今稱行臺猶曰書院，一羊之存，夫固有所不忍去云爾。

書院田租：

康熙五十二年，知縣孫繩祖撥縣坊五甲陳敬通歸米一十一石八斗，租一百三十六石八斗八升。自撰《垂永録》詳載。

雍正十一年，知縣張恕撥歸租二十八石六斗三升。土名無考。

乾隆六年，署知縣李□因舞斷一件，撥出丈溢租八十石，土名望樓。後因上憲臨駐，假書院爲行臺，院齋既失，院租亦没。孫、張所撥田租由縣管，李所撥田租由學管。

嘉慶六年，歲貢生全恕等具呈請復書院原租，署縣李澐撥出租九十二石九斗，遞年户房征收，轉交首事支給膏火。又撥出顔公祠租九十石，在成七都安鋪，土名西圍下截海田。初乾隆三十八年，馬國明與邱國旺互控，知縣趙謙德勘屬官荒，斷歸書院。三十九年，知縣顔公煌之子培天來石，各紳士以此租資顔公祠。嘉慶六年，知縣李澐仍撥歸書院，有碑竪院内。

嘉慶九年，署縣鮑春藻念院租微薄，將羨餘官租撥出銀一百兩，倍增膏火，勒石於院内右。

嘉慶十一年，教諭謝承恩撥出土名望樓租八十石，首事蕭楷批佃加租一百五十六石。

社學

江頭鋪西社學。宋時建，元因之。

養正社學。在新和驛西，歲久頹圮。明崇禎十五年，生員宋瑺將其地造屋居住。康熙元年，瑺侄如璧賣其屋於張旗鼓，拆造五顯廟。生員謝璞以己屋一座兑易，暫移文昌像於此。

新和社學。在新和驛左。明萬曆甲午，知縣謝璿建此學。縣志不載，據府志增入。

四鄉社學。康熙二十五年，奉文城中設義學一所，四鄉亦各建設。今地俱無可考，姑仍舊志存之。

文昌廟義學。在西關外。乾隆癸未年，知縣蔣耀宗建。時因書院改廢，乃重建文昌廟。廟後堂房並左右兩廊，共屋二十四間，以爲義學齋舍。至五十一年，遷松明書院於右，内户相通，統爲書院。

安土治民，莫善於禮；移風易俗，莫善於樂。我朝聖聖相承，制作大備，雖民間吉凶賓嘉之屬，不改從宜之舊。而在官者，朝祭之大，其登降、拜跪、鏗鏘鼓舞，固已郁郁乎文，盡美而盡善矣。上天下澤，春雷奮作，治内爲同修、外爲异土者，取以觀象而化民者，於是乎在。志禮樂。

慶賀

萬壽聖節。恭遇是日五鼓，文武官各朝服齊赴萬壽宫。文武分東西入，至朝房，設糾儀官，文武各一員，分立東西丹墀下。禮生四名。稟：鼓，二鼓，三鼓。通讚唱：序班行三跪九叩頭禮。畢，各回朝房，少坐而退。前三日、後三日，俱蟒衣坐班。

恭遇皇后千秋令節〔一〕、元旦、長至節〔二〕，儀注俱同。

開讀詔書〔三〕

凡詔書至本地，官員衣朝衣，具龍亭彩輿、儀仗、鼓樂，出郭外迎恩亭肅迎。

詔使捧詔書置龍亭中，南向。

詔使立於亭東，本地官員北向，行三跪九叩頭禮，衆官及鼓樂前導。

詔使隨亭後行至公庭門外，衆官先趨入，文武分東西序立候龍亭，至公庭中。

詔使立亭之東，西向。贊禮官通贊，序班文官在東，武官在西。樂作，行三跪九叩頭禮。

詔使捧詔書授展讀官。展讀官跪受，詣開讀案前宣講。衆官皆跪。宣讀畢，展讀官捧詔書恭授。

詔使捧置龍亭中，衆官跪，行三叩頭禮，起，又行二跪六叩頭禮。三品以上官跪請聖安。衆官退，易服，與詔使行禮。本地官仍具鼓樂，恭送詔書於迎恩亭。

〔一〕「千秋令節」，皇后、太子誕辰的敬稱。

〔二〕冬至，又稱「長至節」「冬節」「亞歲」等，我國農曆中的一個重要節氣。

〔三〕《嘉慶石城縣志》之目録及《禮樂志》題下皆作「開讀」，實爲「開讀詔書」之省。

凡詔書經過道路，官員、軍民人等俱於路傍俯伏，候詔書過方起。如出使在外官員，遇詔書到處，即出迎郊外，至公庭中，贊禮官贊：出使官行禮。先引至露臺，行三跪九叩頭禮，然後本地官行禮。至開讀時，出使官仍隨班跪聽，一同行禮。

凡詔書經過及止宿地方，先行知五里之内，府、州、縣、衛等官俱出城迎接，跪於道右，候詔書過方起。至臨行時，亦出城在道跪送。

宣講聖諭〔一〕

每月朔望，預擇寬潔公所，届期文武官俱至，衣蟒衣。禮生唱：序班行三跪九叩頭。興，退班。齊至於講所，軍民人等環列肅聽。禮生唱：恭請開講。司講生詣香案前跪，恭捧上諭登臺，木鐸老人跪。禮生唱：請宣講上諭第一條。司講生按次講畢，復講《大義覺迷録》數條。退。

〔一〕《嘉慶石城縣志》之目録及《禮樂志》題下皆作「宣讀」，實爲「宣講聖諭」之省。

迎春

立春前一日，各官吉服迎於東郊，祭勾芒神。至本日，衣朝衣。祭勾芒神訖，各執彩仗，正官擊鼓三聲，環鞭土牛者三。

祭先農耕籍田：

每歲仲春亥日巳時，祭先農壇。午時，行耕籍禮。祭日，承祭官率各官請神位，供於壇上，朝衣行禮。祭畢，送神位入祠。

壇，高二尺一寸，廣二丈五尺。

牌，高二尺四寸，廣六寸。

座，高五寸，廣九寸五分。

壇後祠宇：

正房三，配房各一。正房中供先農神位，紅牌金字。

東正房，貯祭器、農具。

西正房，貯籍田米穀。

東配房，置辦祭品。

西配房，看守農民居住。

籍田，四畝九分，置於東郊。

祭品：

帛一，羊一，豕一，鉶一，籩四，豆四，簠二，簋二。

儀注：

祭日，各官衣朝衣。通贊唱：執事者各司其事。陪祭官各就位。承祭官就位。通贊唱：瘞毛血。禮生引詣盥洗所，贊盥洗浄巾，引詣香案前，贊迎神，行二跪六叩頭禮。興，行初獻禮。引詣神位前，跪奠帛、獻爵，扣頭。興，詣讀祝位，跪。衆官皆跪。宣祝文畢，叩頭，興。引唱：復位。通贊唱：行亞獻禮。引詣神位前，跪，獻爵，叩頭，興，復位。通贊唱：行三獻禮，如亞獻儀。通贊唱：飲福受胙。引唱：詣飲福受胙位，跪，飲福酒，受福胙，扣頭，興，謝胙。一跪三叩頭。興，復位。通贊唱：徹饌，送神，行二跪六叩頭禮。興，通贊唱：司祝者捧祝，司帛者捧帛，各詣燎所。引唱：詣望燎位，焚畢，揖，復位。通贊唱：禮畢。各官更蟒衣，詣耤田，行耕耤禮。

祭先農祝文：

維神肇興稼穡，粒我蒸民，頌思文之德，克配彼天。念率育之功，常陳時夏，兹當東作，咸服先疇。洪維九五之尊，歲舉推三之典，恭膺守土，敢忘勞民，謹奉彝章，聿修祀事，惟願五風十雨，嘉祥恒沐於神庥，庶幾九穗雙岐，上瑞頻書于大有。

耕耤儀：

一官捧青箱，一官播種。各官俱用右手扶犁，左手執鞭，各行九推禮。農夫終畝耕畢，各回官廳，更朝衣望闕，恭行三跪九叩頭禮，仍將遵行耕耤日期具奏。

知縣官秉耒佐貳，執青箱播種。

耕耤器物：

農具一，赤色。牛一，黑色。耔種箱一，青色。

耕耤人役：

耆老一名，牽牛。農夫二名，扶犁。農童六名，唱歌。

耕耤歌：

聖朝鉅典念農祥，吉亥修儀遍遠方。開府奉行王制美，共知天子重耕桑。
肅肅青壇翠幕張，東風萬里布春陽。海疆共愜深耕願，早進先農一炷香。
悠揚鼓吹出東方，父老讙呼擁道旁。乍見青紘躬耒耜，預占綠野富倉箱。
短笠青蓑映曉光，千夫齊向九推旁。一尊勞酒同沾被，遥浥天田雨露香。
勸農恩禮倍尋常，竚見郊原歲歲穰。南陌東阡催社鼓，羔羊朋酒頌無疆。
逢年争祝滿倉箱，萬寶成時好築場。飽喫田中新熟稻，大家擊壤咏陶唐。

祭文廟

康熙五十九年庚子春，令武職許與文職一例行禮。

每歲春秋上丁日致祭。先期承祭官率陪祭各官齊赴文廟階下，行一跪三叩頭禮，教官滌器視牲，并瘞毛血。至期黎明，各官衣朝衣齊集行禮。

正殿：

至聖先師孔子神位。

祭品：

帛一，牛一，羊一，豕一，登一，鉶二，簠二，簋二，籩十，豆十，酒罇一，白磁爵三。

四配：

復聖顏子。

述聖子思子。

宗聖曾子。

亞聖孟子。

祭品：

帛四，豕一，羊一，鉶一，簠一，簋二，籩八，豆八，酒罇一，白磁爵三。

十哲東五位，又加有子若一位：

閔子，名損。

冉子，名雍。

端木子，名賜。

仲子，名由。

卜子，名商。

有子，名若。

祭品（六案）：

帛一，豕一，羊一，鉶各一，簠各一，簋各一，籩各一，豆各四，豕首一，白磁爵三。

十哲西五位，又加朱子熹一位：

冉子，名耕。

宰子，名予。

冉子，名求。

言子，名偃。

顓孫子，名師。

朱子，名熹。

祭品：

與東同。

東廡：

蘧瑗（雍正二年復入），澹臺滅明，原憲，南宮适，商瞿，漆雕開，司馬耕，巫馬施，顏辛，曹恤，公孫龍，秦商，顏高，壤駟赤，石作蜀，公夏首，后處，奚容蒧，顏祖，句井疆，秦祖，縣成，公祖句茲，燕伋，樂欬，狄黑，孔忠，公西蒧，顏之僕，施之常，申棖，左邱明，秦冉（雍正二年復入），牧皮（雍正二年入），公都子（雍正二年入），公孫丑（雍正二年入），張載，程頤，公羊高，孔安國，毛萇，高堂生，鄭康成（雍正二年復入），諸葛亮（雍正二年入），王通，司馬光，歐陽修，胡安國，尹焞（雍正二年入），吕祖謙，蔡沈，陸九淵，陳淳（雍正二年入），魏了翁（雍正二年入），王柏，許謙（雍正二年入），王守仁，薛瑄，羅欽順（雍正二年入），陸隴其（雍正二年入）。

祭品：

帛一，豕二，羊二，每案簠一，簋一，籩四，豆四，銅爵各一。

西廡：

林放（雍正二年復入），宓不齊，公冶長，公晳哀，高柴，樊須，商澤，梁鱣，冉孺，伯虔，冉季，漆雕徒父，漆雕哆，公西赤，任不齊，公良孺，公肩定，鄡單，罕父黑，榮旂，左人郢，鄭國，原亢，廉潔，叔仲噲，公西輿如，邽巽，陳亢，琴張，步叔乘，秦非，顔噲，顔何（雍正二年復入），縣亶（雍正二年入），樂正克（雍正二年入），萬章（雍正二年入），周敦頤，程顥，邵雍，穀梁赤，伏勝，后蒼，董仲舒，杜子春，范甯（雍正二年復入），韓愈，范仲淹（康熙五十四年入），胡瑗，楊時，羅從彦，李侗，張栻，黄榦（雍正二年入），真德秀，何基（雍正二年入），趙復（雍正二年入），金履祥（雍正二年入），陳澔（雍正二年入），陳憲章，胡居仁，蔡清（雍正二年入）。

祭品：

與東廡同。

儀注：

黎明，分獻官、陪祭各官衣朝衣齊集兩房門内序立。贊引官導承祭官至盥洗處盥洗畢，引至臺階下立。典儀唱：樂舞生就位，執事官各司其事，分獻官、陪祭官各就位。贊引官贊就位，承祭官就拜位立，分獻官隨後立。典儀唱：迎神。唱：舉迎神樂，奏《咸平之章》。樂作，贊引官贊，跪叩，興。承祭官、陪祭官、分獻官俱行三跪九叩頭禮，興，樂止。典儀唱：奠帛，行初獻禮。唱：舉初獻樂，奏《寧平之章》。樂作，贊引官贊升壇，即導承祭官由東階上，進殿左門。贊引官贊，詣至聖先師孔子位前。承祭官至案前立，贊引官贊，跪叩，興。承祭官行一跪一叩頭禮。贊引官贊，奠帛，捧帛官以帛跪進。承祭官接帛，拱舉立。獻畢，贊引官贊獻爵。執爵官以爵跪進，承祭官接爵，拱舉立。獻畢，行一跪一叩頭禮，興。贊引官贊詣讀祝位，承祭官詣讀祝位立。讀祝官至祝案前一跪三叩頭，捧祝版立於案左，樂止。贊引官贊跪，承祭官、讀祝官、分獻官、陪祭各官俱跪，贊引官贊讀祝。讀畢，捧祝至正位前案上，跪，安帛匣内，三叩頭，退，樂作。贊引官贊叩，興。承祭官及各官行三叩頭禮，興。

贊引官贊，詣復聖顔子位前。承祭官就案前立，贊引官贊跪叩，興。承祭官一跪一叩頭，興。贊引官贊奠帛，捧帛官跪進於案左，承祭官接帛拱舉立，獻案上。贊引官贊，獻爵。執爵官跪進於案左，承祭官接爵拱舉立，獻案上。行一跪一叩頭禮，興。

贊詣宗聖曾子位前，如前儀。

贊詣述聖子思子位前，如前儀。

贊詣亞聖孟子位前，如前儀。

其十哲兩廡，分獻官俱照前儀。

行禮畢，贊引官贊復位，承祭官、分獻官仍詣至聖先師位前立，樂止。典儀唱：行亞獻禮。唱：舉亞獻樂，奏《安平之章》，樂作。贊引官贊升壇，獻爵於左，如初獻儀。贊引官贊復位，承祭官、分獻官各復位立，樂止。典儀唱：行三獻禮。唱：舉三獻樂，奏《景平之章》，樂作。贊引官贊升壇，獻爵於右，如亞獻儀。贊引官贊復位，承祭官、分獻官各復位立，樂止。典儀唱：飲福受胙。贊引官贊，詣受福胙位。承祭官至殿内立，捧酒胙官二員捧至正位案前拱舉，至飲福胙位右旁跪，接福胙官二員在左旁跪。贊引官贊跪，承祭官跪贊，飲福酒。承祭官受爵拱舉授，接爵官贊，受福胙。承祭官受胙，拱舉授。

接胙官、贊引官贊叩，興。承祭官三叩頭，興，贊復位。承祭官復位立，次行謝福胙禮。贊引官贊，跪叩，興。承祭官、分獻官及陪祀各官俱行三跪九叩頭禮，興。典儀唱：徹饌。唱：舉徹饌樂，奏《咸平之章》，樂作。徹訖，樂止。典儀唱：送神。唱：舉送神樂，奏《咸平之章》，樂作。贊引官贊，跪叩，興。承祭官、分獻官及陪祀各官皆行三跪九叩頭禮，興，樂止。典儀唱：捧祝、帛、饌各詣燎位。捧祝官、捧帛官至各位前一跪三叩頭，捧起，祝文在前，帛次之。捧饌官跪，不叩頭，捧起在後，俱送至燎位。承祭官退至西旁立，候祝、帛、饌過，仍復位立。典儀唱：望燎。唱：舉望燎樂。與送神同。樂作，贊引官贊，詣望燎位，導承祭官至燎位立。祝帛焚訖，樂止，贊引官贊，禮畢，退。

樂章：

迎神樂《咸平之章》，無舞。

大（太四）哉（南工）至（林尺）聖（仲上），道（太四）德（仲上）尊（林尺）崇（仲上）。

維（南工）持（林尺）王（仲上）化（太四），斯（林尺）民（仲上）是（黃合）宗（太四）。

典（黃合）祀（太四）有（仲上）常（林尺），精（南工）純（林尺）並（太四）隆（仲上）。

神（黃六）其（南工）來（林尺）格（仲上），於（林尺）昭（仲上）聖（黃合）容（太四）。

初獻樂《寧平之章》，有舞。

自（太四）生（仲上）民（林尺）來（仲上），誰（太四）底（黃合）其（仲上）盛（太四）。

惟（南工）師（林尺）神（仲上）明（太四），度（黃合）越（仲上）前（仲上）圣（太四）。

粢（仲上）帛（太四）具（仲上）成（林尺），禮（黄合）容（太四）斯（林尺）稱（仲上）。
黍（太四）稷（南上）非（黄六）馨（林尺），維（南上）神（林尺）之（仲上）聽（太四）。

亞獻樂《安平之章》，有舞。

大（太四）哉（仲上）聖（黄合）師（太四），實（南工）天（林尺）生（仲上）德（太四）。
作（仲上）樂（太四）以（仲上）崇（林尺），時（仲上）祀（太四）無（林尺）斁（仲上）。
清（黄六）酤（南工）惟（仲上）馨（仲上），嘉（林尺）牲（仲上）孔（黄合）碩（太四）。
薦（太四）羞（南工）神（黄六）明（林尺），庶（南工）幾（林尺）昭（仲上）格（太四）。

三獻樂《景平之章》，有舞。

百（仲上）王（南工）宗（林尺）師（仲上），生（林尺）民（仲上）物（太四）軌（黄合）。
瞻（黄六）之（南工）洋（林尺）洋（仲上），神（林上）其（仲上）寧（太四）止（黄合）。
酌（太四）彼（黄合）金（林尺）罍（仲上），惟（南上）清（林尺）且（太四）旨（仲上）。
登（仲上）獻（太四）惟（林尺）三（中上），於（黄六）嘻（南工）成（林尺）禮（仲上）。

徹饌樂《咸平之章》，無舞。

犧（仲上）象（太四）在（仲上）前（林尺），豆（太四）籩（仲上）在（黄合）列（太四）。
以（太四）享（南工）以（林尺）薦（仲上），既（仲上）芬（林尺）既（太四）潔（仲上）。
禮（黄合）成（太四）樂（仲上）備（太四），人（南工）和（林尺）神（仲上）悦（太四）。

祭（黄合）則（太四）受（仲上）福（林尺），率（黄合）遵（南工）無（林尺）越（仲上）。

送神樂《咸平之章》，望燎同。

有（太四）嚴（南工）學（林尺）宫（仲上），四（黄合）方（太四）來（仲上）崇（太四）。

恪（黄六）恭（南工）祀（林尺）事（仲上），威（南工）儀（林尺）雝（仲上）雝（太四）。

歆（仲上）兹（林尺）惟（南工）馨（林尺），神（仲上）馭（太四）還（林尺）復（仲上）。

明（黄六）禋（南工）斯（林尺）畢（仲上），咸（南工）膺（林尺）百（仲上）福（太四）。

樂器：

麾，金鐘，玉磬，鼓，搏拊，柷，敔，琴，瑟，排簫，笙，簫，笛，塤，篪。

舞譜：

初獻

自稍前向外開，籥舞。

生蹈向裏開，籥舞。

民合手蹲，朝上。

來起辭身向外，高舉籥面朝。

誰兩兩相對蹲，東西相向。

底合手蹲朝上。

其正揖。

盛起平身，出右手立。

惟兩兩相對，自下而上，東西相向。

師稍前舞，舉籥垂翟。

神中班轉身東西相向立，惟兩中班十二人轉身，俱東西相向。

明舉翟三合籥。

度稍前向外垂手舞。

越蹈向裏垂手舞。

前向前合手謙進步，雙手合籥。

聖回身再謙退步，側身向外，高手回面向上。

粢正蹲朝上。

帛稍舞，躬身挽手，側身向外呈籥耳邊面朝上。

具正揖。

成起辭身挽手，復舉籥正立。

禮兩兩相對交籥，兩班俱東西手執籥。

容正揖。

斯向外退挽手舉籥向外，面朝上。

稱回身正立。

黍稍前舞。

稷正蹲朝上。

非左右垂手，兩班上下俱雙垂手，東西相向。

馨起合手相向立。

惟左右側身垂手向外開籥，垂手舞。

神右側身垂手向裏，垂手舞。

之正揖朝上。

聽躬而受之，躬身朝上拱籥而受之，三鼓畢起。

亞獻

大左右進步向外，垂手舞。

哉右向裏，垂手舞。

聖向外落籥面朝上。

師退回正身立。

實正蹲。

天起身向前轉向外舞。

生向裹舞。

德合手謙進步向前，雙手合籥存謙。

作兩兩相對，自下而上，兩班相對，舉籥東西。

樂上下俱垂手，惟兩中班上下十二人俱垂手轉身，東西相向。

以轉身東西相向立。

崇相向立，兩班上下以翟相籥。

時稍前舞蹈，兩班上下俱垂手向外。

祀向裹垂手舞。

無合手謙進步向前，垂手合籥。

斁回身再謙，兩班上下，東西相向合籥立。

清稍前舞向外開籥翟。

酤向裹舞。

惟雙手平執籥翟開籥翟。

馨合籥翟朝上正立。

嘉側身垂左手，兩班俱垂身向外舞。

牲躬身正揖。

孔雙手舞籥翟躬身。

碩躬而受之，躬身朝上，拱籥受之，一鼓而起。

薦一叩頭，舉右手叩頭。

羞舉左手叩頭。

神復舉右手叩頭。

明拜，一鼓畢即起，躬身，三鼓平身。

庶三舞蹈舉籥向左，躬身舞。

幾舉籥向右，躬身舞。

昭舉籥復向左，躬身舞。

格拱籥躬身而受。

三獻：

百向外開籥舞。

王向裏開籥舞。

宗側身向外，面朝上。

師朝上正立。

生兩班上下，兩兩相對交籥。

民合手朝上，正蹲。

物側身向裏落籥。

軌合籥朝上，正立。

瞻向外開籥舞。

之向裏開籥舞。

洋開籥朝上，正立。

洋合籥。

神向外開籥舞。

其向裏開籥舞。

寧進步向前，雙手合籥。

止回身東西相向手謙。

酌向外開籥舞。

彼向裏開籥舞。

金開籥朝上，正立。

罍合籥朝上，正立。

惟向外垂手舞。

清向裏垂手舞。

且朝上正揖。

旨躬身而受之。

登躬身向左合籥舞。

獻躬身向右合籥舞。

惟躬身向左右籥。

三合籥朝上拜，一鼓便起身。

於側身向外，垂手舞。

嘻側身向裏，垂手舞。

成朝上正揖。

禮躬身朝南受之，三鼓畢，起身。

舞器：

節，羽，籥。

佾舞生三十六名。

樂工五十二名。

糾儀官二名。

禮生五十名。

崇聖祠

雍正元年追王五代。

肇聖王木金父公，正中南向。

裕聖王祈父公，東一室南向。

詒聖王防叔公，西一室南向。

昌聖王伯夏公，東二室南向。

啓聖王叔梁公，西二室南向。

祭品（五案）：

帛五，羊一，豕一，鉶一，簠二，簋二，籩八，豆八，酒罇一，白磁爵三。

配位：

顏氏，無繇。

孔氏，鯉。

曾氏，點。
孟孫氏。

祭品：

帛二，豕首一，簠一，簋一，籩四，豆四，豕肉一，每位銅爵三。

東廡：

周輔成，惇頤之父。
程珦，顥、頤之父。
蔡元定，沈之父。

西廡：

張迪，載之父。
朱松，熹之父。

祭品：

帛二，簠一，簋一，籩四，豆四，豕肉一，每位銅爵三。

儀注：

同正殿，惟不用樂。

名宦、鄉賢二祠

同時分祭，儀同兩廡。

祭孔子先師祝文：

維至聖先師，德隆千聖，道冠百王。揭日月以常行，自生民所未有。屬文教昌明之會，正禮和樂節之時。辟雍鐘鼓，咸恪薦於馨香；泮水膠庠，益致嚴於邊豆〔一〕。兹當仲春（秋），祗率彝章，肅展微忱，聿將祀典。以復聖顔子、宗聖曾子、述聖子思子、亞聖孟子配。

祭後殿啓聖祝文：

維王奕葉鍾祥，光開聖緒。聖德之後，積久彌昌。凡聲教所覃敷，率循源而溯本，宜肅明禋之祀，用申守土之忱。兹届當仲春（秋），聿修祀事。以先賢顔氏、先賢曾氏、先賢孔氏、先賢孟孫氏配。

〔一〕『邊』，當作『籩』。

祭文昌

嘉慶七年頒行。

每歲春祭，在二月初三日。秋祭，在八月，擇吉舉行。

祭品：

帛一，牛一，豕一，羊一，籩十，豆十，果五盤。

儀注：

祭日，贊引官引承祭官進左房門，至盥洗所贊，盥洗。盥洗畢，引至殿内行禮處立。典儀唱：執事者各司其事。贊引官贊就位，引承祭官就位立。典儀唱：迎神。司香官捧香盒就香爐左邊立。贊引官引承祭官就香爐前立。司香官跪，贊引官贊上香，承祭官立，將炷香接舉插爐内。又上塊香三次，畢，贊引官贊，復位。承祭官復位立。贊引官贊，跪叩，興。承祭官行三跪九叩頭禮。典儀唱：奠帛爵，行初獻禮。捧帛爵官將帛爵捧進神位前，奠帛官跪獻，畢，行三叩頭禮，退。執爵官立，獻畢，退。讀祝官詣安祝文桌前，行一跪三叩頭禮，捧起祝文立。贊引官贊跪，承祭官、讀祝官俱跪贊，讀祝。祝畢，捧至神位前，跪，安盛帛盒内，畢，行三叩頭禮，退。贊引官贊叩，興，承祭官行三叩頭禮立。典儀唱：行亞獻禮。執爵官照行初獻禮，獻畢，退。典儀唱：行三獻禮。執爵官自案右邊照行亞獻禮，獻畢，退。

典儀唱：徹饌。唱：送神。贊引官贊，跪叩，興。承祭官行三跪九叩頭禮立。典儀唱：捧祝、帛、饌各詣燎位。捧祝、帛、香、饌官各至神位前俱跪，捧祝、帛官各行三叩頭禮，捧香、饌官不叩頭，將祝、帛、香、饌依次序捧送承祭官，先退至西房立，候捧祝帛各官過畢，復位立。贊引官贊，詣望燎位，導承祭官至燎爐前焚訖，揖。贊引官贊，禮畢，退。

祭文昌三代

祭品：

帛各一，豕各一，羊各一，籩、豆各八。

儀注：

照行二跪六叩頭禮。承祭官詣三代爐前奉香。其餘同前殿。

祭文昌祝文：

維神迹著兩垣，樞環北極。六匡麗曜，協昌運之光華；累代垂靈，爲人文之主宰。扶正久彰夫感召，薦馨宜致其尊崇。兹届仲春（秋），用昭時祭，尚其歆格，鑒此精虔。

祭文昌三代祝文：

祭引先河之義，禮崇反本之思。矧夫世德彌光，延賞斯及。祥鍾累代，炯列宿之精靈；化被千秋，緯人文之主宰。是尊後殿，用答前庥。茲値仲春（秋），肅將時事，用伸告潔，神其格歆。

祭武廟

每歲春秋仲月，及五月十三日致祭。

春秋二祭祭品：

帛一，牛一，羊一，豕一，籩十，豆十。

五月十三日祭品：

後殿不用牛，餘同。

帛一，牛一，豕一，羊一，果五盤。

儀注：

與祭文昌同。

祭後殿

雍正三年，追封三代公爵。

光昭公，正中南向。

裕昌公，東一室南向。

成忠公，西一室南向。

春秋二祭祭品：

帛各一，豕各一，羊各一，籩、豆各八。

儀注：

與祭文昌後殿同。

祭武廟祝文：

維帝浩氣凌霄，丹心貫日。扶正統而彰信義，威振九州；完大節以篤忠貞，名高三國。神明如在，徧祠宇於寰區；靈應丕昭，薦馨香於歷代。屢徵异績，顯佑群生。恭值嘉辰，遵行祀典。筵陳籩豆，几奠牲醪。

祭武廟後殿祝文：

維公世澤貽庥，靈源積慶。德能昌後，篤生神聖之英；善則歸親，宜享尊榮之報。列上公之封爵，錫命優隆；合三世以肇禋，典章明備。恭逢諏吉，祇事薦馨。

祭社稷壇

每歲春秋仲月上戊日，出主於壇而祭之。

祭品：

帛一，黑色；豕一；羊一；鉶一；籩四；豆四；簠二；簋二。

儀注：

與祭先農壇同。

祭南壇祝文〔一〕**：**

維神奠九土，粒食萬邦。分五色以表封圻，育三農而蕃稼穡。恭承守土，肅展明禋。時屆仲春（秋），敬修祀典。庶桓桓喬木，鞏盤石于無疆；翼翼黍苗，阜神倉于不匱。

祭風雲、雷雨、山川、城隍之神：

共一壇。

每歲春秋仲月合祭。風雲、雷雨居中，帛四；山川居左，帛二；城隍，帛一。俱白色。

〔一〕《民國石城縣志》卷三《建置志·壇祠》：『社稷壇，在南門外較場西。周圍墻垣，壇以磚砌，俗名南壇。』

祭品、儀注：

與社稷同。

祭東壇祝文[一]：

維神贊勷天澤，福祐蒼黎。佐百靈以流形，生成永賴；乘氣機而鼓蕩，温肅攸宜。長邀保佑之靈，均沐鴻庥之庇。祗陳牲幣，式薦明禋。

祭厲壇

每歲清明日、七月望、十月朔，請城隍之神出主其祭，榜無祀鬼神分祀之。羊三，豕三，飯米三石，香、燭、酒、紙隨用，祭時有《告城隍文》。

軍牙六纛，霜降日，武官致祭。帛一，羊一，豕一。

[一]《民國石城縣志》卷三《建置志·壇祠》：『雲雨風雷山川壇，在南門外較場東。周圍墻垣，壇以磚砌，俗名東壇。』

天后宫

春秋癸日，有司致祭。儀同名宦。

忠義節孝二祠

春秋，有司致祭。儀同鄉賢。

救護

日食：

預行所屬官司，前期設香案於露臺，金鼓列儀門，樂人列臺下，設拜位於露臺上，俱向日。至期，陰陽生報：日初虧。各官衣朝衣，行三跪九叩頭禮。班首官上香畢，正官擊鼓三聲，衆鼓齊鳴。及報圓鼓聲止，各官復行三跪九叩頭禮。

月食：

儀同。

祈雨：

在龍王神廟。注水盈缸，内插柳枝，設香案、香蠟、拜用席。僧、道各一班，開壇誦經。禮生四名，鼓吹一班。各官衣素服，步行至廟，禮生引至拜位。通贊生唱：行二跪六叩頭禮。宣疏文畢，再行二跪六叩頭禮。焚疏文，再揖。禮畢，俟雨水霑足酬神。

祈晴：

在城隍廟。設香案、香蠟、拜用紅氊。僧、道各一班，開壇誦經。禮生四名，鼓吹一班。各官衣素服，步行至廟，禮生引至拜位。通贊生唱：行一跪三叩頭禮。宣疏文畢，再行一跪三叩頭禮。焚疏文，再揖。禮畢，俟天色晴明酬神。

鄉飲

每歲正月十五、十月初一日，於儒學行禮。前一日，執事者於儒學之講堂陳設坐次，司正率執事者習禮。至日黎明，執事者宰牲具饌。主席及僚屬、司正先詣學，遣人速賓僎以下比至，執事者先報曰：賓至。主席者率僚屬出迎於庠門之外以入，主居東，賓居西。三揖三讓而後升堂，東西相向立，贊兩拜，賓坐。執事又報曰：僎至。主席又率僚屬出迎，揖讓升堂，拜坐如前儀。賓介俱至，既就位，執事者唱：司正揚觶。執事者引司正由西階至堂中北向立。執事者唱：賓僎以下皆立。唱：揖。司正賓僎以下皆揖。執事者以觶酌酒授司正。司正舉酒曰：

恭惟朝廷，率由舊章，敦崇禮教，舉行鄉飲，非爲飲食。凡我長幼，各相勸勉。爲臣盡忠，爲子盡孝。長幼有序，兄友弟恭。内睦宗族，外和鄉里。無或廢墜，以忝所生。

語畢，執事者唱：司正飲酒。飲畢，以觶授執事。執事者唱：揖。司正揖，賓僎以下皆揖。司正復位，賓僎以下皆復位。唱：讀律令。執事者舉律令案於堂中，引讀律令者詣案前，北向立。唱：賓僎以下皆立，行揖，禮如前。讀畢，復位。執事者唱：供饌案。執事舉饌案至賓前，次僎，次介，次主，三賓以下各以次舉訖。執事者唱：獻。賓主起席北面立。執事斟酒以授主，主受爵詣賓前，置於席，稍退，贊，兩拜。賓答拜訖，執事又斟酒以授主。主受爵詣僎前，置於席，交拜如前。儀畢，主退復位。執事者唱：賓酬酒。賓起，僎從之。執事者斟酒授賓，賓受爵詣主前，置於席，稍退，贊，兩拜。賓僎主交拜訖，各就位坐。執事者分左右立，介三賓、衆賓以下以次斟酒於席，訖。執事者唱：飲酒，或三行或五行供湯。又唱：斟酒，飲酒，供湯。三品畢，執事者唱：徹饌。候徹饌案訖，唱：賓僎以下皆行禮。僎主僚屬居東，賓介三賓衆賓居西。贊，兩拜訖，唱：送賓。以次下堂，分東西行，仍三揖出庠門而退。

凡鄉飲酒禮，序長幼，崇賢良，别奸頑，其坐席間推高年德邵者居上，高年淳篤者并之，以次序齒而列。其有違條犯法者，概不許干於善良之席。違者罪以違制例，敢有喧譁失禮者，揚觶以禮責之。主席知府、知州、知縣，如無正官，佐貳官代，位於東南。大賓以致仕官爲之，位於西北。僎擇於鄉里中年高有大德之人爲之，位於東北。介以次長，位於西南。三賓以賓之次者爲之，位於賓主介僎之後。除賓僎外，衆賓皆序齒列坐。其僚屬則序以爵。司正以教職爲之，主揚觶以罰失儀者。贊禮者以老成生員爲之。

鄉約

凡州縣城内及各大鄉村，各立講約之所。設約正一人，於舉貢生員内，揀選老成有學行者爲之。值月三四人，選樸實謹守者爲之。置二籍，德業可勸者爲一籍，過失可規者爲一籍，值月掌之。月終則告於約正，而授於其次，每月朔日舉行。先期，值月預約同鄉之人，夙興集於講約之所，俟約正、耆老、里長皆至，相對一揖。衆以齒分左右立，設案於庭中。值月向案，北面立，抗聲宣讀《聖諭廣訓》。各人俱肅聽。約正復推説其義，必剴切叮嚀，務使警悟通曉。未達者，仍許其質問。講畢，於此鄉内有善者，衆推之。有過者，值月糾之。約正詢其實狀，衆無异詞，乃命值月分别書之。值月遂讀記善籍一遍，其記過籍呈約正及耆老、里長默視一遍，皆付值月收之。事畢，衆揖而退。歲終，則考校其善過，彙册報於縣官，勸懲有能改過者，一體奬勵，使之鼓舞不倦。

賓興

鄉試時，縣尹搭橋甬道，設宴公堂。應試諸生至，奏樂。宴畢，度橋簪花，備道里卷資，送至儀門外。

送學：

每遇歲科試後，縣尹傳齊新進諸生，穿公服赴縣，行庭參禮，飲酒三杯，鼓樂前導。縣尹送至儒學，詣至聖殿前，行三跪九叩頭禮。至明倫堂，縣尹位西，教諭、訓導位東，行五揖四拜禮。縣尹轉東位，教官轉西位，行交拜禮。畢，令諸生向教諭、訓導行五揖四拜禮。諸生復向縣尹行五揖四拜禮。凡諸生揖，縣尹、教官俱答拜。畢，鼓樂，安坐。宴畢，教官送縣尹上轎，諸生送至儒學大門外，右手揖，候轎過而退。

壇廟志

祠宇　寺觀　塔閣　厲壇　古迹　塋墓

鬼神之事，荒杳難知。然而壇廟之設，非以探幽而索隱也，報本返始之義存焉爾。其他寺觀、蘭若，或以昭德報功，或以培植形勝，有其舉之，莫敢廢也。至於假靈威以覺愚頑，則神道設教之説，亦何可厚非耶？志壇廟。

壇廟

社稷壇。在南門外較場西，周圍墻垣，壇以磚砌。

山川壇。在南門外較場東，周圍墻垣，壇以磚砌。

先農壇。在東門城外，建廟一座，三間。

文昌廟。在西墟舊射圃地。康熙三十五年，知縣劉文燦遷建於西墟尾，即今所。乾隆二十八年，知縣蔣耀宗重修。四十一年，知縣喻寶忠重修。舊志所載，劉慶送入田租三十石，土名那樓等垌，今無可考。尚存冷水坑租一十二石，支廟祝香燈之費。另邑紳士送入新村田租一十六石，歸儒學。遞年誕期辦祭。國朝以來，未列祀典。嘉慶七年，奉旨賜春秋祭，共頒銀二十六兩六錢六分七釐。

關帝廟。在城東北隅髦車嶺下。萬曆四十四年，知縣佴夢騮重建。國朝順治戊戌年，副總江元勳、參將蘇昇同各官重修。康熙三十四年，知縣韓鏐重修。五十年，知縣孫繩祖重修。雍正三年，增祀三代，廟後建設三公祠。明邑舉人黎民鐸送租一百五十石。康熙十九年，張汪虞送豐一都三甲梁、陳、歐户米九斗正，又寧十一都一甲伍一美户米四斗入廟。

城隍廟。舊志在城南西旁。康熙三十九年，知縣劉文焕卜遷於東台之右。舊志載，廟租每年征米五石七斗七升六合五勺。

天后廟。在都司署西。

東岳廟。在城西北隅髦後嶺。祀東岳神、左右康車二神。因廟在西，俗謬稱『西岳堂』。康熙四十九年，知縣孫繩祖重修，黃軫送熟米一石二斗，土名渡子埧下車，原載純十都一甲温恩户，後收入黃來蘇户。又荒米一石零五升，土名渡子埧上車。原載純十都一甲黃健洪户，後收入黃來蘇户。

金花廟。在關帝廟前，爲民祈嗣之神。萬曆間創建。順治間，化吴石參將蘇昇重修。康熙三十六年，知縣劉文焕鼎新。

玄壇廟。在城東門内。萬曆間，進士龍大維同文、黃、蕭、尹、顏、謝、李各姓倡，江西遊學及商賈捐資買地創建，以爲預章會館〔一〕。內祀玄壇，置田，立里户名永泰安以供香火。明季各姓涣散，以致香火田租不知歸於誰手。康熙三年，蘇參戎離任，邑人欲爲建祠而未就，遂豎蘇公祠額於廟門。然名雖爲祠，實則玄壇廟也。廟二進，前爲門，後玄壇，左右有房。本府管税吏書遞年居之，以收税課，其後空地皆廟中舊基。

馬王廟。舊在東台右。康熙四十八年，守備薛士璉遷建於較場演武廳後。

華帝廟。原福建連城籍士民鼎建於縣右之西，後遷較場前之南。舊志載，國朝化吴石參將蘇昇重建，連籍庠生王之遴、王言、謝嵘、謝嶸、謝安等送田租入廟公用，今無可考。嘉慶二十二年，知縣張廷幹重修，增建廟面前戲樓。邑明經全恕捐錢三十千文，以襄厥成。

南天宫。在南門外溪之南，祀倪、陳二女神。明知縣佴夢騮罰陸揚侵占官地銀每年四錢入廟公用。知縣潘仙桂重修。康熙三十四年，知縣劉文焕重修。乾隆四十五年，知縣喻寶忠重修。

冼太夫人廟。舊在東關白公祠右，久圮。今建于南天宫之右。

三神廟。舊在東關外硃砂嶺路上。康熙三十九年，知縣劉文焕遷建硃砂井西垌心內。祀康車雷三神。因廟在城東，俗謬稱爲『東岳廟』。

天后宫。在安鋪，丙山壬向，供天后元君及馬一三娘。一連三座，後有護屋，前有空地，至河左右

〔一〕『預章』，當作『豫章』。

楊木二根。乾隆丙午年，嚴劉泰、李進芳合衆建。

玉虛宫。在安鋪炮臺左，丙山壬向，供北帝、雷神、白馬大帝。前至河，後至嶺，左右空地。監生嚴維義撥入租三石，土名埊窑港。

關帝廟。在安鋪墟中。二座六間并兩廊，坐丙向午，横闊三丈餘。前空地七丈五尺，楊木四根。

惜字軒。在縣署右，壬山丙向，兩進六間，左右兩廊，並東西兩傍副屋。内供文昌神像，春秋祭祀。刊有《惜字文集》，復建庫於馬鞍山之巔，以藏字灰，歲重九會同人登高設奠焉。

祠宇

忠義祠。在教諭署前，現有都元帥羅福牌位。

貞節祠。在教諭署前，忠義祠右。現有奉旨旌表節婦全祐妻黄氏牌位。

寺觀

東聖禪林。在城東關外。萬曆元年，居民創殿一間，内祀北帝，稱曰『真武堂』。康熙三十六年，知縣劉文煥於堂之後捐俸拓基，建殿閣僧房，招僧無之住持。四十二年，知縣孫繩祖捐俸裝塑如來佛祀於閣，匾山門曰『東聖禪林』。

玉皇殿。康熙四十八年，知縣孫繩祖捐俸，創建於東聖禪林佛殿之右。開列常住租米、糧米六斗九升九合七勺三抄。在純八都八甲楊明户，土名坐落桐田、插花等垌。一買受陳汝琴、林晉生田米一石，在純八都八甲楊明户，土名桐田、插花等垌。塘一口，載米一升，在豐三下都崔宗亮户，坐在本山門前。一田米六斗八升，在縣五甲陳敬通户，土名坐落景山村、插花等垌。一田米二斗零一合，在豐三下都七甲崔秀賦户，土名青草墩等垌。一田米二石九斗七升，在純十都十甲黄健餘户，土名江邊村、插花等垌。以上征米共五石六斗五升零七合三抄，立有僧户際乾自行輸納奉免差猺。

鎮龍寺。在西關外。明萬曆壬寅，知縣凌位創建，立碑紀事。年久傾圮。康熙四十三年，知縣孫繩祖重建，題曰『西華禪林』，恢拓舊規，爲一邑之勝。

甘露寺。在豐二都銅鼓逕。康熙三十年，知府魏男捐俸鼎建。乾隆四十五年，知縣喻寶忠倡率士民重修。

風門庵。在豐三下都。

岑溪庵。在豐三下都山底村。

青平庵。在寧十一都。

凌雲庵。在純八都武陵墟。

護國寺。在純十都常山墟。內祀觀音大士。康熙三十八年，署高州府何賦、知縣劉文焕捐俸，於庵後建佛殿，祀三寶諸佛。

普渡庵。在縣坊都塘貢嶺。

石岡寺。在城西四十里。

南橋庵。在城南六十里。

塔閣

連魁塔。在邑城南龍頭山，離城七里，爲縣署學宫之案山。乾隆五十九年，知縣閻曾步、訓導胡珽、邑明經全恕、李在公、職員黎承圭暨闔邑紳士捐貲創建。高五霄，内祀五魁星神像，額曰『五魁塔』。嘉慶辛未十六年，改塔額爲『連魁』，内止一祀魁星，撥牌樓柱租錢六百文，爲廟祝香燈之用。

魁星閣。在城頭東南隅。康熙三十七年，知縣劉文焕鼎建。四十八年，知縣孫繩祖重修。乾隆三十五年，知縣林虎榜改修增高。舊合祀文昌、魁星二像，今止祀魁星。

厲壇。在西關外迴龍嶺。每歲三月清明、七月望日、十月朔日祭，以本縣城隍主之。

養濟院。萬曆二十年，知縣謝璿創於東關外，收養孤老，每名月給米三升，冬夏給衣帛銀，夏一錢二分，冬一錢八分。

古迹

舊州湖。距縣三十里，即唐羅州陷處。舊傳有白牛出，州人剥而食之，其地遂陷。今神其處爲龍窟，禱雨皆取水於此。

江頭鋪。宋紹興間舊縣故址。

黄村。元皇慶間舊縣故址，即今上縣村。

和尚嶺。即望恩山，天寧寺僧遇父于此，故名。

仙界鋪。在縣東，即老人傳玉髓經處。

丹兜石洞。距縣東北八十里有石洞，其外一石孔，可容一人。鞠躬而進，其内一洞方丈，又一徑深丈餘，又一洞差窄于前洞。復進一小徑，如前徑之長。又一洞，又差窄，其内復有路，但幽塞，人不可進，相傳爲仙人云。

温泉。近丹兜石洞。

石屋山。距縣北四十里，頂上有四石叠如屋，下可容五六十人。

仙人灶。距縣西四五里，石生如灶，有曲突，其下流泉不涸，可釜而烹。俗傳爲仙灶云。

九洲江。即合江，秋冬水消，有九洲露出，故名。

龍灣。距縣西三十里，有二龍次第起於此，故名。

松明石井。距縣西凌祿地海島中，潮來没其井，潮退甘冽如故。

石門。距縣東南五十里許雞籠山下，兩岸嵯峨，盤旋如故數十丈許。中有一門，潮水上下，舟船往來由之。潮退則門限高而水淺，舟不得前。門内至雞籠山約十里許，有蠔生焉。當門左右水底有石馬一、石傘一，沫蠔者間有遇之。門外有數石高聳，立於水中，曰白頭公、白頭婆、白石龜之類。

海島洞天。西海島中，近石牛潭、烏鴉墩，其中山多欖木，海波環流，時有漁人泛舟至此。見花果長春，若有心挾帶則迷其途，或着意往尋則失其處，真海外神仙窟宅也。

塋墓

廣州總管羅郭佐墓。

編修楊欽墓。

中書高魁墓。

運使李澤墓。

户部員外郎黎正墓。

兵防志

營制　兵糧　塘汛　海防　山猺

國家有百年不用之兵，而不可一日而不備。《易》於《師》曰『容民畜衆』；於《萃》曰『除戎器，戒不虞』；於《既濟》曰『思患而豫防之』。凡以云備也。石負山瀕海，往者海氛告警，武事尤亟。我國朝因地設險，防衛孔固，或沿或革，隨時异宜。雖韜鋒不試，凛然有不可犯之威焉。志兵防。

營制

縣舊有所。明正統五年，調雷州衛後千户所全伍官軍守鎮，時千户二員，百户十員，鎮撫一員，吏目一員，總小旗軍共計一千一百二十户口。至萬曆間，削絶逃亡，僅存十分之二三。其官蔭襲其軍，父子頂替，不問老弱。國朝法之。順治九年，設城守官兵三百名，千總一員，把總一員，百總三員，以化吴石參將領之。康熙三年裁參將，改化石營守備。四年，實授其印，有守備條記。二十三年，奉文題充更定營制法，千總一員，把總一員，兵一百名，實經制化石營守備一員，炮臺千總一員，兵二百名，馬二十匹。照戰三、守七、馬一、步二之例，分防城池、炮臺。按舊志，康熙二十三年以前，其兵陸續抽撥，及奉文除汰數目，因康熙十四年六月城汛被逆蹂躪，卷籍概遭毁失，無從稽考備著。

雍正十年，裁守備，改化石營。都司一員，左右哨把總二員。外委三員，分撥化州一名。額外外委二員，分撥化州一名。俱歸高、廉、雷、羅鎮管轄。

都閫府署，見《公署》。

把總署，見《公署》。

演武廳，在南門外較場。

軍裝局，在都司東轅門外。

火藥局，在縣署左。

較場，在南門外。

兵糧

邑自正統五年，因寇殘破，乃調雷衛官軍一千一百二十户口，故於條鞭銀内减編銀六百兩，設派米二千四百石，所以養旗軍也。厥後軍汰而米不除，且撥以協濟廉雷海安鎮標各營。舊志。

雍正十年，改設化石營都司，官員歲支俸薪養廉心紅草乾銀四百零二兩四錢，料米二十六石。

左右哨把總二員，歲支俸薪養廉草乾銀一百七十三兩，料米一十八石。

外委三員，每歲支餉廉銀四十二兩，料米九石。

額外外委二員，每員歲支餉銀二十四兩，料米九石。

乾隆四十九年，核定化石營都司統轄，額兵四百九十名，馬四十一匹。嘉慶十六年，裁汰戰馬六匹，移撥陽春營步兵二十二名，守兵八十八名。又奉文準在馬兵項内撥補額外外委二名。二十年，又裁汰戰馬六匹。二十三年，裁兵三名。現在本營額兵丁連外委、額外外委共五百九十七名，内馬兵連外委二十九名，步兵八十一名，守兵四百八十七名，折防石城縣城及分撥各塘汛。

馬戰兵連外委二十九名，每馬兵一名。月大餉銀一兩九錢，糧米三斗；月小餉銀二兩八錢三分三釐三毫三絲三忽，糧米二斗九升，歲共支餉銀六百四十九兩六錢，糧米一百零二石六斗六升。

馬二十九匹，每馬一匹。春冬月大，料米九斗，月小料米八斗七升。夏秋月大，料米六斗，月小料米五斗八升。春冬月大，草價銀二錢一分，月小草價銀二錢零三釐。夏秋月大，草價銀二錢零四釐，月小草價銀一錢九分七釐二毫。歲共支料米二百六十一石，草價銀七十一兩八錢六分三釐。

步戰兵連字識八十一名，每兵一名。月大餉銀一兩四錢五分，料米三斗；月小餉銀一兩四錢，料米二斗九升。歲共支銀一千三百八十五兩一錢，料米二百八十六石七斗四升。

守兵連字識四百八十七名，每兵一名。月大餉銀九錢七分，料米三斗；月小餉銀九錢三分六釐六毫六絲六忽，料米二斗九升。通共歲支銀七千四百九十三兩八錢三分八釐，料米二千零九十五石六斗八升。

又每兵公費銀三錢六分，共銀二百一十四兩九錢二分，紅白銀三錢九分六釐，共銀二百三十六兩六錢三分六釐。

化石營官兵俸餉各項銀兩係奉文一年兩季，二八月赴布政司衙門請領回營，移貯高廉道庫逐月請領回營，散給糧米在本縣歲徵本色内動支。

又本縣折米四百二十六石四斗八升三合二勺，遞年徵銀撥解高州鎮左營雷州海安兵餉。

又本縣官租一項，遞年徵收，除納條銀色米外，羨餘穀石變價解司。乾隆十九年，奉行撥解海安營兵米。

按：邑米二千四百石，撥以協濟雷廉海安各鎮營，每解米一石，費里民之賠補者不啻四五，此户口之所以日積逃亡也。況當年協濟不過，因彼地一時荒殘，爲權宜計耳。今雷廉桑麻沃野，户口倍繁，猶必欲剜瘠民之肉以益其肥，勢不使石邑靡有孑遺弗止也。念石邑亦有城守之兵，以本地之米給本地之兵，甚便也。若支食不盡，則折色可也，儲以備賑可也。其則照明初改納條鞭可也。何爲以一柘之土而塞無窮之巨壑哉。故解倒懸於今日，端有賴於今日之當道矣。舊志。

塘汛

縣舊堡凡有三：

北五十里，曰三合堡。先廣西蠻賊胡公威由此流劫。明成化十年，守道孔公鏞、督府韓襄毅公築城立堡，舊撥所軍防守。昔遷海，撥兵三十名守之。今展界，其兵不設。

西六十里，曰横山堡。正統九年，賊首蘇觀采由博流劫遂溪縣陳村，時牛督府議將本縣西八十里青頭堡移建本處，以扼遂溪要路。舊撥本所官兵防守，合枕近炮臺，其官兵不設。

西九十里，曰息安堡。昔爲邊墩，舊堡仍存。

舊營凡有二：

北六十里，曰龜子營。萬曆十一年，純八、純十都居民告設，分撥三合堡軍防守之。昔遷海撥兵十名，今展界，其兵不設。

西北九十里，曰青平營。距縣青頭堡十里，博白賊時出没。萬曆十年，寧十三都民告復立營。高州府委軍官一員，額石城所官軍十五名。今展界加兵五名防守。

其各路塘汛：

東則那良塘、白藤塘。化州分界。

西則龍村塘，樟村塘，那賀塘，沙剷塘，堡下塘，每塘兵二名。青平營，目兵十名。金花塘，兵八名。高橋塘，兵三名。矖穀嶺塘，兵八名。

南則老鴉塘，兵二名。青陰塘，兵二名。遂溪分界。

又東南則分流塘，波蘿根塘，兵各五名。

坡頭分界塘，兵八名。

以上録舊志。

雍正十年，改設化石營都司，新定營制，石城塘汛凡三十有五：

藍靛汛，外委一員，兵八名。

那良塘，兵四名。

白藤塘，兵四名。

分界塘，兵四名。

老鴉塘，兵四名。

青陰塘，兵四名。

山口汛，兵五名。

銅鼓逕汛，兵四名。

分流塘汛，兵二名。

波蘿根汛，兵二名。

坡頭汛，兵六名。

茅垌汛，兵四名。

兩家灘汛，兵四名。

龍村塘，兵四名。

下山塘，兵四名。
烏石垌汛，兵五名。
潭伯營汛，兵五名。
樟村塘，兵四名。
那賀塘，兵四名。
沙剗塘，兵四名。
煙墩汛，兵四名。
青平塘，兵四名。
石頭崗塘，兵四名。
金花垌汛，兵二名。
高橋塘，兵四名。
曬穀嶺汛，兵八名。
橫山墟汛，兵四名。
馬蹄塘汛，兵三名。
鹿仔坑汛，兵三名。
白坭塘汛，兵三名。

龍灣汛，兵三名。

堡下汛，兵三名。

青平汛，兵八名。

楊桃角汛，兵八名。

沙田埇汛，兵三名。

海防

康熙元年，遷急水、安鋪炮臺三座，又十里一臺，五里一墩，凡十六所。遂溪分界臺、北了墩、新水臺、北坡墩、東坡坪墩、博教臺、黄竹根墩，深田臺、息安墩、那里坡墩、鵓鳩林墩、雞公嶺臺、金花垌墩、高橋岡墩、梓木岡墩、新墟村臺。

分撥城守巡兵，每臺六名，墩四名，把總一員督率。

二年，增設炮臺官兵六十名，内千總一員，戰兵三十四名，守兵二十五名。

七年，展海邊界，撤各墩臺，存留舊者一：安鋪炮臺；更設新者四：龍頭沙臺、烏兔臺、三墩臺、東村臺。以防守焉。二十三年，督院親臨巡查，更定營制，化石營石城汰千總把總一員，兵一百名，總以炮臺千總一員分防石城城池、急水炮臺等汛，其城池、塘汛安馬戰兵共十名，步戰兵二十名，守兵七十名，共一百名。急水炮臺兵六十名，龍頭沙兵十名，三墩兵十名，烏兔兵十名，東村兵十名，各臺共安馬戰兵十名，步戰兵二十名，守兵七十名，共一百名。四十九年，本道條陳奉兩院抄允設立巡海槽艇二隻，交安鋪汛兵配駕遊巡，每艇配兵一十八名，水手二名，器械完具。

五十六年，撤三墩、烏兔、東村三臺，改龍頭沙爲炮臺，守兵二十八名。尋調楊桃角汛外委一員駐防，添設兵三十六名，共兵五十八名，大炮八位。

安鋪炮臺把總一員，兵二十名，今制設兵五十三名，大炮五位。

按：國家營制，分兵水陸。有陸路以衛内，即有水師以捍外，内外相維，山海晏如矣。炮臺、巡艇之設以靖海氛，以陸兵而兼水師，防禦之備，安内攘外，是在督率者之責乎。

山猺

久編爲民，仍舊志録之。

本縣所招猺有二：

東山之猺，爲石塘村，二十二名；黎竹村，十八名；章傘村，十六名；江口木頭塘村，一十五名；石龍村，二十名；文洪村，十五名；山塘村，十一名；白石村，十一名；平田村，十二名；下山村，十一名。凡十甲。

西山之猺，爲河潭村，三十名；盧村，四十名；楊金村，二十五名；香山村，二十五名；茅垌村、油麻村，共七十名；坡頭村，三十五名；枕頭山村，三十名；大山村，三十五名；那李坡村，三十三名；獨埤村，四十名；豐九箈村，五十名。凡十一甲。

其技則强弩、藥箭；其業則田獵，今多耕種；其守則城池，每年十月撥守，三月休息；其約束則撫猺，東西山各一名；其頭目則猺總甲。舊志。

按：猺乃古盤匏苗裔〔一〕，聚居豁峒，蔓衍日繁。明景泰間，屢叛屢撫。至孔公鏞乃免差役，立約束以聽征調，無非馴其彝性而已。我國家昇平日久，猺民被化，鑿井耕田，與民無異。故孫《志》云：石之有猺。特其名耳。自猺帖服，而避役者冒衣巾給而借徑者多，民遽混而安之，不幾變爲异類乎。議者欲編猺以爲民，不欲存猺以混民，使日漸教化，亦轉移之徵權也。

〔一〕「盤匏」，當作「盤瓠」。

石城縣志卷之三

職官志 宦績　流寓　遷謫

郎官上應列宿，司牧誠爲重任，果其無忝厥職，則一命亦必有濟也。是故位無尊卑，期於靖共；職無閒劇，期於克稱。石自唐宋以來，建令長，設陪貳，文振木鐸，武備干城。莅斯土者，幾何人矣。遠者難稽，近者可數，悉著於編，按其名而稽其政，某也能其官，某也尸厥位。後之覽者，其亦重有感乎。志職官。

邑在唐爲羅州，有刺史。宋元代有知縣、縣尹，餘無可考。明初知縣而外，有主簿，有縣丞，續裁。國初，本縣俱仍明制，知縣一，典史一。知縣頒銅印。乾隆十四年，奉旨改鑄印文頒乾字五千六百六十二號，銅印一顆。典史頒條記。

儒學教諭、訓導各一。順治十六年裁訓導。康熙三年，裁教諭，復訓導。康熙二十一年，復教諭。教諭頒銅印一顆，訓導頒條記。

淩禄巡檢一。頒銅印一顆。

息安驛驛丞一。康熙四十九年裁。

丹兜場委員一。雍正□年設，頒條記。乾隆五十五年裁。

武職

國初設化吴石參將。康熙三年，裁參將，改化石守備。雍正十年，改化石營都司，城守把總一員。

歷代職官姓名

唐羅州刺史：

蕭蕃。

韋仕讓，舊志載爲别駕，考《府志》載刺史。

傅昭德。

宋知縣：

羅嗣宗，莆田人，廷玉子，郭佐始祖。

林震。

毛士毅，富川人，由吴川簿移邑。今祀名宦，有傳。

宋主簿：

羅廷玉，莆田文學，知縣羅嗣宗父。

元知縣：

黄昱，莆田縣舉人，天曆元年任。遷今治後致仕，遂家於舊治黄村。元至正十六年，卒。

羅賢。

劉聰，至正二十八年，由教職升任。

明知縣：

崔惟中，洪武九年任，作櫺星門，立射圃，人文由是蔚興。

殷士安，洪武二十五年任。

師通，永樂十一年任。

王興義，永樂十四年任。古志載縣丞。

袁規，舉人，永樂十九年任。

盧昶，北流人，永樂二十二年任，卒於官，有傳。

蘇洲，池陽舉人，正統七年任。

周監〔一〕，同安人，景泰四年任。
歐琳，廣西人，天順間任。舊志未載，《府志》載之。
陳綱，潮陽人，成化三年任。後升本府通判，尋以蕩寇功，擢慶遠府同知。祀名宦，有傳。
程宣，藤縣監生，弘治元年任。
高壯，見《通省志》。
俞章，桂平監生，弘治六年任。
葛昂，金壇監生，弘治十一年任。
秦傑，桂林監生，弘治十六年任。
劉讓，監生，正德元年任。
盧玉，高要舉人，正德五年任。
黄浩，善化人，正德九年任。
楊維甫，長樂人，正德十二年任，有傳。
李琳，高平監生，正德十五年任。
楊浩，桂平舉人，嘉靖元年任。

〔一〕康熙六年、二十五年《石城縣志》均作「周監」。《光緒石城縣志》作「周鑒」。

韓鎮，桂林舉人，嘉靖五年任。
劉一桂，河間人，嘉靖八年任。
劉嶅，溧水舉人，嘉靖十二年任。
吴憲，江南監生，嘉靖十五年任。《府志》作吕恩。
沈誠夫，江寧舉人，嘉靖十八年任。
鄒伯貞，臨川舉人，嘉靖二十四年任，升瓊州通判，有傳。
鍾文表，武平監生，嘉靖二十七年任。
林紀，閩縣舉人，嘉靖三十一年任。
濮桂，桂林舉人，嘉靖三十八年任。
陳晦，漳平貢生，嘉靖四十三年任。
涂光裕，臨桂舉人，隆慶元年任。
韋俊民，平南舉人，隆慶五年任。
唐廷燦，全州舉人，萬曆三年任。
徐可立，德清貢生，萬曆七年任。
李兆雄，宜山舉人，萬曆十年任，卒於官。
郭良楫，臨桂舉人，萬曆十一年任。計剿强賊蔡邦良，並請其田入學，升知州。

黄四科，江浦舉人，萬曆十七年任，卒於官。
謝璿，建安舉人，萬曆十九年任，升長沙府通判，有傳。
項汝廉，黄巖舉人，萬曆二十四年任，有傳。
凌位，長寧選貢，萬曆三十年任，建鎮龍寺。
盧周源，寧州選貢，萬曆三十五年任。
何所尚，咸寧選貢，萬曆三十七年任，協建文昌閣，拆節士類〔一〕。
佴夢騮，臨安選貢，萬曆四十七年任〔二〕。捐俸重修學宫，協建關帝廟，創文昌橋，改西關路三百餘丈，並置修橋田。士民感德建祠。升瓊州通判，祀名宦，有傳。
羅秉彝，江西貢生，萬曆四十五年任。
蔣三槐，浙江貢生，萬曆四十八年任。
黄元吉，由舉人，天啓四年任，卒於官。
洪元卿，晉江舉人，天啓七年任。
徐士華，四川舉人，崇禎二年任。

〔一〕「拆」，當作「折」。
〔二〕「四十七年」，康熙《志》同，《光緒石城縣志》作「四十一年」，是。

樊宏聲，縉雲選貢，崇禎四年任，禮賢下士，敬老恤民。
陳維寧，四川舉人，崇禎八年任，因賊入城，遣戍。
陳濟，上元貢生[一]，因修甕城被論。
蕭洪曜，江西貢生，崇禎十五年任。
曾叔白，莆田人，崇禎乙酉年任。《府志》『叔』作『孔』。
王時熙，建寧人，崇禎丁亥年任。

國朝知縣：

郭祚新，福清生員，順治四年任，五月爲西兵所執，遂遇害。
張翼軫。
張其榮，遼陽貢生，順治十二年任，爲西兵所執，失印。
王訓，濟南歲貢生，順治十二年任，卒於官，舉名宦，有傳。
余光魯，婺源拔貢，順治十五年任，捐修敵樓，邑人竪碑。
李沛，劍州舉人，順治十八年任。
侯周臣，平陽進士，康熙二年任。

[一]《光緒石城縣志》作：『江西上元貢生，十三年任。』

梁之棟，曲陽拔貢，康熙四年任，有傳。

洪日旦，四川舉人，康熙七年任，有傳。

李琰，高陽舉人，康熙十年任。捐資鼎建學宫，有傳。

于繼勳，遼東廕生，康熙十七年任。

白玠，青澗進士，康熙二十二年任。卓异升雲南晉寧州，士民爲之建祠立碑，有傳。

韓鏐，莆田監貢，康熙二十五年任，卒於官。

劉文焕，鑲黄旗監生，康熙三十四年任。建魁星樓，修真武堂，又重修文昌廟、城隍廟、東岳廟，以丁憂解任，士民懷之。

孫繩祖，鑲紅旗監生，康熙四十一年任，有傳。

田發，河南林縣舉人，康熙五十二年任。

侯瑜，河南襄城進士，康熙五十八年任，有傳。

葉思華，山西聞嘉進士，雍正五年任，六年升瓊州同知，士民立遺愛碑在東關外東聖寺側。

許德元，北直人，雍正六年任。

張恕，順天文安舉人，雍正十三年任。

王灝，四川南充進士，乾隆五年任，有傳。

魏綰，貴州平越府舉人，乾隆十年任。

李瓊林，湖南陽州舉人，乾隆十二年任。
王振統，山東招遠舉人，乾隆十五年任。
顏煌，江西萍鄉拔貢，乾隆二十一年任，有傳。
蔣耀宗，江蘇吴縣貢生，乾隆二十五年任。
林虎榜，福建漳浦拔貢，乾隆三十四年任。
喻寶忠，江西新城進士，乾隆三十八年任，有傳。
黄文燦，鑲紅旗漢軍於宗爾佐領下人，由援例同知，乾隆四十七年任。
牛敬一，山西太谷，欽賜舉人，乾隆四十九年任。
周克達，湖南長沙拔貢，乾隆五十年任。
王誥，江西金溪舉人，乾隆甲戌明通，五十一年任。
閻曾步，河南孟津舉人，乾隆五十五年任。
翟察倫，貴州畢節舉人，乾隆五十七年任。
汪浩，江西浮梁拔貢，乾隆辛卯舉人，戊戌進士，翰林院庶吉士，五十八年任。
洪人驊，順天儀徵舉人，五十九年任。
周昭甲，乾隆五十九年兼任。
劉欽和，河南西華舉人，乾隆六十年七月兼任。

狄尚絅，江蘇溧陽進士，嘉慶五年兼任。

杭喻義，浙江仁和舉人，嘉慶五年任。

李澐，浙江山陰舉人，嘉慶六年任。

丁兆凱，江西德化貢生，嘉慶六年任。

蕭宣，江蘇江寧人，由滿吏考授府經歷。嘉慶八年代任，又十六年代任。

鮑春藻，湖北江夏舉人，嘉慶八年任。

竇存義，陝西興平舉人，嘉慶九年任。

王國忠，順天宛平貢生，嘉慶十一年任。

劉敬熙，江西南康進士，嘉慶十三年任。

李舒乙，雲南舉人，嘉慶十四年任。

于學質，湖南桃源監生，嘉慶十四年任。

段長基，河南偃師拔貢，嘉慶十四年任。

馮瑔〔一〕，福建長樂副榜，嘉慶十五年任。

〔一〕自『馮瑔』始，至明典史『徐即用』，《廣東歷代方志集成·高州府部（十三）》之《嘉慶石城縣志》闕，其據廣東省立中山圖書館藏本影印嘉慶二十五年刻本。

鄭域輪，河南息縣拔貢，嘉慶十六年署任，二十四年兼任。
趙俊，直隸西寧舉人，嘉慶二十年任。
張廷幹，順天大興監生，嘉慶十五年任，二十年復任。
張大凱，安徽六安州人，乾隆甲寅副榜，嘉慶甲子科舉人，正藍旗教習，嘉慶二十四年任。
周國泰，江蘇江寧縣人，内閣考職，嘉慶二十四年十二月任。

明縣丞：

倪望，江西人，洪武元年任。祀名宦，有傳。
夏仲謙，正統四年任，同通判馬文饒奏築磚城，是是裁缺。

明典史：

張賢，維陽人，景泰三年任。見科貢碑。
張昂，成化七年任。見《城隍廟鐘記》。
周鼎，見府舊志。
胡儼，宜賓人，正德七年任。
熊詩，豐城人。
楊富，興安人。
李拯，全州人，嘉靖十八年任。

林慰，莆田人，嘉靖二十二年任。
劉項，江南人。《府志》作劉頊。
徐鎰，豐城人，隆慶五年任，有傳。
吴中立。涇縣人，萬曆五年任。
唐元，龍泉人，萬曆六年任。
徐鉞，江夏人，萬曆八年任。
鄭鑾，分水人，萬曆十三年任。
張文進，同安人，萬曆十四年任。
徐即用，豐城人，萬曆十七年任。升主簿，敏達任事，建贊政廳。
梁有禎，歸化人，萬曆二十二年任。
袁文，龍溪人，萬曆二十四年任，升巡檢。
徐春泰，清流人，萬曆二十五年任。
羅文繡，廣西人，萬曆三十一年任。
李正芳，江南人，萬曆三十四年任。寬而恤下，不剥平民。
吴國寶，南昌人，萬曆三十六年任。
陳淮，莆田人，萬曆三十九年任。

卓兆璁，莆田人，萬曆四十一年任。
曹嘉禎，金華人，萬曆四十四年任。
劉光遠，天啓元年任。
朱章寧，監利人。見《府志》。
夏維藩，天啓四年任。
顧汝賢，龍游人，天啓七年任。
鄭秉中，浙江人，崇禎四年任。
鄭大御，福建人，崇禎七年任。
葉啓元，紹興人，崇禎十年任。敦厚愛民，因賊入城，被傷，免歸，有碑。
龔一驥，福州人，崇禎十二年任。因造假印，誣揭教諭吴誠初，巡按驗究，遣戍。
洪日正，福州人，丁亥年。見《府志》。

國朝典史：

周鑒，黄州人，順治八年任。生事噬民，通學公揭拿問。
于璜，大興人，順治十五年任。
吴斌，永清人，順治十六年任，卒於官。
張鳴鳳，咸寧人，康熙元年任。

來民服，浙江人，康熙七年任。
黄永，浙江人，康熙十六年任。
榮世盛，武清人，康熙二十二年任。
孫敬，山陰人，康熙二十八年任，有去思碑。
沈子龍，大興人，康熙三十七年任。
錢其清，紹興人，康熙四十三年任，卒於官。
徐選，紹興人，康熙四十六年任。
沈東裕，浙江人，雍正二年任。
盧德英，順天大興吏員，乾隆元年任。
張敬參，山西介休縣吏員，乾隆九年任。
方斌，順天大興吏員，乾隆十三年任。
宋爛，江南長洲監生，乾隆十六年任。
馬培，宛平人，乾隆三十二年任。
岳秉中，宛平人，禮部供事，乾隆三十九年任。
黄開魁，江西新城監生，乾隆四十六年任。

趙宗達，浙江會稽監生，乾隆十八年生[一]。
李聞秀，宛平人，乾隆二十年任。
黄瀛，大興人，乾隆二十九年任。
何賴，湖南巴陵人，乾隆四十五年任。
邱志芳，福建上杭監生，乾隆四十九年任。
程景喬，江蘇山陽人，由供事，乾隆四十九年任。
江德綏，江蘇元和監生，乾隆五十五年任。
毛章焕，江西吴縣人，由吏員[二]，乾隆五十五年任。
楊景榮，江蘇江寧人，乾隆五十六年任。
孟金鏞，浙江會稽監生，嘉慶元年任。
曾敬連，江西長寧人，嘉慶□年任[三]。
張商霖，宛平人，由供事，嘉慶四年任。

[一]『生』，《光緒石城縣志》作『任』，是。
[二]『由』，《光緒石城縣志》作『大興』。江蘇有『吴縣』，江西無『吴縣』，疑『江西』當作『江蘇』。
[三]《嘉慶石城縣志》《光緒石城縣志》闕字，曾敬連前任孟金鏞在嘉慶元年任，其後任張商霖在嘉慶四年任，故曾敬連當任於嘉慶二年或三年。

裘嘉楧，大興吏員，嘉慶六年任。
許愷，浙江仁和人，附監，嘉慶六年任。
葛景奎，嘉慶六年任。
梁兆鴻，四川遂寧監生，嘉慶八年任。
何修廉，江蘇東臺監生，嘉慶十年任。
馬中騮，大興監生，嘉慶十一年任。
張佶，山東莒州監生，嘉慶十八年任。
陳卓，大興監生，嘉慶十八年任。
李寶善，安徽阜陽監生，嘉慶二十年任。
陳絅昌，廣西岑溪附監，嘉慶二十年任。
張觀海，江西新昌監生，嘉慶二十一年任。
陳朝楷，浙江仁和人，嘉慶二十二年任〔一〕。

明巡檢：

韓寶，饒平人，嘉靖二十四年任。

〔一〕「陳朝楷」原在「陳卓」之後。按任年移至「張觀海」後，《光緒石城縣志》以「陳朝楷」作爲「國朝典史」之最後一人。

李文，山東人，嘉靖二十七年任。
熊錕，豐城人，隆慶四年任〔一〕。
王以俶，福清人，萬曆二十年任。
程萬節，饒平人，萬曆二十一年任。
閔子卿，鄱陽人，萬曆二十二年任。
許朗，福清人，萬曆二十三年任。
王尚勳，興安人，萬曆二十五年任。
梁尚弼，蒼梧人，萬曆二十六年任。
周世華，浙江人，萬曆二十七年任。
鄭錦，閩縣人，萬曆三十一年任。
王鼎新，浙江人，萬曆三十二年任。
徐椿，浙江人，萬曆三十三年任。
陳應桀，建寧人，萬曆三十五年任。
徐大有，福建人，萬曆三十八年任。

〔一〕『四』，原闕，據《光緒石城縣志》補。

陳有慶，蕪湖人，萬曆四十一年任。
龍廷湖，柳州人，萬曆四十三年任。
毛尚質，廣西人，萬曆四十六年任。
郭大禄，蒼梧人，萬曆四十九年任。
天啓以後失考。

國朝巡檢：

李之光，紹興人，順治十三年任。
程希宗，巴陵人，順治十四年任。
戴梁，慈溪人，康熙十年任，卒於官。
蔡瑜，鳳陽人，康熙十一年任。
張炳，山陰人，康熙十六年任。
史淵，宛平人，康熙二十三年任。
官聚奎，遼東人，康熙二十五年任。
王志道，祥符人，康熙三十年任。
李守身，祥符人，康熙三十三年任。
高芳玉，山東冠縣人，康熙四十六年任。寬厚和平，年老致仕，士民爲之立去思碑。

詹道隆，玉田人，康熙五十一年任。
關道煌，廣濟人，康熙五十四年任。
章震基，浙江會稽吏員，雍正十三年任。
郭廷錫，順天大興吏員，乾隆十年任。
楊名舉，直隸曲陽吏員，乾隆十六年任。
樂斐成，浙江慈溪人，乾隆二十年任。
魏振綱，山西監生，乾隆二十八年任。
周徹，順天宛平籍，江蘇元和人，内閣供事議叙，乾隆三十二年任。
陳士駿，江蘇監生，乾隆三十六年任。
陳錫瓚，宛平人，宗人府供事，乾隆四十年任。
鄭繼祖，直隸南宫監生，乾隆四十二年任。
洪昌齡，江蘇吴縣人，乾隆五十年任。
張之靄，浙江仁和人，乾隆五十一年任。
王敬安，大興人，由供事，乾隆五十九年任。
張昕，陝西石泉附貢，嘉慶十年任。
戴元定，湖北漢陽監生，嘉慶十年任。

秦錫祚，江蘇吴縣監生，嘉慶十一年任。
聞人奎，浙江山陰監生，嘉慶十四年任。
朱軒，大興人，由供事，嘉慶十七年任。
薛璘，江蘇如臯監生，嘉慶十八年任。
安青雲，四川蒲江人，嘉慶二十三年任。
盧棠，浙江會稽人，由供事，嘉慶二十三年任。

明驛丞：

縣舊有三驛，曰『新和』，曰『三合』，曰『息安』。

新和驛丞：

張九疇，仙游人，嘉靖二十五年任。
鄭世禄，廣西人，萬曆十五年任。
鄭貴彝，福建人，萬曆十九年任。
黄越，東莞人，萬曆□□年任。
陳良紀，南海人，萬曆二十二年任。
鄒順，金溪人，萬曆二十五年任。
歐陽徇，永新人，萬曆二十八年任。

林應升，福建人，萬曆二十九年任。
樊用恕，杭州人，萬曆三十四年任。
唐尚倫，全州人，萬曆三十七年任。
王命封，廬州人，萬曆三十九年任。
方一柏，宣城人，萬曆四十三年任。

三合驛丞：

王衍華，金谷人，嘉靖十年任。
鄭雲騰，莆田人，嘉靖二十五年任。
譚恩，南海人。
陳録，直隸人。
林成暘，侯官人，萬曆二十年任。
倪文遇，秀水人，萬曆二十四年任。
王好，陸川人，萬曆三十年任。
方應稟，福建人，萬曆三十三年任。
余化龍，江西人，萬曆三十七年任。
倪大綬，江西人，萬曆四十年任。

李茂樹，江西人，萬曆四十三年任。

明三省，廣西人，萬曆四十四年任。

息安驛丞：

李深，秀水人，嘉靖二十四年任。

□□□[一]，福建人。

邵斌，福建人，萬曆十一年任。

陳子言，福建人。

朱廷聘，宣城人。

楊承惠，延平人，萬曆二十七年任。

余易，江西人，萬曆三十二年任。

張兆舜，新興人，萬曆三十九年任。

滕國忠，江西人，萬曆四十四年位[二]。

天啓以後三驛俱失考。

[一] 此處原闕，《光緒石城縣志》息安驛丞無此人。

[二] 「位」，當作「任」。

國朝裁汰新和、三合兩驛丞，僅存息安。

息安驛丞：

黄鳳翎，西安人，順治十五年任。

胥何，河南人，順治十七年任。

江朝相，大興人，康熙二年任。

張名達，耀州人，康熙十一年任。

王學道，良鄉人，康熙二十一年任。

李元肱，淄州人，康熙三十五年任。至四十九年，調福建南靖縣典史。

是年並裁缺關防，申繳藩庫。

明教諭：

自洪武至宣德，失考。

祝壽，見府舊《志》。

李騰，龍溪人，景泰四年任。

葉廷芳，慶遠人，天順間任。

方英，成化間任。

陳元，弘治□□□〔一〕。

陸恒〔二〕。

阮濬，臨川舉人，嘉靖五年任，升判讀。

袁佐，全州人，嘉靖十二年任。

陳善，慶遠人，嘉靖十五年任。

高文舉，海康舉人，嘉靖十八年任。

尤舜俞，閩縣人，嘉靖二十年任。

姚繼賢，桂林舉人，嘉靖二十六年任。

李舜舉，分宜舉人，嘉靖三十年任，創立義塚。

黄錦，平樂人，嘉靖三十三年任。

李祖，壽寧人，嘉靖三十七年任，升教授。《府志》作李坦。

楊仕聘，龍溪人，嘉靖四十四年任。

林震，三水人，隆慶元年任。

〔一〕此處原殘闕，《光緒石城縣志·職官》：「陳元，年無考。案舊《志》載，弘治間任教諭。」

〔二〕《光緒石城縣志·職官》：「陸恒，年無考。案張《志》（即本志）列在阮濬前。今從《通志》。」

吳允禎，閩縣人，隆慶四年任，升學正。
王濂，柳城人，萬曆四年任。
何天民，儋州人，萬曆七年任。
薛希唐，海陽人，萬曆十年任，卒於官。
曹士宏，昌化人，萬曆十三年任。將學宫銅鼓改鑄文廟祭器，升教授。
李聘，漳浦人，萬曆十七年任，升教授。
陳講，封川選貢，萬曆十七年任，升崖州學正。
朱東山，上猶選貢，萬曆二十三年任，升彬州學正。
梁祖寅，順德舉人，萬曆二十六年任，升上杭縣知縣。
鄧學成，曲江人，萬曆三十年任，請復舊射圃地，升雷州府教授。
湯誥，侯官人，萬曆三十三年任，有傳。
周桂芳，辰溪人，萬曆三十六年任。渾厚儉樸，不較諸生贄脯，議建文昌閣，卒於官。
劉承緒，上杭人，萬曆三十九年任，升梟州府教授。
蘇時興，崇善人，萬曆四十二年任。
范教，東莞人，萬曆四十四年任。
胡宗極，桂林舉人，萬曆四十七年任。升翰林院孔目。

蕭穗，南海舉人，天啓三年任。
吴孟春，江西貢生，天啓六年任。
關士運，高明人，見□□。
謝天迪，廣西舉人，崇禎三年任。
袁作初，東莞舉人，崇禎六年任。
吴之翰，合浦貢生，崇禎九年任。
吴誠初，南海舉人，崇禎十三年任。敦厚謹訥，貧生來謁，免贄。
高士森，天台人，丁亥年任。見《府志》。

國朝教諭：

康熙三年裁，二十一年復。
柳宿，山東選貢，順治四年任。
林炤，番禺舉人，順治十年任。
黎覯光，南海貢士，康熙一十一年任〔一〕。
梁繼鳴，順德舉人，康熙二十五年任。合邑紳士修築泮池。

〔一〕《光緒石城縣志·職官》：「黎覯光，南海貢生，二十一年任。」

余洲枝，順德貢生，康熙三十七年任。
陳英略，番禺貢生，康熙四十三年任，升廣州府教授。
羅顥，從化副榜，康熙四十八年任。
林萬錦，揭陽副榜，康熙五十九年任。
莫涓，定安拔貢，雍正十年任。
黃奐，嘉應舉人，乾隆九年任。
李桂生，英德恩貢，乾隆十六年任。
陳子杏，新興舉人，乾隆十九年任。
邱壯臨，饒平舉人，乾隆二十二年任。
黃起南，南海副榜，乾隆二十八年任。
張開舉，感恩恩貢，乾隆三十八年任。
陸文焉，浙江山陰人，廣府商籍，恩貢，乾隆四十二年任，升潮州府教授。
彭顯，高要舉人，嘉慶元年任。
陳懷謙，順德舉人，嘉慶六年任。
何在攄，順德廩貢。
潘逢年，順德廩貢。

謝承恩，博羅廩貢。
招起元，南海副榜，嘉慶十一年任。
葉丹香，連平拔貢。
黎若鵬，高要拔貢，嘉慶二十年任。
王應元，徐聞廩貢。
江穆川，鎮平恩貢，嘉慶二十一年任。
梁卓成，恩平廩貢。
王公墀，樂會拔貢，嘉慶二十三年任。

明訓導：

周琳，始興舉人，正統間任。
周魁，全川人〔一〕，景泰三年任。見科貢碑。
楊心彦，天台人，景泰四年任。
陳泮，弘治元年任。見《明倫堂鐘記》。
田春，正德間任。

〔一〕「全川」，《光緒石城縣志》作「全州」，是。

陳枝，正德間任。
張鎰，新興舉人，正德間任。
吴嵿，零陵人，嘉靖元年任。
黄璣，龍溪人，嘉靖八年任。
陳欽，邵武人，嘉靖十三年任。
吴漢，香山人，嘉靖十七年任。
蘇哲，曲江人，嘉靖二十一年任。
劉文漢，蒼梧人，嘉靖二十三年任。
鄧尚中，全州人，嘉靖三十一年任，升教諭。
魏校，桂林人，嘉靖四十年任。
孫倫，定安人，嘉靖四十二年任。
游文信，南平人，嘉靖四十四年任。
王天叙，樂會人，隆慶四年任。
梁大贊，高明人，隆慶十年任，改復儒學。
李廷秀，瓊山人。見《府志》。
謝應龍，邵武人，萬曆十七年任。

伍一魁，蒼梧人，萬曆二十一年任，升大田教授。

鄭煒，永昌歲貢，萬曆二十六年任。升新安教諭，以子貴，受封致仕，有傳。

張五紀，遂寧人，萬曆三十三年任，卒於官。

陳泮，番禺人，萬曆三十八年任，升梁山知縣。

鍾慎言，高要人，萬曆四十五年任。

游應蛟，順德貢生，天啓四年任。

何日寅，定安歲貢，天啓七年任。

張星翼，陽春歲貢，崇禎五年任。

虞際寧，連州歲貢，崇禎十五年任〔一〕。

劉汝徵，湖廣歲貢，崇禎十三年任。

藍守栩，大埔歲貢，崇禎十七年任。

劉伯璿，江西人，丙戌年任。見《府志》。

國朝訓導：

順治十八年裁，康熙三年復設。

〔一〕《光緒石城縣志·職官志》：「虞際寧，連州歲貢。」案：張《志》列在劉汝徵之前，又云十五年任，疑誤。

劉飛熊，河源歲貢，順治十五年任。
馬錫，南海歲貢，康熙四年任，卒於官。
彭懋新，羅定歲貢，康熙六年任。
李尚志，長樂歲貢，康熙十年任。
葉瓊，長樂歲貢，康熙十四年任。
袁經偉，東莞人，十七年任〔一〕。
蔡叔度，海陽貢生，康熙二十二年任。合邑紳士修築學宫、照墻、泮池。
李捷，靈山歲貢，康熙三十九年任。
陳永祺，順德例貢，康熙五十九年任。
姚振鳳，潮陽人〔二〕。
張其蔚，東莞歲貢，乾隆六年任。
吴耀前，合浦歲貢，乾隆十六年任。
蔡高識，普寧副榜，乾隆十九年任

〔一〕「偉」，《光緒石城縣志·職官》作「緯」。
〔二〕此處原殘闕，《光緒石城縣志》《民國石城縣志》均作：「潮陽人。據《潮陽志》補。」

陳聖謂，陽山歲貢，乾隆二十九年任。
黃欽玠，樂會歲貢，乾隆三十三年任。
黃紹統，香山舉人，丙戌挑選以教職用，借補訓導。乾隆三十四年任，升瓊州府教授，有傳。
庾賡堂，舉人，乾隆五十三年任。
胡珽，南海舉人。
莫可量，開建歲貢。
何榮濤，南海拔貢。
方直，惠來優貢，乾隆五十九年任。
王憲堯，合浦拔貢。
李螢書，香山舉人，嘉慶五年任。
鄧良珖，東莞廩貢。
饒鴻勳，嘉應舉人，嘉慶十年任。
陳元緒，萬州廩貢。
李姜和，遂溪舉人，嘉慶十八年任。
陳君謀，海康廩貢。
彭湛，新興舉人，嘉慶十九年任。

李化龍，德慶廩貢。
周天琛，東莞舉人，嘉慶二十五年任。

國朝丹兜場委員：

乾隆五十五年裁，六十年議復委員督辦，尚未復實。
金湯，浙江會稽監生，乾隆三年任。
王汝梅，四川安居舉人，乾隆十二年任。
葉焕，廣西上思州舉人，乾隆十四年任。
王曰唯，直隸魏縣舉人，乾隆二十二年任。
常茂蘭，陝西涇縣監生，乾隆二十四年任。
鍾岱靈，貴州平遠舉人，二十七年任。
陳文模，浙江海甯附貢，乾隆三十一年任。
張應超，河南虞城舉人，三十一年任〔一〕。
陳泰來，雲南建水舉人，乾隆三十四年任。
程肇豐，浙江歸安監生，三十六年任。

〔一〕『一』，《光緒石城縣志》《民國石城縣志》均作『二』。

謝象塙，直隸吴橋監生，乾隆三十七年任。
傅人龍，江蘇如皋州同，四十三年任。
張宗鰯，浙江開化附監，乾隆四十五年任。

國朝化吴石參將：

應太極，四川人，順治九年任，禦敵戰死。
牛冲雲，陝西人，順治十二年任。
蘇昇，莊浪衛人，順治十六年任。

化石營守備：

雍正三年改設。
駱光遠，蘇州人，康熙五年任。
韓能，京衛人，康熙九年任。
趙奎斗，西安武舉，康熙十二年任。
謝天恩，本縣人，由城守，康熙十四年任。
趙文爓，北直武舉，康熙二十年任。
程大受，陝西武舉，康熙三十年任。
薛士璉，福建人，康熙四十年任。

王玉麟，寧夏人，康熙五十四年任。

閆應虎，江西人，康熙五十九年任。

沈貴，江南人，雍正三年任。

高天奇，陽曲人，雍正五年任。

化石營都司：

雍正六年改設。

王升，福建澄海行伍，乾隆六年任。

戴秉魁，福建泰縣武舉，乾隆九年任。

顧文傑，貴州貴築行伍，乾隆十二年任。

羅起明，貴州南籠行伍，乾隆二十年任。

游飛熊，雲南昆明武進士，乾隆二十四年任。

張雄，浙江會稽武進士，三十三年任。

哈繼隆，直隸河間行伍，三十八年任。

孟明遠，直隸宣化廕生，乾隆四十一年任，捐俸修文廟、文昌橋、鎮龍寺。四十三年，邑大饑，捐米助賑。

富興，鑲藍旗滿州綽明阿佐領下人，由烏倉護軍出身，四十九年任。

李光先，山西靈石武舉，五十年任。
周士魁，山東歷城行伍，五十四年任。
德謹，鑲紅旗滿洲保明佐領下，由閑散披甲，嘉慶九年任。
鄭長清，安徽六安武舉，嘉慶十三年任。
郭倫，貴州貴陽府人，由行伍，十六年任。
羅英，江南宿松行伍，嘉慶二十年任。
陳玉成，廣州新會人，由行伍，襲雲騎尉，嘉慶二十三年任。

城守千總：

董天職，淮安人，順治十二年任。
魯子科，河南人，順治十四年任。
林志標，本邑人，由行伍，康熙十四年任。
郭彪，興寧人，由行伍，二十一年任。
翟志亨，東莞行伍，康熙二十七年任。
席欽，山東人，由行伍，康熙三十八年任。
林柏枝，高要人，由行伍，康熙四十年任。
郭賢，陝西人，由行伍，四十五年任。

羅震，潮州府饒平縣人，五十一年任。
陳光遠，新會人，康熙五十三年任。
高天魁，化州人，康熙六十年任。
許文毅，高要人，雍正五年任。
高輔朝，茂名人，雍正七年任。

協防把總：

陳賢佐，茂名行伍，乾隆十年任。
陳聖，茂名行伍，乾隆二十八年任。
彭朝彩，羅定行伍，乾隆三十七年任。
鄒榮貴，茂名行伍，乾隆四十一年任。
冼奇仁，茂名行伍，嘉慶十三年任。
曾瓊珧，茂名行伍，嘉慶二十三年任。
楊朝龍，茂名武生，行伍，嘉慶十年任。
梁德彰，茂名行伍，嘉慶十九年任。
程德英，茂名行伍，嘉慶二十三年任。

宦績

循良之選，自古其難。《史記》《漢書》所紀不過數人，下逮唐宋以來，亦數十人而已。夫果盡父母之心以勤撫字、興利除弊、政平訟理，有一於此，皆有造於吾民，斯亦去而思之矣，奚必皆三异十奇始堪尸祝哉？兹編於舊志外僅增四人，訪之故老，考諸碑碣，各紀其一二事，用垂不朽云。志宦績。

宋

毛士毅，富川人，由吴川簿移本縣令。值流賊李接攻城，士毅語縣尉曹曰：『吾與君當以死衛百姓。』乃糾率義丁與賊戰，尉死於兵，士毅駡賊，力屈亦死之。事聞，孝宗嘉其忠，贈承事郎。今祀名宦。

明

倪望，江西吉安人，洪武初任本縣丞。時值草寇竊發，人心未定。望到任，廉以律己，仁以惠下，勞來撫綏，各使歸業，民免流離。先是，元末兵燹相繼，學宫鋪舍焚蕩殆盡，望次第修舉，諸廢俱興。本縣舊無城，望乃率民築土城，計二百五十丈，石藉以捍衛。秩滿而去，士民咸懷之。噫，當草昧之初，以一丞而有足稱者亦賢矣哉。祀名宦。

盧昶，廣西北流人，永樂年間知本縣。秉心正直，莅事公勤，上下羡其賢能。後卒於官，民咸哀慕。

陳綱，廣東潮陽縣人，由舉人。成化二年知本縣。時當正統、天順流賊殘破之後，邑里蕭條，田土荒蕪過半，綱廉仁勤慎，奉巡撫韓襄毅公榜招新民，附籍開荒，增置里分。又申請本道孔公鏞，奏減逃絶蛋户漁課米七百餘石，至今民受其惠。後升本府通判，尋升慶遠府同知。夫興利除害、與民休息，良吏也。建祠祀之，固其所矣。

楊維甫，福建長樂人，正德間知本縣。勤文勸學，革弊釐奸，委兼吴川事，所至盡職。殄除竊盗李仲宣等二十八人，鄉市以安。後致仕，兩縣思之。

鄒伯貞，江西臨川人，由舉人。嘉靖間知本縣，搜弊剔奸，字牧有法。清隱糧一千七百餘石，復流移一百七十丁口。置學田，修縣志，一時士民口碑不置，後升瓊州府通判。

徐鎰，江西豐城人，隆慶間任本縣典史。五年，倭寇攻城，知縣韋俊民皇皇有去志。鎰以死誓，率衆堅壁，以待應援。數日，兵巡李公村間道趨石，全城無恙，鎰之力也。未幾，卒於官，民咸惜之。參采《省志》。

謝璿，福建建安人，由舉人。萬曆間知本縣。沉毅有才，不阿不激。作人愷悌，與民休息，寬徭役，禁縻費。凡邑廢墜，罔不備舉，而改創城隍廟、明倫堂、養濟院，功尤特著。修政五年，嘉禾生縣寢，頌聲載道。未幾，擢長沙府撫民通判，士民建碑立亭，以志遐思。

項汝廉，浙江黄巖人，由舉人。萬曆間知本縣。政出精明，片言折獄，移署州事，化人以神君稱之。作士有課，贍士有田，間有才而軼於軌者，每曲諭之。時中貴騷動，民苦纍卵，汝廉挺然指斥，以蔽翼吾民。雷民聞風歸者數百家。直指李公時華首拔循良，會以艱去。士民搆亭，以志去思。

鄭煒，雲南永昌府人，由歲貢。萬曆間爲邑司訓。渾厚坦夷，表裏洞徹。廟廡傾圮，捐俸修葺。鄉賢、名宦二祠狹小，廣其址而新之。時長子邦直知崖州，以誥命至。次子邦彥以秋捷至。煒亦擢新安教諭，遂乞休。諸弟子員交口稱頌，立碑記之。

佴夢騮，滇之臨安人也，由選貢。萬曆間知本縣。甫下車，首以育才爲己任，釐剔民奸，嚴禁供扳圖賴，民無株連輕生之患。時丁糧不均，里户多竄，騮派丁以糧，永爲後世便。諸如修學宮、修縣志、創橋改路，種種德政，當時勒諸金石。嗣擢瓊南別駕，邑人建祠祀之。

國朝

王訓，山東濟南人也，由歲貢。順治間知本縣。時兵燹之後，城市蕭然，訓多方招徠，哀鴻始集。未幾，總兵栗養志移鎮本邑，屯兵索賦，增城開濠，動多困疲。訓清慎强項，不避權豪，爲政簡而有體，廉而不苛，民多愛之。二年卒於官，宦囊不滿半百。國初廉能，訓稱首正焉。

梁之棟，陽曲人也，由拔貢。康熙四年知縣事。狷介節儉，有懸魚瘞鹿之風。政簡刑清，民安無事。捐俸建譙樓，並六房，至今賴之。解組而歸，舟惟載石。士民愛戴，建祠以祀。

李琰，高陽人也，由舉人。康熙十年知縣事。莅治有體，敷教有方，寬嚴互用，士民懷德畏威。捐俸四百金，改建學宮，以爲石邑文運倡。其子百齡隨任，旋登進士，咸稱尊師重道之報云。

白玠，陝西延安府青澗縣人，由進士。於康熙二十二年知縣事。石邑錢糧素多拖欠，時當兵燹之餘，户口未復，催科尤難。玠負才卓越，處事明敏，謂三限輸將雖有定例，然執此以令石民，雖日竭敲撲無濟也。乃變其法爲二十四限，民甚便之。垂之於今，歲奏全完，宜其以卓异遷也。公之政績，舊志闕而未載，然即此一端，可知其概，更觀遺愛一祠益徵。民之德公，固有没世不忘者矣。

周宗臣，大興縣人，由鑲紅旗教習授廣東布政司經歷。康熙二十五年，委署縣事，重修縣志。

以上俱録舊志。

孫繩祖，滿洲鑲紅旗人，康熙四十一年知縣事。興廢舉墜，不遺餘力。創建松明書院，修邑志。最好文士，獎誘備至。在任十一年，民情感戴。後調任清遠。

侯瑜，河南襄城進士，康熙五十一年知縣事。始至，即以風化民生爲己任，興學校、嚴保甲、建義倉、賙災患，而果於除弊，廉潔自矢。時相沿陋規，里長歲入以千鏹計，官歲入以三千鏹計，民困已久。瑜悉裁革，並鐫石示來者。邑慣以輕生命案，嫁禍善良。瑜得實即予以反坐。由是，民不敢犯。代理鹺政，周悉窮灶之苦，收鹽給帑，一反乎正。口碑載道。在任七載，善政最多。著有《治石紀略》。雍正四年，卒於官，邑人建祠祀之。

王灝，四川順慶府南充進士，乾隆五年知縣事。興利除害。邑無大河，近郭羅溪水尤小。灝於溪下流審度形勢，築三閘以潴水，附近田疇得資灌溉，並時啓閉，以通小舟。時東西山猺有出租以餉障兵之累，歲計四百餘石，相沿數十載。灝力爲申請裁免，並編猺爲民，至今山猺化爲良善。其他捐充生徒膏火，豁免册書雜辦，督墾恤荒，皆不可没。後調任東莞，士民爲立惠政碑。

顔煌，江西萍鄉縣拔貢，乾隆二十一年知縣事。留心民瘼，值歲饑，煌捐米賑濟。旋大疫，市藥爲丸，遍授病者，全活甚衆。有暴骸，備棺瘞之。一日，有以白金八十兩賂充街長者，煌怒而揮其金，且杖責之。嗣是，人不敢以賄進。其汰吏役、清案牘、多善政。二十四年卒於官，士民立祠祀之。

喻寶忠，江西新城進士，乾隆三十年知縣事。爲政不尚嚴厲，而精明洞達，吏民無能欺者。修文廟、培縣治龍脉、纂邑乘，諸所當急者，靡不竭力爲之。乾隆戊戌饑，申請上憲捐廉，首倡辦賑，邑人多賴以活。士民至今思其德焉。

黄紹統，香山舉人，乾隆三十四年借補司訓。學博品端，綽有師範，在任十八載，諸生咸愛敬之。知縣喻寶忠重其品學，延主書院講席，同纂邑志。後升瓊府教授。

按：邑有名宦專祠，所謂尸而祝之也。夫俎豆馨香，千秋不替，非其人實能爲民造無窮之福者，不得與焉。若今所續紀數公，其庶幾紹前哲乎。然而入祠之舉，當時士民不以請，同官亦不以聞，忽忽至今，遠者且六七十年，近亦二三十年矣。表章不及，殘碣就湮，惟賴此區區一編，以俟後之采風者，考核而論定云。

流寓

宋

蘇軾，字子瞻，眉山人。歷官端明殿學士。神宗時，議王安石新法不便，及言時政得失，屢遭貶斥。紹聖元年，坐草《責吕惠卿制》，忤章惇、蔡卞，因諷御史，誣軾詆毁先朝，謫知英州。尋安置惠州。居二年，復以瓊州別駕安置昌化軍。僦官舍，有司不可，乃寓天慶觀，結桄榔庵以居。儋人争運甓畚土助之。與幼子過著書賦詩爲事。徽宗立，以赦徙廉州。道經本邑松明地，輒見晴濤浩淼，蒼虬蟠結，樂之。後重先生者，遂於此構書院，設像以祀。元末，院廢。儒士陳均移像於其家。洪武三年，縣丞倪望奉之文廟之側。康熙五十年，知縣孫繩祖以松明舊址僻遠，乃改建於城内東隅。至乾隆間，假爲行臺，因又遷建於西關文昌廟之右，並立鄒公智神牌，歲時祭祀。

明

鄒智，字汝愚，四川合州人。生而穎敏過人，年十二能文章。居龍泉庵，貧無油，乃日掃樹葉，燃之以照讀。十八歲領鄉試第一，郡人聚觀，智馬上口占曰：『龍泉庵上苦書生，偶竊三巴第一名。世上許多難了事，鄉人何用太相驚。』時三原王公恕以尚書致仕家居，負一世之望。智計偕道出三原往見之，毅然以進君子、退小人自任。及試禮闈，登成化丁未進士，改翰林院庶吉士，即上《欽崇天道疏》，謂『小人執柄，而君子疑貳』。至冬十月星變，詔求直言。智復上封事，極論陰陽之理，而配之以君子、小人之分，指摘某某爲小人，保薦某某爲君子，以扶陽抑陰。而未歸於中貴之爲奸，且云『刑臣之得竊弄天綱，由正心之功未講也』。疏上不報，智日與進士李文祥、御史湯鼐、中書舍人吉人等，以氣節相砥礪。智前疏薦三人：王恕、彭韶、王竑，柄用二疏斥，三人相繼罷去，惟劉綿花尚留。綿花既陷李文祥、吉人於獄，尋以謫死，又憾智之嘗劾己。適御史湯鼐、壽州知州劉槪言事抗旨，王恕力救不得，下之獄。劉諷錦衣衛詞連及智，并下之。逼供與鼐等同謗朝政，議處以死。智獄中寫懷詩曰：『人到白頭終是盡，事垂青史定誰真。夢中不識身猶繫，又逐東風入紫宸。』已而賴彭公在刑部，辭疾不判案，始獲免，謫廣東石城千户所吏目。智從容就道，其辭朝詩曰：『盡披肝膽知何日，望見衣裳只此時。但願太平無一事，孤臣萬死更何悲。』及入廣，總督秦公紘檄修《通志》，往還江門，與白沙陳先生講求聖賢之學。白沙贈以詩曰：『傾蓋投緘不作輕，人間造次幾辰星。天涯放逐渾閒事，消得金剛一部經。』順德吴尹廷舉延於邑，邑民李焕構謫仙亭以居之。詩文自娱，瀟灑風塵之外。白沙復贈以詩曰〔一〕：『仙客一亭眠海濱，當時誰號謫仙人。花汀柳市無疆界，别是乾坤一樣春。』辛亥十月偶一疾，卒於謫仙亭，時年二十有六。白沙以詩哭之，有曰：『兒啼母絶家何處，水宿山居路幾程。』又曰：『若將禍福論天道，顛沛如公豈理哉。』方伯劉公大夏與順德吴尹經紀其喪而歸之蜀，石城人建祠俎豆之。直指詹公貞吉、大參王公儼前後修葺，有《立齋遺文》行于世。寶安陳建謂汝愚之言大類方孝孺，知言哉。

□蘇鄒□□□其一斥而再□□□□□□□□□□□□□□□。則鄒爲尤可悲。蘇之於石，不過取道信宿。鄒雖屬貶所，旋亦奉檄以去，未嘗久淹。而兹邑之人愛之慕之，建祠刻木而祀之，豈非二公之忠節、文章有以饜飫人心？故泰山北斗之思，有不知其然而然與。舊志謂逐客萍蹤，流風所漸，頑廉懦立，有裨於石之風教，誠不誣也，兹仍舊志謹録之。

〔一〕此句至本段尾，原書漫滅，據康熙二十五年《石城縣志》卷三《人物》補。

選舉志〔一〕

自鄉遂大比之法邈，而薦辟科目之制興。由漢以來，其途各別。明初以科舉取士，扃試經義三場。國朝因之。甲乙兩科而外，又有歲拔鴻博諸選，闢門籲俊，咸慶彙征。石雖僻在方隅，而折巍科、登顯仕、列薦版、授初軸者，代不乏人。宋元以前，無可稽考，謹照舊志所載，并今現在者録焉。志選舉。

明進士：

李澤，永樂丙戌林環榜。初授户部主事，升郎中，轉福建鹽運使。崇祀鄉賢，有傳。

楊欽，永樂甲辰邢寬榜。翰林院庶吉士，升編修致養。崇祀鄉賢，有傳。

高魁，天啓乙丑華琪房榜。觀政文選司，授中書科制誥舍人，崇祀鄉賢，有傳。

龍大維，崇禎辛未吴偉業榜。初授中書舍人，升吏部文選司主事，歷掌門司，轉考功司郎中，升太僕寺少卿。

〔一〕《嘉慶石城縣志》原刻本《目録》之《選舉志》下有『恩賜附、貲叙附、薦辟附、封贈附、恩廕附』諸目，然將此諸目與《選舉志》之志文對照，多有不相符合之處。

國朝進士：

黎正，雍正甲辰陳德華榜。户部員外郎。

明舉人：

張英，洪武壬午科。

李澤，永樂乙酉科。建進士。

李俊，永樂乙酉科。舊志無載，見《府志》。

李俊，銅仁府通判。

龍德輝，嵩明州知州。

禓昭〔一〕，交趾陀州判。

李殷禮，交趾良美驛驛丞。

何清，廣信府照磨。

全有志，交趾州判。

以上六人俱永樂戊子科林超榜。

勞義，永樂辛卯科鄭義榜。天長縣知縣。

〔一〕「禓」，疑當作「禤」。

楊欽，永樂甲午科彭森榜。見進士。
陳良，永樂甲午科。
黄𪊟，永樂丁酉科劉玘榜。
楊廣，永樂庚子科曾節榜。署鉛山教諭。
全通，永樂癸卯科歐賢榜。
李鳳，宣德壬子科翁凱榜。
黄信，景泰庚午科羅珍榜。全州同知，升福建泉州府知府。
高魁，萬曆壬子科吴殿榜。清遠教諭。見進士。
龍大維，萬曆壬子科。見進士。
劉傳鼎，天啓丁卯科鄧炎榜。
黎民鐸，崇禎癸酉科陳學銓榜，甲戌會試副榜。

國朝舉人：

龐顯，康熙壬子科，中廣西冼懋才榜。
黎正，康熙庚子科。見進士。
龐正先，雍正丙午科羅國器榜。
鄒宗泗，乾隆庚辰科李高飛榜。

文在中，嘉慶戊午科李汝謙榜。署江西吉水知縣。
戴尚禮，嘉慶甲子科何惠群榜。
蕭昇，嘉慶甲子順天譚璐榜。湖南試用知縣。
李賓，嘉慶丁卯科張翱榜。
羅秀鳳，嘉慶丁卯科張翱榜。
林之麒，嘉慶癸酉科洪遇春榜。
張元祥，嘉慶丙子科倪濟遠榜。

明恩貢：

全三綱，萬曆元年。
李桂，萬曆二十九年澄海訓導。
陳鐘振，泰昌元年樂安縣丞，升鎮江知縣。
邱民牧，天啓元年桂平知縣。
黄奇紅，崇禎元年。
黄豸，崇禎十二年。
邱麟彩，見《府志》。

明歲貢：

洪武：

黄凱珊，國子監學録，充之父。

周普，户部郎中。

黄充，山西道御史。

周祐，府同知。

梁時獻，平海衛經歷。

許庸，會昌知縣。

羅焕，交趾知縣。

李端，交趾、瓊州推官。

周輔。

楊琳，交趾典史。

永樂：

梁舉，典史。

姜任。

蘇澤，交趾多弋巡檢。

陳洪，典史。
李惠，推官。
陳哲。
李廣。
李盛，建縣主簿。
楊成，平樂縣丞。
劉安，南京羽林衛經歷。
何信。
黄鐘，揚州府照磨。

宣德：

李清，德化知縣。
陳禎，同安知縣。
林鏞。

正統：

全璉。
蕭忠，藍山主簿，署縣事，有治績。

全才。

景泰：

蕭鳳儀。

陳經，澧州吏目。

勞琰。

劉凱。

天順：

梁慶，二年。

許敬，四年，憑常主簿。

李珪，六年。

李舒，八年。

成化：

全寬，二年，德慶訓導。

莫愚，四年，寧郡訓導。

何顒，六年。

陳晃，八年。

盧璟，十年，南寧府經歷。
譚文昇。
黎憲，廣西靖江王護衛經歷。
宗敬，蒼梧訓導。
莫迂，豐城訓導，升思恩府教授。

弘治：

王瓆，梧州訓導。
楊曉，北京泰陵衛經歷。
王琋，宜黄訓導。
趙欽。
全俊，邵武訓導。
全叙，三綱之祖。

正德：

勞祖成，加冠帶。
趙瑛，四川才渡河千户所吏目。
李魁，寧國府經歷。

嘉靖：

勞府麟。

陳敬中，柳州訓導。

譚明德，宜春訓導。

吴榮。

卓士元，萬載訓導，升教諭。

勞文魁。

梁逵，瓊州訓導，升教諭。

黎克忠，程番府經歷。

黎克信。

蕭文衡，歷官温州知府，有德政，合郡立祠。

高桓。

謝希朱，二十三年。

鄧文傑，二十七年。

程文保。

李應元，莆田教諭。見《府志》。

隆慶：

吴烈，儋州訓導，見《齒德傳》。

王崇貞。

萬曆：

勞學孔，元年，南監崑山縣丞。

韋德盛，三年，開建教諭。

林筠，五年。

蕭德貫，九年。

彭以一，十一年。

姚象賢，十五年。

陳所聞，十七年。

鄧本立，十九年，訓導。

黎有爲，二十三年，歸善教諭。

鄒伯賢，二十五年，左州學正。

李邦基，二十九年。

梁有桂，三十二年，南通州訓導。

呂應魁，三十五年，容縣教諭。

全節，三十三年。《府志》載舉人，柳城知縣，采入化州。

鄧嘉績，三十七年，崖州訓導。

吴慶雲，三十九年。

文成奇，四十一年。見《孝友志》。

袁呈祥，四十三年貢監，陸川知縣，壽百歲。

全若性，四十五年。

何玉，四十七年，樂青訓導。

天啓：

何常師，元年。

李伯芬，三年，香山訓導。

宋朝震，五年。

李廷棟，七年，鶴慶府通判。

崇禎：

蕭必秀，見《府志》。

李天榮，二年，廉州訓導，桂之長子。

羅萬秀，四年，無錫縣丞。
黄甲登，六年，新會教諭。
李應雲，八年，羅定訓導。
姚聲和，十年。
龍昺，十四年，博白知縣，吏部大維子。
蕭秉權，十六年。

國朝恩貢：

順治：

劉傳美，八年。

康熙：

鍾品宏，元年。
陳璵訓。
盧藝選。
林遇春，四十七年。
陳瑜，選清遠教諭。

乾隆：

戴爾德。

文大京。

何其淑。

阮毓秀，選惠來教諭。

黄廷振。

蕭子豪，選河源教諭。

梁瑜。

陳紀，五十九年。

嘉慶：

李在公，五年。

林喬春，十四年。

伍雲燦，二十四年。

國朝拔貢：

順治：

黄名世，十一年。

康熙：

蕭作洙，二十四年，樂昌教諭。

江宗堯，三十三年，歸善訓導。

盧殿宰，四十六年。

雍正：

盧能文。

蕭日芳。

黎道炳，龍門教諭。

乾隆：

葉恒榮，英德教諭。

林師文。

黄友珍，捐教諭，不論雙單月。

葉肇馨。

嘉慶：

蕭昇，五年。

戴尚賢，十七年。

張元祥，十七年。

國朝歲貢：

順治：

鍾品奇，九年。

羅光國，十一年。

黃衮昌，十三年。

周士旭，十五年。

江宗泗。

康熙：

四年以後奉停，八年復。

劉傅霖，二年。

高式震，九年。

羅維翰，十一年。

林崇翰，十三年，寄籍。

林于翰，十五年，寄籍。

林于雲，十七年，寄籍。

黄衮裳，十九年，新安教諭，升建安縣知縣。
陳梓，二十一年，遂溪訓導，補任徐聞。
劉瑞，二十三年，寄籍。
李色奇，二十五年。
江汸，二十九年，寄籍。
陳浩，三十三年。
楊懋新，三十五年，選龍川訓導。
潘鑒，三十五年。
陳邦基，三十七年。
李紀懋，三十九年。
江宗洙，四十一年。
陳自傑，四十三年。
李應薦，四十五年。
李王材，四十七年，定安訓導。
黎克璿，四十九年。
陳望，五十一年。

黄廷賓，五十三年。

黄玉虬，五十五年。

黎克澄，五十七年。

潘銈，五十九年。

羅偉，六十一年。

陳楫，據《府志》修入。

雍正：

陳堯鼎。

高攀桂。

陳堯都。

林翰棻。

龍元灝。

蕭贊，縣府志俱缺，李孝廉據《通志》載入。

乾隆：

陳天仁，東安訓導。

龐佳元，龍川訓導。

全宏彬，新安訓導。
龍雲見。
高爾爵，清遠訓導。
鄒國玺。
陳敏周，平遠訓導。
黄世英。
陳朝紳。
揭子治，大埔訓導。
歐陽絢，十七年。
鍾參光。
黎栯。
陳錫麟。
文炳，嘉應訓導。
陳颺飛。
李特秀。
陳繹治。

夏景長。
林煌兆，長寧訓導。
黎道新，新安訓導。
陳大綱。
鍾自元。
蕭凌雲。
黄化五，選東莞訓導。
李王喬。
葉肇東。
龍卿雲，龍川訓導。
全宏彪。
勞維賢。
姚希韶。
王璣。
梁王升。

嘉慶：

全恕，元年。
陸喬松，三年。
李安，五年。
黄日辛，七年。
陳兆球，十二年。
黄文焯，九年。
周正綱，十一年。
羅成章，十二年。
歐陽上璧，十五年。
林宗九，十四年。
戴統相，十七年。
蕭楷，十九年。
羅國安，二十一年。
梁邦安，二十三年。
戚漢榮。

羅光史，二十四年。

恩賜

黎道新，歲貢，嘉慶戊午科，恩賜舉人。

龍卿雲，歲貢，嘉慶甲子科，恩賜舉人。

伍世瀚，附生。

伍其興，附生。

龐振，附生。

以上三名俱嘉慶癸酉科，恩賜副榜。

明選貢監

李瑜，成化監。

莫汝淹，嘉靖監。

高維岳，嘉靖二十五年選監。

邱宗岱，萬曆七年選監，梧州府推官。
邱宗霍，萬曆十三年選監，桂林府通判，改辰州通判。
文成章，萬曆二十一年選監，淶水知縣，改平樂。
林可宏，萬曆二十七年選監，建昌府通判。

國朝貲叙

曹克斌，康熙監貢，捐授浙江安吉州州判。
蕭蒲，康熙附貢，捐知縣，署宿遷主簿。
全朝煥，乾隆附貢，捐宣課大使，不論雙單月。
黄堯叟，康熙例捐。
曹爾勳，乾隆廪貢，分發訓導。
江發璧，嘉慶廪貢，分發訓導。
李泮發，嘉慶廪貢，分發訓導。
蕭光秀，廪貢。
李應薰，廪貢。

李冠林，廩貢。
林翰棨，廩貢。
鄒士操，廩貢。
鄒國珵，廩貢。

國朝監

按：捐納監生本無入志之例，但舊志經修二十八名，舊板又多糊塗，難以校正，謹依闕文存之。

□鼎臣，康熙十□。
□□俊，十八年納。
□鼎秀，十□。
□□瑯，十八年納。
□天秀，二十六□。
□□□，二十七年納。
□元熙，二十九年。
□天□。

□傅鐸。

崔□静。

林□□。

□朝璣。

劉□□。

□□鑒。

劉漢璜。

□□望。

陳□□。

□□沂。

張觀□。

劉文僎。

嚴宗傑。

□□光。

羅廷球。

曹信，考州同。

林希鄒。
蕭逢權。
以上俱康熙二十九年納。
鄒士慧，四十五年納。

明薦辟

龍大綬，以生員舉授光禄寺署丞。
王之迪，以生員舉。
文明邦，以廩生舉。
邱華珽，以廩生舉，授灌陽知縣。

國朝武舉

曹俊，康熙丁卯科，陝西蘭州衛千總，升赤金衛守備。
曹克平，乾隆戊午科。

鍾清英，乾隆丙子科。

梁正珖，乾隆庚寅恩科。

廖廣揚，乾隆辛卯科。

梁德顯，乾隆甲午科。

彭魁，乾隆丙午科。

黄士琮，嘉慶癸酉科。

林正綱，嘉慶丙子科。

鍾舉才，嘉慶己卯科。

明封贈

楊仲寧，以子欽貴，贈翰林院編修，妻□氏贈宜人。

高一望，以子魁貴，贈中書舍人。

李惠秀，以子澤貴，贈户部郎中，妻彭氏贈安人。

龍貞，以子大維貴，贈太僕寺卿。

楊霖，以子曉貴，贈泰陵衛經歷，配龐氏贈孺人。

國朝封贈

曹天能，以子俊貴，贈武德將軍，妻嚴氏贈宜人。

文大京，以子炳貴，贈修職佐郎，妻□氏贈八品孺人。

曹俊，封武德將軍，妻李氏封宜人。

黎樑，嘉慶五年，以子道新貴，贈修職郎。以教諭銜管新安訓導。妻羅氏、林氏贈八品孺人，敕命二道。

龐至運，乾隆二十六年，以子佳先貴，贈修職佐郎、龍川訓導。妻黄氏贈八品孺人，敕命二道。

陳仲璽，康熙六十一年，以子梓貴，贈修職佐郎、遂溪訓導。妻歐氏贈八品孺人，敕命二道。

江南榆，嘉慶十八年，以子發璧貴，贈修職郎、海康教諭。妻陸氏贈八品孺人，敕命二道。

李天序，嘉慶元年，以孫國棟貴，贈武信騎尉。妻鄭氏贈七品孺人，敕命二道。

李睿生，嘉慶元年，以子國棟貴，贈武信騎尉。妻吴氏贈七品孺人，敕命二道。

蘇大盛，乾隆四十二年，以子振芳貴，贈武信郎。妻李氏贈安人，敕命二道。

蘇思堯，乾隆四十二年，以孫振芳貴，贈武信郎。妻李氏贈安人，敕命二道。

蘇邦，乾隆五十年，以身任把總，授武信騎尉。妻張氏封孺人，敕命二道。

恩廕〔一〕

孫進，任廉州府城守千總。嘉慶元年，征黔楚苗匪，繼調達州剿匪，在陝西軍營病故，照陣亡例一等軍功，優廕嗣子元忠七品監生，候選把總。

〔一〕 哈佛大學漢和圖書館藏《嘉慶石城縣志》無此條。

石城縣志卷之四

人物志

鄉賢　忠義　孝友　齒德　烈女　壽考　仙釋〔一〕

朝有信史，載仿《春秋》，鄉有公評，難逃月旦。一經論定，百世流芳。士有圭組未膺而華衮先被者，詎不以樹坊表、愜彝好而能然與？不朽有三，得其一亦足以自植，孰肯使黄雲緑草竟没修士之芳徽也哉。志人物。

鄉賢

元

羅郭佐，本邑人。其先世居汴，祖廷玉以文學仕宋，授武翼郎、石城簿，因家焉。子嗣宗，授承信郎、石城知縣。宋季，郭佐策從原征南將軍史八萬討平海北，以功授朝列大夫、化州路總管。尋改廣州路總管，督運廣東糧餉給海北軍士，海上遇警，罵賊而死。長子震，敦武校尉，化州路管軍把總，隨父

〔一〕《嘉慶石城縣志》此處本無此七目之名，爲與《目録》統一，因此加入。

死於難。次子奇，襲化州路判官，尋授奉政大夫、雷州路同知。奉檄討猺寇，挺身殺賊，爲賊所害。奇子元珪，救父死之。元珪子仕顯，襲武德將軍，廉州路同知。至正間，奉命督戰艦，會高、廉、瓊等郡官兵剿海寇，戰歿於石礶港，年三十九。一門父子、兄弟、子孫五人相繼死節，祭法曰：以死勤事，羅氏有焉。

明

李澤，中永樂乙酉舉人，登丙戌進士，歷官至運使。生平重道義，澹於榮利。中歲告歸田里，清約猶寒士，杜門著作，不履公庭，繼詔起用，力辭不就。景泰七年冬十二月，廣西賊龍山賊陷城，被執不屈死，家口並遇害。崇祀鄉賢。

楊欽，少穎悟，勤誦習，事親以孝聞。弱冠補諸生，領明永樂甲午鄉試第二。三上公車不第，益博采群書，研究精理。甲辰登進士，授翰林院庶吉士，尋擢編修。间讀風樹之語，惻然動念，遂致官歸田，以定省爲事。結社於謝鞋山巔，文史自娱，藴袍蔬食，晏如也。時延見諸儒生，相與講説經義，亹亹不倦，隱然以興起海濱斯文爲己任。所著詩文多散失，相傳有《歸山咏》《適志咏》，亦其一臠云。崇祀鄉賢。

高魁，字斗仲，素有大節，見義勇爲。弱冠舉茂才。時代巡潘公融春觀風，拔爲首卷，遂以大器期之。萬曆壬子，舉鄉薦第七名。因石當孔道，夫役頻仍。魁慨然爲通邑條陳請各屬協助，並建議編丁隨糧，永爲世便，邑人德之。迨司教清遠，振興士類，捐俸金三百，鼎建學宫，其後通庠舉祀名宦。乙丑登進士，歷中書。時魏瑺當國，中外趨之。魁獨守正不阿，屢疏時政，不報，遂謝病歸。其詩云：『年來北闕幾批鱗，欲借尚方志未伸。抗疏匡衡心欲碎，哀時賈誼淚空頻。』則忠愛之情，見乎詞矣。崇祀鄉賢。

按：舊志入鄉賢者，羅總管、李運使、楊編修、高中書四人，而祠内止列李、楊、高三人牌位，羅氏不與焉，兹照舊志登載。

國朝以來，亦有宦迹懿行卓卓可風者，以未經籲請，未得入祠。崇德報功，盛典猶有待焉。

忠義

羅福，本縣人。元時爲化州路樞密院同僉，素有勇略。順帝十五年，山海賊麥伏、黄應賓、潘龍等聚徒割據雷州路。十九年，福領兵擊之，諸賊敗走，以保障功升本州都元帥。元末兵起，嶺表騷然，福乃專制其地。及明興，洪武元年，征南將軍馳檄徇郡縣，福遂以高雷歸附。時改化州爲化州府，領本縣，隸海北道。福之知興識主，順從恐後，崇祀忠義，誰曰不然。

孝友

勞于王，湍流村學曾之子也。其父爲海寇所擄，于王既然以身爲質，後竟遇害，人皆憐之。考于王年方十五，其行誼雖未及概見，即其救父一事，較諸吉翂擊鼓，雖遜其風烈，然其天性感發，卒能免父於難，固已足多矣。

文成奇，邑貢生，學以濂溪爲宗，性最孝友。其兄成章爲淶水令，早逝遺孤。時奇方應明經，即恬退林下，戲彩承歡以撫孤訓兒爲事，接人應物似程正公。所著有《静裏問答》一編。至今猶想見其丰範。

謝必晟，邑庠生。七歲失怙，煢然在疚。及長，事慈母如事嚴父，晨昏定省，自少至壯，無敢懈怠。宗黨羨其孝友，訓諸子皆以庠著。生平公恕服人，遇有義舉，學者咸踵門推讓。凡議論處事和而不忤，酷有展禽之風。雖遇鼎革，尤能鎮定處之，城賴以安。其才德若此。一夕宴坐而卒。邑人交口惜焉。

鍾品奇，歲貢生，博學善屬文，事親孝。出告反面，禮節惟謹，鄉人沭其德化，士林重之。見《府志》。

齒德

梁逵，由歲貢生任瓊州司訓。時海公瑞爲門下生，逵器重之。歸田數十載，足不一迹官府。年八十四而卒，後忠介以都御史告致，躬詣廬以吊之。

吴烈，歲貢生，素性剛介，任儋州司訓。時適寅長忮懻不靖，烈置勿校，遂飄然告歸。居田數十年，隱逸自高，人咸重之，年七十而卒。

蕭德貫，由歲貢，任曲江司訓。沉静簡淡，歸里十餘年，絶無干謁，年七十三而卒。

徐建綱，邑庠增生，奉例授冠帶。素性淳篤，周急恤貧，不責其逋。縣西溪有二橋圮壞，人畜累溺，綱捐鍰修之。府州縣四舉鄉賓，年九十六而卒。

黎廷材，邑增生，屢旌優行，後告老恬退，蔬水淡然，嗟來不易其介。諸生以壁經著者，多出其門。知縣項汝廉嘉其德齒，謁廬敦請，鄉飲禮籍而重焉，年八十二而卒。

龍貞，吏部大維之父。爲人端肅謹愿，卓有先伯高風、義方之訓。時佐夏楚，而六子儒業成，諸族黨窮乏者，極力相周，不計所報。本府廉其賢，賓而旌之。壬子秋，其子登賢書，貞且老，廣州府推官潘融春贈以壽文。年七十三而卒。

高尚節，邑進士，魁之祖，其伯高桓以明經謁詮部，挾尚節以行，授泰和縣學司訓之任。甫宿而桓殂，宦篋蕭然，尚節貸貲含斂，竭蹶歸其骸，邑人難之。爲人坦易，雅有隱德，終其身不一興訟，人咸以長者推之，邑舉鄉賓，年六十八歲而卒。

梁養正，邑庠生，司訓逵之子，有桂之父。生平醇篤輕財，有犯而不校之風。庭訓五子，三遊庠序，榮膺冠帶。縣舉正賓錫匾，年七十二而卒。

袁呈祥，由選貢，初任豐城縣丞，以督修蓮湖堤有惠於民，建祠祀之。尋升陸川令，所至皆以廉能稱。及歸鄉里，四十餘年淡然恬退，日以耕課爲事。年百歲，凡鄉飲禮，郡邑咸推重之。長子庠生崇鼎年亦七十有八。時奉恩例俱給米帛，縣令李沛詳建百歲坊以表其异，未成而卒。黄耇台背萃於一門，亦石所罕覯焉。

金若性，邑貢生，爲人厚重沉毅，學者多師事之。其教以藩籬爲先，士之以義經顯者，多受業焉。館嘗不戒于火，諸生惶遽失度，若性猶於火光中整頓巾服，其動履不苟如此。

金若彝，邑廩生，少而敏學，篤志修業，與兄若性齊名，人咸以眉山伯仲擬之。丁卯，彝倡義首事，重修學宫，因黌門逼狹，彝遂遷居，讓其地爲泮池。凡鳩工庀材皆彝力董其成，士論偉之。其年臨貢而卒，年六十有餘。

戚維恩，邑庠生，潛修篤學，卓有古風。常設教縣右，夏楚之聲聞于衙内。縣令蔣三槐戲贈以聯云：『文章自擬翰林院，教法人稱按察司。』至今傳之。庭訓三子，俱入縣庠，一時秀士多出其門。及耄猶就試督學面命。告老，優以冠帶，年七十二卒。

劉慶，邑庠生，張翼之父。爲人慷慨果毅。常建義館於迴龍嶺，凡貧士塾師，皆得居之。曾捐己田，送入文昌閣公用。又協建鎮龍橋，以培風水。其生平義俠如此。縣令蔣三槐廉其賢行，請給冠帶以旌之。年七十餘而卒。

李廷棟，由歲貢任鶴慶府通判。適寅長擢遷，棟署府事，一遵舊憲，鶴人藉藉稱之。歸田三十餘載，清約如書生，冰孽自愛。非公不至尹庭，鄉飲推重。卒年八十有五。

黎敬，邑孝廉，民鐸之父。少好豪蕩，中年力敦儉素，菲衣蔬食，坦如也。生平以方便鄰里爲務。適元旦，有鄰人死而無棺者，俗忌出財，敬慨然資助。大約賦性直而和以應世，自奉約而厚於濟人。教六子，各因其性質而成之。卒年七十有三。

鍾成科，邑貢生，品奇之父，爲人温醇謹樸，守拙守貧，肅庭訓，知有義。方畏刑書，無乖箴諭。邑士民廉知其狀，遂援恩詔公舉，當道給以銀米，優以冠帶，扁旌其門曰『詔崇耆碩』。卒年七十有七。

黄允〔一〕，邑庠生，素性端方，見義勇爲。其持己介然，不激不阿。居恒則嚴以訓子，竭蹶敦師，子以庠著，卒年六十有奇。

王之造，郡庠生，爲人淳厚，恬無驕奢。事父母，則致其敬；撫諸弟，不私其財。凡處家庭，能以

〔一〕『允』，《光緒石城縣志》《民國石城縣志》均作『潁』。

百忍親睦。舉童叟走卒，皆以忠厚長者稱之。夫婦偕老，年六十五而卒。

黎民鐸，邑舉人。素有大志，潛心力學。甲戌聯捷，因奉裁恬淡家居，杜絶干謁，日以著書垂訓爲事。立社曰『聚奎』，會友課文。嶺西道周公軾贈其匾曰『道風勵世』。又嘗捐貲，置田入廟，樂善作福。本縣李公琰題匾曰『第應千佛』。邑中童叟矜式其善氣迎人，雖强暴亦多感化，不特後學儀型已也。厥子若孫相繼遊泮，著有《易經旨意》及《汶塘詩集》二編傳世。壽八十有六。

江宗泗，邑貢生。淳厚簡約，粗衣蔬食，淡如也。其與人樂易，仍讜正不阿。課文講藝，士之有造者，多出其門。建大會於南橋〔一〕，四季聚試，以寓激勸其作人至意，耄年不倦。壽七十有餘。

高式震，邑貢生，進士魁之子也。爲人醇厚，秉性端凝，沉潛好學，博通經史。生平不喜干謁，日以訓課子孫爲心。即四方秀士游其門者，咸一體激勵，類多成材。其持己也，耿介端方；其接人也，温恭淑順。財色不苟，言動不輕，雖狂妄當前，無不肅然起敬。且曾活二人之命，而却其金。殯無歸之喪，而全其義。家雖淡薄，寧儉己以濟人。其餘善行，難以盡述，而率多仁人君子之爲。至晚年，尤修省，而德益進焉，一時名士望豐采者咸以爲有程正公風。著有詩文六集傳世。壽六十有奇。

陳其政，石之逸叟也。爲人慷慨慈祥，尊賢禮士，憫孤恤貧。歷年八十八，親見五代。明翰林萬荊有詩贈云：『八旬高老敲棋玩，五代元孫步膝遊。』及捐館，預知其期，賦詩以辭袁呈祥。呈祥與之同

〔一〕『建大』，《民國石城縣志》作『設文』。

庚，往吊日祝，願留十年，詩曰：『閻王若問同年事，留與世間訓後人。』後呈祥果遲十年而卒。伊子良修府庠，温恭和睦，親友貧乏，不吝解推玉成。生子六人，曾元一堂，邑貢江宗泗贈以『三子一門新報喜，全堂五代舊家風』之句，壽八十有五。

潘允泗，邑庠生。寬裕孝睦，見義慷慨。建設會館，日以聚友課文爲樂。賦詩行吟，有隱士高風。鄉鄰貧乏，隨所有輒解推焉，閭里欽之。子之瀛以博學補廪餼。學者尊師士有成者，多出其門。嚴訓子孫，家學淵源，積善餘慶也。壽八十。

黄其紫，邑廪生，少負不羈，穎悟過人，文酒豪放，意致高遠，當事者以巍科期之。惜其夭年不永，遂無表見。

龐顯，邑之通儒也，寄籍陸川，由廪生中粤西壬子科第十四名舉人。揀選知縣，清介持躬，平易接物。居恒惟研究性理，博覽群書，問奇請業者户外之屨常滿，名馳兩粤間，絶不以聲譽自矜。安常處順，孝友無間於家庭；濟變扶危，仁義見推於黨里。德厚慶流後裔，濟美至今。石、陸兩邑蜚聲鵲起者，皆其後裔云。

黎克濬，邑貢生，孝廉民鐸孫也。幼承祖訓，留心經史。嘗捐資以修遠祖之墳。族黨有急，不吝解推，持躬寬厚，接物和平，人皆推爲長者。既殁，邑令孫繩祖爲文哀之。長子正，雍正甲辰進士，官户部員外郎。人謂世德之報云。舊志糊塗，傳本喻稿。

曹天能，邑人。壯負奇氣，鄉嘗有外警，能畫策備禦，境土賴以安堵。既而韜斂才華，居家事母，聞族里有窘苦者，賙恤無德色。數十年優遊泉石，以保天真。邑令孫繩祖贈以匾曰『洛社耆英』。卒年七十有八。舊志板塗，傳本喻稿。

李紀懋，邑貢生。少孤力學，文思穎异，其制行磊落，宗黨咸能道之。族有糧累，逃往异地，紀懋獨擔荷支撑。至糧累稍輕，招復給還。時豐一都會垌村有表戚鄧姓者，將徵米三石餘典賣與紀懋，後其家中落，悉還本業，不責前償，此又人所難能者。家居以一經垂訓。其朝鼎、朝俊遊黌序，朝焕、朝蕃列成均，孫曾繼起者甚衆，説者謂天册以昌其後云。舊志板塗，傳本喻稿。

李色奇，貢生，積學能文，弱冠飱邑庠，天性篤於孝友。其束身以莊，而接物以和，不亢不卑，幾幾有古君子風。晚年鍵户著書，義方庭訓，足迹不履廛市。歲乙酉，舉明經，廷試高等，例得司訓，乃需次已届齎志而卒，邑人惜之。

陳浩，貢生，性最豪邁，學兼諸家，而尤工文詞，屬筆綺思泉涌，通邑奉爲宗匠。没之日，縣令孫繩祖輓以詩曰：『德星一夜掩清光，福善於今事渺茫。偃室論公無履迹，玉樓高拱有文章。朔風捲地哀千叠，凍雨連天淚幾行。從此思君何處是，雲山漠漠水泱泱。』核實者咏是詩，可以覘其素履矣。

黄詔球，字元昇，絶穎慧，善屬文，弱冠遊邑庠，屢試不售，遂閉户研求心性之旨。舉止端方，黨里奉爲楷模。生五子曰衮繡、衮昭、衮卓、衮裳、衮瑞，雅能繼父志，皆有文名。若繡、若昭、若卓，俱補博士弟子員，而裳則以明經歷仕建安知縣。諸孫林立，多蜚聲黌序。卒年七十有九，人以爲積善之報云。

黎正，字端伯，號建峰，雍正甲辰進士。性孝友，沉潛好學，雖恬静醇謹而其中介然，以氣節自負。歷官户部員外郎。遇事守正，不肯阿順，上官常欲中傷之，遂謝病歸。杜門却掃，日手一卷，至老孜孜不倦。高郵王冢宰督學肇、高，重其學行，嘗造廬見焉。年六十卒於家。見《府志》。

列女

明

黄氏，豐二都民全祐妻。祐卒時，氏年僅二十，育子甫逾月，氏堅奉遺言，矢死不渝，甘貧操作，事翁育子，越五十年無所玷節。提學道章公拯按縣，知縣黄皓上其事，奏聞立坊，旌其門。雍正三年，奉旨建祠享祀。

附録明太僕少卿郡人李邦直《傳》：

節婦黄氏，遂溪右族黄迪之次女也。生而含慧抱素，處室則語不妄，笑不苟。嘗聞其父講女訓，至夏侯令女事，微應曰：『彼志既堅，孰能奪之？何至截髮斷鼻，自苦若此？』父默是其言。時有全祐者，石城世家子也。父好德以祐納采，黄視其閥閲弗爽，遂以氏屬焉。六禮既備，應正而歸。二年，育子清。甫二月，夫搆疾大漸，呼氏而訣曰：『予則死矣，若將何爲？』氏泣曰：『予知有女矣，更適，非志也。』夫獲疾，弗與語。以成化二十年冬捐館，時氏年二十，依禮爲夫服，斂而附身，殯而附棺，必誠必信，朝夕哭奠，哀毁不自勝，守制終喪，動不逾閾。戚屬間有諭意者，氏即痛絶，弗敢啓齒。一醮之後，石不可移。翁鰥且老，夫弟四、妹一，饔飧一屬之氏。氏嚴謹事翁，撫諸弟妹，婚者嫁者，助事惟勤，自奉則敝衣糲飯，晏如也。厥子清既長，感母甘貧苦節，奮躍激觸，圖所以報之者，弗克自達。邑之人無賢愚疏戚，欽氏之貞，憫清之情，舉明有司，遂其事迹，上聞於朝，移文核實，至再至三，所司部使者廉核其詳，嘆曰：『志也，金石守也，冰玉是婦也，足以風矣，弗旌何待？』即復奏，獲表其門。修實録者，備志之書。清長，未嗣，氏惟其憂，遂與神祈，至誠感動，神錫以二孫。曰忱、曰愷，非嗣清也，嗣氏也。未幾而清殘，氏襁二孫，得其成立，享年六十有九。嗟乎，氏出凝秀鍾靈，必恂恂默默，未嘗爲截髮斷鼻之舉，示人以矯，而一念之堅，歷五十年弗二弗瑕，明則感人，幽則感神。是故城頹杞妻，雷擊齊廷，天人貫通，古今一也。氏之志行貞白，誠無愧於古人矣。

李氏，邑貢生應雲之女，廪生龍昇之妻也。生有异姿，素嫻姆訓。及字龍昇未幾，昇遇害於合江。氏不勝慟之，欲殉無由。丁亥，氏爲亂兵所執，至合江，逼其渡河，氏忿而言曰：『吾夫昔遭難於此，吾寧殉夫，豈甘受污耶？』遂抱其稚子投水而死，至今邑人稱之。

歐氏，邑處士陳仲璽之妻，貢生陳梓之母也。毓自名門，秉性貞淑。及歸處士，克盡婦道。年三十二處士即逝，老姑在堂，梓僅三歲，外侮内難互相侵凌。氏從容輯和，卒能全節保家。以媳而盡子職，而姑知歲寒之心；以母而兼父道，而子承畫荻之訓。至孝至慈，懿德風於一邑，壽九十。邑令孫繩祖贈匾曰：『壽節雙高。』卒年九十有四。時梓司鐸遂溪，密邇子舍，得親奉藥餌，視含斂。孫曾團聚服喪，人謂天之報氏，固不爽耳。

陳氏，上縣黃瑀妻，年二十七而寡，養姑育子，清操勵節，宗黨稱之。

清〔一〕

利氏，歐芳瑞妻，庠生紹熹之母。年二十四而寡，熹方五歲。氏矢志不渝，事姑撫子。有勸他適者，氏輒抱孤而泣，勸者爲之感，自是無復有敢言者。熹稍長，勉之就學。家貧甚，熹欲棄儒貿易，氏責之曰：『吾慣淡薄，不願汝以厚養也。』熹由是不棄儒業，卒成庠生。壽七十七。

黄氏，陳佳韻妻，幼機警，以禮律身。夫抵廉，命氏旋石。舟遇海寇，將逼氏，氏抱幼子囑婢曰：『吾累世書香，死不可辱。汝善視此子，以報吾夫，吾無憾矣！』婢方勸解，瞬息間已赴水而死矣。越數日，屍逐潮上，迴旋不去，廉人异之。其長子求得之，顔色如生。

彭氏，庠生李伸妻，年二十四矢志孀守，苦節二十八載，乾隆元年建坊。

伍氏，庠生李恒郁妻，年二十四守節。乾隆元年建坊。

曹氏，庠生陳堯思妻，年二十五守節，孀居三十六年，乾隆十年建坊。

莫氏，黄雲肇妻，年二十一夫卒，苦節四十年，乾隆十年建坊。

陳氏，蕭石芝妻，適芝未周，夫歿，無子。氏守節而終，乾隆十二年建坊。

黄氏，庠生黄佳職女，增生吴捷春妻。早歲失偶，乾隆十七年旌表，壽九十有一。

李氏，陳欽虞妻，年二十二守節，孀居四十六年，嘉慶十七年建坊。

〔一〕以下爲清代之列女，《嘉慶石城縣志》原書只標『明』而不標『清』，此標之以與『明』别。

謝氏，庠生黄應堦妻，年二十三夫殁，無子，孀居三十七載〔一〕。

黄氏，陳琱妻，年二十三琱故，無子，守節四十八載，嘉慶十八年建坊。

黎氏，黄熙正妻，未婚而夫卒，氏年二十歲，聞訃奔喪，苦節三十一載，嘉慶二十年請旌。

林氏，羅集成妻，年二十五守節，孀居四十五載，嘉慶二十三年請旌。

梁氏，黄士元妻，年十八元卒，孀居五十四載。

鄭氏，龐振坡妻，適坡三載而夫殁，苦節四十三載，嘉慶二十三年請旌。

吴氏，貢生紹祖女，庠生文爲光妻，年二十一爲光故，守節四十四載，嘉慶二十四年請旌。

陳氏，胡懋仁妻，于歸之日，懋仁已疾甚，侍湯藥兩朝而夫卒。氏矢死靡他，壽七十三歲卒，邑人於嘉慶二十四年公呈請旌。

黄氏，唐鳳章妻，年二十喪偶，苦節歷四十載如一日。

林氏，黄華暚妻，監生維齡母，年二十一夫卒，守節四十六載。

羅氏，廖開先妻，年十九夫故，無嗣，氏苦志守節，嘉慶二十四年公呈請旌。

林氏，吴繩祖之妻，年二十五夫故，無子，孀居四十一載，壽六十四而卒。

陳氏，監生曹克銅妻，監生璜之母，年二十四夫逝，孀居歷三十五載。

〔一〕謝氏之傳，《嘉慶石城縣志》原書模糊不清，此據《光緒石城縣志》《民國石城縣志》補正。

蕭氏，黃文煒妻，武生學周母，年二十一夫歿，周甫生七月，家素貧，氏孀守五十五載，壽七十六而卒。

羅氏，劉醇直妻，年二十夫歿，無子，氏孀守苦節三十八載，現壽五十七歲。

揭氏，黎緝圭妻，庠生揭龍光之女，年二十二夫亡，無子，孀居五十四年，壽七十六而卒。

陸氏，陳蕃齊妻，廩生宇政之媳，年二十三夫故，無子，矢志孀守，現年五十二歲。

陳氏，曹克炎妻，監生瑩之母，年二十二夫故，孀居三十載，五十二歲卒。

黃氏，揭憲崇妻，二十歲于歸，越二年喪偶，無子，立胞姪敷元承繼，孀守三十二載，五十四歲卒。

詹氏，揭正斑妻，二十歲于歸，越四年失配，生一女，胞姪鐸承繼，孀守四十六載，現年七十。

鄒氏，全志新妻，十八歲于歸，二十夫卒，孀守三十載，現年五十歲。

曹氏，陳扶朝妻，監生思勳之母也。年二十二夫故，孀居四十載，現年六十二歲。

陸氏，鄒文清妻，貢生裔泰嗣母。年二十一夫歿，無子，孀守五十二年，現壽七十三歲。

龍氏，李培富妻，年二十二夫故，無子，一女，苦志孀守，現年七十九歲。

陳氏，劉俊顯妻，年二十夫故，勤苦守節，孀居七十七載，壽九十六而卒。

黃氏，陳克貫妻，建安知縣黃衮裳曾孫女，年二十二夫歿，無子，守節不貳，孀居五十五載，壽七十七而卒。

莫氏，監生林邦璋妻，二十六歲夫歿，孀居四十一載，現年六十有八歲。

余氏，羅龍光妻，年二十七夫卒，無子，守節三十餘年，現在六十八歲。
李氏，監生黄友寶妻，年二十六夫故，一子，守節四十四年，壽七十卒。
鄭氏，李朝蕲妻，年二十三夫故，一子，氏勤苦孀守，歷五十載，七十三歲卒。
吴氏，龐培桃續妻，年二十八培桃故，氏守節三十載，現年五十有八歲。
陳氏，黎仁鈺妻，年二十三夫故，無子，孀居三十一載，現年五十四歲。
陳氏，賴道燦妻，年二十夫故，與舅姑相繼而亡，無子，孀守五十一載，現年七十一歲。
黄氏，李興妻，年二十四夫故，二子稚，孀守三十二載，現年五十六歲。
許氏，李濟通妻，二十四歲夫故，遺一子，氏冰霜自凛，孀居三十三載，現年五十有七歲。
黄氏，彭錫瓚妻，年二十三夫故，無子，氏孀居二十八載，現年五十一歲。
譚氏，涂法康妻，年十六未婚而夫故，氏登門守節，苦□十八載，壽七十四歲。
謝氏，李上林妻，年二十夫故，遺腹一子，家貧，氏守貞不貳，壽八十二歲而卒。
鄒氏，蕭扳棱妻，年二十六夫故，一子，氏矢志孀居，年六十有九而卒。
羅氏，張海沛妻，十四歲于歸，十六夫故，無子，孀居五十二載，六十八歲卒。
袁氏，梁紹斌妻，二十二歲夫故，家貧，無子，守節不貳，現年五十八歲。
陳氏，庠生李培生妻，年三十夫故，遺孤子三，氏安貧守節，孀居三十九載，壽六十九歲卒。
陳氏，嚴端本妻，年二十七守寡，二子一女，俱稚，氏守貞不貳，苦節二十五載，現年五十有二。

曹氏，職員爾彬之女，貢生全保之媳，業儒全爾德妻，年十九于歸，二十六歲夫故。遺二子一女，氏義方訓家，冰清玉潔，孀守二十六載，現年五十二歲。

蘇氏，李肇秀妻，仁化訓導克昌女，年二十六歲夫故，一子，孀居二十七載，現年五十三。

蕭氏，周紹發妻，年二十四夫故，一子，孀守四十二載。

陳氏，黄培德妻，十八歲于歸，三載，培德故，乏嗣，氏守節□□載，現年七十九〔二〕。

陳氏，蕭騰雲妻，年二十適蕭，三載而夫故，遺腹一子，守節四十一載，六十四歲卒。

宋氏，朱明瑞妻，十七歲于歸，二十一夫歿，氏孀守四十一載，現年六十一。

鍾氏，曹爾昌妻，年二十六夫故，無子，一女，氏守節孀居三十八載，現年六十四。

壽蒿〔三〕

林翰舉，壽百有四歲。親見七代。嘉慶三年，恩賜六品宣德郎，給『昇平人瑞，七葉衍祥』字樣造匾，建坊銀三十兩，加賞銀二十兩，緞二匹。

〔二〕《光緒石城縣志》《民國石城縣志》均作：『黄培德妻陳氏，二十一歲夫故，乏嗣，守節六十年，壽八十一歲。』

〔三〕『蒿』，據原書目録當作『耈』。

黎文魁，壽百有一歲。

壽婦

謹按：《會典》開載壽民、壽婦，均以百歲爲準，又有丁皂保連閏準作百歲之案，今遵之。

黄氏，庠生世奇女，蕭潘媳，監生凌碧妻。康熙五十八年己亥生，現壽一百有一歲，生三子，季蕭珣，監生。

仙釋

天寧僧，宋有邑人〔一〕，出家於雷州天寧寺。一日，至縣南十里山上，忽遇一人，拜之曰『望父恩未報，天遣來此』。後因名此山爲望恩山，亦名和尚嶺。

無之僧，俗姓楊，豫章之新城世家子也，秉性愿慤。康熙三十四年，携資來石煮海。一日，至城入關帝廟，忽爾動念，遂祝髮受戒，嚴持戒律，苦行弗替。一旦，豁然有省，得曹溪正宗法。不將法眼玩

〔一〕『有』，《民國石城縣志》作『時』。

世，惟以濟人爲務。遇窮苦無告者，解衣推食無少靳，世外世内類德之。越十數年，其妻兒自豫章來尋，僧聞而中止之，力拒弗與見。於東聖禪林開堂説戒，四方衲子與在俗之皈依者雲集。若僧者，志堅願大，苦修力行，其視空談寂滅，徒務善知，識名號者，直相逕庭矣。

事紀志

人事有乘除，氣機有順逆，此運會之適，然實一方之休咎，非細故也。所見异辭，所聞异辭，不嫌瑣屑，有事必書，不疑怪异，有奇必録，俾博覽者得考鏡。志事紀。

事紀

秦始皇三十三年，遣任囂、趙陀平南越〔一〕，略取陸梁地，置桂林、南海、象郡。二世末，趙陀據三郡，王其地。縣時爲象郡地。

漢元鼎四年秋，遣伏波將軍路博德、樓船將軍楊僕擊南越。

六年冬十月，路博德、楊僕平南越，置南海、蒼梧、鬱林、合浦、交趾、九真、日南七郡。縣時爲合浦郡之高凉縣。

〔一〕『趙陀』，即『趙佗』。

東漢建和元年，置高興郡。

靈帝建寧元年，改高興郡爲高凉郡，旋廢。

建安二十五年，復置高凉郡。

吴赤烏五年，復置高興郡。

晋太康中，廢高興郡，并入高凉。

宋元嘉元年，置羅州，屬高興郡，尋廢高興，并屬高凉。鎮南將軍檀道濟築城於陵羅江口，故名。羅州之名始此。

齊羅州，屬高凉郡，復置高興郡。

梁大通中，置羅州於高興郡。

隋開皇九年，省高興爲高凉縣。

大業二年，廢羅州，以石龍、吴川二縣屬高凉郡。

唐武德五年，復置羅州，析置石城縣。石城之名始此。

天寶元年，改石城爲濂江縣。濂江之名始此。

宋開寶間，羅州陷。

舊志，相傳州出白牛，摩城數日，官令擊之，竟無覓者，遂令剥焉。越日，雨水暴溢，州東北數十家陷爲一湖。一巡檢與焉，後旁居民祭社，每見形稱巡檢『官人』。湖中或流出前朝瓦器。今天旱禱雨，取水於此，往往有驗云。

按：此事，舊志係之宋開寶，不實紀其年。考《郡志·沿革表》，開寶五年，省濂江入吴川，改屬辨州，或縣陷爲湖，因以地統於吴川，故係於此。又考宋代無巡檢官，名疑有誤。

五年，省濂江入吴川，改屬辨州。

紹聖四年，徙翰林承旨學士蘇軾昌化軍。後復徙廉州路，經石城凌禄地方，有松明書院遺迹。

南宋紹聖五年，置縣治於江頭鋪，復名石城，屬化州。《吴川志》：唐天寳初，改羅州爲招義郡。宋開寳四年，廢招義郡入辨州，并招義、凌禄、石城三縣，餘地入吴川，屬辨州。太平興國五年，改辨州爲化州，縣仍屬之。

隆興二年甲申春三月，減高、雷二州罪囚夏秋二季税賦。

乾道間，流賊李接攻城，知縣毛毅死之。

元至元十七年，改化州爲化州路，屬海北宣慰廉訪司，後隸廣西，縣屬之。

皇慶八年，遷縣治於黄村，即今之上縣村。

天曆元年，知縣黄昱遷縣治於新和驛，即今縣城。

明洪武元年戊申，都元帥羅福以高州降。

順帝十五年，山海賊麥福、黄應賓、潘龍等聚黨據雷州路，羅福以化州路樞密院同僉領兵擊之，諸賊敗走，以功升本州都元帥。元末兵起，嶺表騷然，福專制其地。至是，承南將軍檄以高、雷二州降。

改化州路爲府，隸廣東海北道，縣屬之。

八年，改化州府爲州，縣屬之。

九年，改化州爲化縣，與縣同屬高州。

十四年，復高州爲府、化州爲州，縣屬州，而總屬於府，隸廣西道。

宣德七年壬子，廣西猺獞從陸川至，殘掠遂，流劫至廉。正統四年己未春，蠻賊蘇觀采率黨肆掠。裁主簿。

十三年戊辰，有星孛於南斗。

十四年己巳，大水。

景泰七年丙子冬，火星自南入天璧，有聲。

十二月初二夜四更時，廣西龍山賊架梯登城，官軍失禦，城中被掠。致仕鹽運使李澤遇害，并掠其家男婦八口。

天順七年癸未秋九月，廣西流賊破城，千户高鵬死之。舊志，一載巨寇胡公威。

八年，裁縣丞。

成化二年丙戌，地大震。

三年丁亥，有星見西北方，光芒如帚。

四年戊子，竹實盡。

十五年己亥，大有年。

弘治二年己酉春二月，遷庶吉士鄒智爲石城吏目。

十一年戊午秋七月初昏，有大星自東南抵西北，聲如雷。

正德四年己巳秋九月，地大震。

五年庚午春正月，大雨雹，厚二寸，地大震。

七年壬申，大旱，無禾，民采食薯莨。

八年癸酉秋八月，有大星自卯入乾，有聲。

九年甲戌冬十月，竻竹實。

嘉靖十年辛卯春三月，大雨雹，震電。

二十三年甲辰，有妖入人家，每夜然燈防守，各執生竹擊之，始退。

二十六年丁未春三月，大旱，自五月至七月，大雨傷禾。秋九月，隕霜殺禾，穀價騰貴，百姓艱食。

隆慶五年辛未十二月，倭寇□分二隊，一趨電白城，一直犯縣東門〔一〕。有軍人姓林者〔二〕，銃擊一

〔一〕 康熙二十五年《石城縣志》下編卷五《雜志·紀事》：『隆慶五年，倭寇肆孽，一宗破電白城，一宗本年十二月十六奄至，犯東門。』

〔二〕 『姓林』，《光緒石城縣志》作『林姓』。

賊，退之，屯東墟。數日，移屯上縣村。一夜潛登城西北角，有效勇蔡姓者覺，擊之。前後攻城甚急，典史徐鑒輔知縣韋俊民多方禦防，卒保孤城。至三十日拔寨，徑抵雷城西門外張官寨村屯住。六年壬申正月初三，破電城之倭又至，由城外東門角過，抵外村住劄。時僉憲李公材、監總戎張元勳、參將陳豪督兵剿。初豪將先鋒兵五百違節制幾危，張公大兵至，始大捷，斬首五十餘級，生擒一虜，餘黨奔雷，與前倭合流，至徐聞海那里等村，官兵追捕，陸續收功，至樂民大山剿訖。

萬曆六年戊寅秋，孛星見東方，西指亘天，月餘乃滅。

九年辛巳秋八月，行清丈。

珠賊殺永安田千户，討斬之。

縣原附於海地方，設烏兔、名浪、龐村三埠，以居蛋民，捕魚辦課，後爲流商所煽，造船盜珠。是年，敵殺官兵。奏聞，上命擒獲首賊斬之，餘俱發各部散住。

十二年甲申冬十月，縣城火自西墟學地起，漸延城內東南民居及城西社學，俱同時災。

十八年庚寅夏五月，有妖入人家，侵壓婦女。來時或黑氣或獸形，被壓處即青黑色，城中鳴鑼戒，夜不瞑目，惟用青竹樸〔二〕之乃止，月餘始息。

二十一年癸巳，海寇萬廷貴劫湍流村，虜村民勞學曾，索金銀。曾男于王年甫十五，以身爲質，代

〔二〕『樸』，當作『撲』。

父回取銀贖不及，竟遇害。

二十三年乙未夏四月，嘉禾生於署水槽，一莖十穗，粒可二升許。知縣謝璿自署云：『心畏四知，夜魄不來楊震宅；政修五載，嘉禾生向魯恭庭。』

六月，大旱，無禾，通省皆旱，高雷爲甚。

二十四年丙申夏，大饑疫，雷州流民入境，死屍横道，數歲子女，止博一飽，或易米數升。縣民不染疫者十之一二。

秋，大有年，斗米錢二十餘文。

二十六年戊戌，遣中使開采池礦。前半年丁酉，民間謡言曰好采、曰蹈曠、曰好貨，遍滿城市。至是而應，連年騷動。

夏五月，大風雨，壞廬舍，傷禾稼。

冬十月，地震，有聲，樹木摇，燈燭滅。

二十八年庚子夏六月，雷震六桂坊，坊裂而瓦不損。

三十一年癸卯，瓊州府番念山開礦采銀，縣民赴之，疫作，死者相藉。

三十三年己巳夏五月，地震。六七月，又震，地陷。陷如井者數處，有水涌出，馬千户莊陷七潭，今存二。

三十五年丁未秋七月，青蓮書舍瑞花生，在城東十里，一木七莖，花六出，無枝葉，异香襲人。教諭湯誥爲記，以紀其瑞。

三十六年戊申夏四月，日旁有黑氣。

三十七年己酉秋，大有年，斗米錢二十餘文。

冬，地震。

三十八年庚戌春三月，竻竹實。

三十九年辛亥秋，蝗多傷禾稼。

四十二年甲寅，大有年，早稻極豐，前所未有。

四十三年乙卯秋，大有年，斗米二十餘錢。

四十四年丙辰夏五月，大星自東北隕，有聲。

四十五年丁巳秋七月，颶風，大雨，壞破廬舍。十一月，地震。

四十八年，詔天下餉遼。

天啓四年甲子夏五月，地震。六月，又震。

六年丙寅，大有年，斗穀錢七文。

七年丁卯，重修學宮。

崇禎三年庚午，裁冗官。

六月，大水，沿江人畜、禾稼俱傷。

五年壬申春二月，日暈。

夏六月，大霖雨。自初九至十七，浸至縣署頭門，壞城垣民舍，傷禾苗、人畜甚多。

秋七月，颶風。

十年丁丑夏五月，城中有妖，或黃昏，或夜半，抛沙石擊縣署及吏目廳。

十一年戊寅夏五月，白梅賊三百餘黨號稱西粵馬劄，黎明突入東門，劫至西街。時知縣陳惟寧登樓擊鼓，居民緣屋抛石，擲死一持飛勇牌者，賊懼始退。事聞，委雷、雷二參將會剿，獲賊首李初富等斬之。時賊多執竹鎗、木刀，城軍竟不能克。以開門失守，置署所千户朱國瑞法。以倉庫無恙，戍知縣陳惟寧。

十七年甲申春正月，燕京失陷，府囚反殺太守鄭之謨。時邑有吏部龍大維與庠生崔文瀾，因塘搆隙，文瀾糾黨於八月二十七日圍城攻擊，大維夜遁，其兄弟子姪四人遇害。文瀾稱戈不已，守道邢委廩生林一梅授以方略，執殺文瀾。解首後，文瀾黨仍圖報復，至鼎革兵至乃息。

國朝世祖章皇帝順治元年甲申夏四月，本朝定鼎於京師。

四年丁亥春二月，大兵至高州，官民郊迎安堵。

秋七月，明監軍古鼐、都督孫時顯帥狼兵自粵西抵城，知縣郭祚新先棄城逃，後被執殺。十二月，攻破雷州。是年，減荒田租賦，除雜餉。

六年己丑冬，西賊施上義據地，柝毁民房，殘破城郭。

八年辛卯，總兵徐有功將兵復高、雷、廉，道經石城，僞總督四府賊將李明忠逃於龍門。

九年壬辰春，靖南王耿繼茂將兵安撫雷、廉，往返經縣。

十年癸巳夏四月，穀價騰貴，斗米銀五錢。

夏，化吴石參將應大極親禦西寇，至龍山遇害。

六月，周金湯據城，知縣張其榮被執，失印。

七月，地震，屋宇皆動，日夜連震七次。

九月，原署縣事羅國治復任，交通廉鎮，多開利竇，闔邑騷然。

十一年甲午春三月，明安西王李定國率騎步兵數萬，象十二頭，由西粵突至，各官悉奔回省城。

十二年乙未，奉文增修平頭城，設高、廉、雷總兵官。總兵栗養志移鎮石邑，詳請鑿池，將通後嶺，見血水流出乃止。未幾，知縣王訓、典史吴斌先後卒於官。

十三年丙申春正月，總兵官栗養志剿高、雷、廉三府山賊，平之，斬其渠魁彭兆龍、曹玉、陳選、夏均夫。

十四年丁酉秋九月，頒《賦役全書》。

十五年戊戌，副將江元勳屯兵於石，駐劄三載，人馬多疫死。

秋九月，有火星降縣治。二十三夜，火起縣前，延燒通城，六桂坊被燒一角。

冬，竻竹實。時穀騰貴，民采竹實食之，以度荒，連結三年。

十六年己亥夏四月，寬孤丁里役。

十七年庚子春正月，蠲十二年至十五年逋賦。

十八年，高、雷、廉總兵官栗養志擒斬遂溪山寇鄭昌。

按：鄭昌，遂溪南昌村人，從山賊王鑒在樂民山爲盜。順治十七年，受雷州參將江起龍等撫，縛鑒以獻，遂據其穴。十八年，復叛，盡招鄰境之惡少無賴者，四出劫掠，驅男婦而牿之以取贖。西南枕近遂邑地方一帶大受其害。時高、雷、廉總兵官栗養志奉命剿賊，乃檄舟師環其外，聲言師期，賊退守南昌，而故久稽不至。賊守益懈，南昌與邑暗鋪下之麻水村隔海港爲其後户，賊於遂之大路設栅數重，養志以一晝夜自縣城馳，從麻水渡海，入其巢穴，倉皇出其不意，遂斬昌，據其巢穴，搜捕餘黨，釋所繫男婦千有奇，諸盜奸惡梟黠者悉斬之。我邑與遂溪之民始知有生人之樂。

聖祖仁皇帝康熙元年壬寅夏，詔蠲順治十八年以前逋賦，詔遷沿海居民賑之。

四月，命内大臣科爾坤、介山巡視濱海居民，令遷内地五十里，賑貧民之不能遷者。

秋八月，颶風，大傷禾稼，知縣李沛申請賑濟。

二年癸卯夏五月，霖雨，謝建嶺裂，水流如血。

秋九月，命内大臣巡海，再遷濱海民，造建炮臺。

三年甲辰，裁教諭。冬，府州及大縣裁訓導，小縣裁教諭，本縣裁教諭存訓導。

以策論取士。至康熙八年，復用八股。

秋九月，慧星見。

四年乙巳春三月，大赦。

五年丙午夏五月，除各縣日供雜派值月夫役。

六年丁未，詔蠲逋欠。頒廣東《六禁》。先是，廣東總督盧崇峻疏陳粤六大害，一曰夫役，二曰派船，三曰采買，四曰私抽，五曰攀害，六曰擅殺。下巡撫王來任覆奏，至是頒禁，粤民便之。

大赦。

七年戊申冬，命内大臣展界，添設墩臺四所。

八年己巳，詔蠲康熙元年、二年、三年欠逋。

化州山寇草鞋三沿鄉焚劫，殺傷甚衆，民無寧處。至十二年，合化州官兵擒獲解省。

九年庚戌，復設分守道，駐高州，轄高、廉、雷三府并羅定州。

十年辛亥冬十月，詔蠲康熙四、五、六年逋賦。

十一年壬子夏，詔選各學優等生員一人入監讀書。

十二年癸丑春三月，大雨雹。九月，地大震。

十三年甲寅春正月，有紅黑氣掩日。

秋，大有年，斗米二十餘錢。

十四年乙卯夏六月十六日，高州府總兵官祖澤清叛。初劉進忠之叛平，藩徵祖澤清協剿，澤清心憚進忠，遂據高州叛。時雷州兵駐劄於石城，六月二十二日閉城，擄掠劫庫，脅知縣、典史往雷州。七月，有賊首鄭應奇領受僞劄，統賊數千經石往廉劫掠。八月，逆藩吴三桂使僞將李、王、董、郭率寇數萬從廉入石，驅民開通西路，一時强勒夫役解運米糧，民不聊生。

十六年丁巳春三月，大雨雹。

夏五月，祖澤清歸正，石城始安。

十七年戊午春正月，地震。

閏二月，祖澤清内遷，鑾儀衛疑懼，復據張黄山叛。

四月，官進剿，澤清奔廣西。五月，官兵追經石城。

復教諭。

十八年秋八月，總兵修國璽擒澤清於廣西張黄山，檻車由石解省。

府州大縣復設訓導，小縣復設教諭。

八月，有海寇楊二、楊三、冼大鼻、鄧正奇、謝昌等結黨，連年劫掠民間男婦，按丁勒贖，沿海一帶逃竄殆盡，後水師督兵進剿始滅。

十九年庚申秋，大旱，無禾。

二十年辛酉冬十二月，增廣東鄉試額七名。

二十一年壬戌夏五月，有蝴蝶數百萬自西來，東去，三日乃盡。冬十月，地震。

二十二年癸亥，展開海界。七月已展界，是年復。命杜、石二大人會同督撫巡界，撤邊開海，令民復業。

二十六年丁卯夏五月，免新加雜税。大赦。嗣後歲貢免赴京廷試。

秋七月，裁嶺西守道，分守羅定道，歸嶺西巡道，改爲肇高廉羅道。是年，大豐，連豐三年。

二十七年戊辰，海寇劫凌禄等處，殺千總翟際亨。冬十月，大赦。詔養老。

二十八年己巳秋九月，颶風。

二十九年庚午，置常平倉。詔遇蠲免錢糧，業户免七分，佃户免三分。

三十一年壬申秋，大旱。

三十二年癸酉秋，大有年。

三十四年乙亥，大赦。

三十五年丙子，增廣東鄉試額十四名。

三十六年丁丑秋七月，螟。大赦。

三十八年己卯，增廣東鄉試額七名。裁驛丞。

三十九年庚辰秋，螟。次年，又螟。

四十二年癸未春三月，給老人粟帛。大赦。

四十四年乙酉，增廣東鄉試額七名。會試亦照中式例計算加取。

竻竹實，大有年。

四十五年，改提學道爲學院。

春正月，地震，竹實。

四十六年九月丁亥，大雨。

四十八年己丑夏，給老人粟帛。

五十年辛卯夏，增廣東鄉試額十一名。五經酌增一名。

五十二年癸巳，特開萬壽鄉會恩科。定於二月鄉試，八月會試，來歲仍行正科，武亦如之。大赦。

恩賞老人。詔免本年地丁錢糧并上年所欠之賦，定户口賦額。

五十三年甲午春，準文武鄉會試互試，不中式仍歸原册，不試再試，此例尋廢。

五十五年冬十二月，大赦。命廣東丁銀配入地畝徵收。

五十九年秋七月，地震。

世宗憲皇帝雍正元年癸卯春，特開恩科廣額。本年四月舉行鄉試，八月舉行會試，至正科改期。

二年，本省廣額二十名。詔舉孝廉方正。恩賞老人。詔墾田。命學臣試武較射會同武職。命加文廟

祭品，加大牢、籩、豆各一。

詔封至聖先師五代王爵，改啓聖祠爲崇聖祠。

加本省鄉試額六名，武鄉試額四名。

署巡撫年希堯奏請，廣東人文日盛，請照福建鄉試額中八十五名。部議照河南中省例，取中式七十四名。於是文加六名，武加四名。

九月，命舉行鄉飲酒禮。是年秋，蝗，大荒。

二年甲辰，饑，斗穀錢三百餘文。

頒到《聖諭廣訓》。

夏四月，命歲舉老農一人，給以四品冠帶。命勸農。命學臣舉報生員優劣。詔行便民社倉。命建育嬰堂。

加廣東鄉試五經中額四名，自丙子科始。

三年乙巳夏，疫。

詔封關帝祖父三代公爵神位，供奉後殿，春秋祭祀。

五年丁未，命建先農壇，舉行耕耤禮。

六年戊申，命直省拔貢六年舉行一次。民間買産許給布政司契尾。

七年己酉春正月，給各官養廉。定易制錢例每銀一兩，易大制錢一千文。

諭富户行善。八月，蠲庚戌年地丁錢糧。

設約正，大鄉村中於舉貢生員内選擇老成有學行者充約正。復選謹守者三四人值月，每月朔望宣講《聖諭廣訓》。一年之内能化導愚民者，給匾獎之。三年之内著有成效，遴其最優者送部引見。年衰不能赴部，舉人給以六品冠帶，貢生給以八品，耆老給以九品。

增設學政一員。一巡嶺東廣南韶、潮、惠、連州，屬以辛丑狀元鍾岳爲之。一巡嶺西肇、高、雷、廉、瓊、羅定，屬以甲辰狀元陳德華爲之。

八年庚戌，改設巡道，肇、高、廉、羅道駐劄肇慶，仍分巡道銜。分出高、廉二府合雷州一府，爲高、雷、廉道，駐劄高州，加兵備道。

定武職親丁食糧之例，提督至守備馬步各半，千總馬一、步四，把總馬一、步三，俾養廉有資，以勵操守。

六月，增化石營弁兵。

設額外教職，各府一員，觀風整俗，使焦祈年，奏請以江西近科進士爲之。

秋七月，大水，壞沿河民舍甚多。

九月，賞高州鎮標兵丁銀八千兩營運生息。

十月壬子，改硇州化石營守備爲都司。

十三年乙卯，大有年，斗米錢五十文。

高宗純皇帝乾隆元年，詔開博學鴻詞科。給各教職全俸。先是教職兩官同食一俸，難資養廉，故全俸給之。

秋，大風，拔木破廬。

二年丁巳，諭行鄉飲酒禮，慎舉賓介。

四年己未春二月，换石城縣印，因年久糊模，知縣張恕具文請换，於二月十一日换新，印到即日開用。

七年壬戌，更定選拔之期爲十二年。

九年甲子夏五月，地震。

十二年丁卯，蠲免各縣地丁錢糧。

定學臣考試先文後武。

十六年辛未，復并廣東學政、嶺西學政。程巖奏廣東各府州縣專任學政一員，三年之内儘可考完，宜照雍正七年以前例，仍并爲一。從之。

十八年癸酉秋九月，大雨，壞城民舍百餘間。

二十二年丁丑，大荒。

前年秋，邑純八、純十、豐三上下四都歉收。是年春，知縣顔煌詳請出借社倉穀。繼以博、陸兩邑大饑，入境販運就食者衆，市米騰貴，邑俱乏食。顔煌通詳賑恤，倡捐米一百四十石，衆紳捐米四百七十九石，分石嶺、太平店、銅鼓逕三厰散給，每人給米四合。石嶺、太平店二處，自五月初八日賑起，至六月初四日止；銅鼓逕自五月十八日起賑起，至六月初四日止。時貢生羅天賜、林璋兆、考職縣丞曹璽，各捐穀百石以上，詳奉總制中丞給匾奬捐職。主簿鄒士貞、貢生陳徽文、鍾應哽、監生揭子昂各捐穀五十石，奉方伯給匾獎。耆民譚高、監生羅芬各捐穀四十石，奉郡守給匾獎。貢生鄒君寵、鄒遇、監生揭端風、生員揭振風各捐穀二十石，以上本縣給匾獎。餘與獎例未符者，均開姓名榜示。

二十三年戊寅，定科場試士，加律詩一首，五言八韻。學政歲科兩試生員八韻，童生六韻。

二十四年己卯春夏，疫。

二十九年甲申秋八月，夜有星自東流，大如斗，長數尺，小星隨之，西隕，有聲。

三十五年庚寅，蠲免各府縣地丁錢糧。

三十六年辛卯春三月，雨。至秋八月始霽。冬饑。

三十七年壬辰夏，饑。

三十八年癸巳夏六月，大風雨，拔木毀廬。

三十九年甲午秋八月，颶風。

四十二年丁酉秋，大旱，蝗。知縣喻賓忠戒城厢耆庶潔齋拜禱。三月得雨，秋種乃播。七月，賓忠奉檄赴省闈分校。九月，撤棘後，聞邑中大旱，白院司馳回時，四郊如焚，米價斗已三錢有奇。乃以凶荒情形備告，請來春賑糶兼行。四十三年正月示期，於二十五日開賑。賓忠倡捐米四百石，諭紳士各捐輸助賑。乃於四路分設八廠，一在城，一銅鼓逕，一石嶺，一太平店，一横山，一急水，一青平，一長山。各廠俱以二、五、八爲期。大口五合，小口三合。各廠人數每日均以千計，散米自十數石至二十餘石不等。時監司李公廷楊、郡守殷公長立，各捐廉銀二百兩；方伯姚公成烈，捐廉銀一百兩。發縣買米助賑。暨邑中殷户捐米一千八百四十二石，自正月二十五至三月十八日，共賑米二千六百二十七石八斗。隨又奉總制楊公景素、中丞李公質穎厘念，高、廉兩郡艱食，捐發賑銀六千兩。以石邑尤甚，分撥銀二千二百五十兩。長賑時，米價每斗五錢有奇，以銀易米，僅得四百石。監司李公廷楊請動倉穀，碾米二千二百五十石，於秋後定價五錢一石，買穀還倉。一轉移間得米數倍，議以大口給米五斗、小口五升作一次。大賑於三月二十八日。八廠同給，計男婦大小二萬七千三百八十八丁口，給過米二千二百五十五石。時銅鼓逕、太平、青平三廠與化、吴、遂、博毗近，饑民亦雜入領米，不能區别。寶忠乃於門外復捐米，設一粥廠，俾無歸往來就食者赴廠受粥。自三月初五日至四月初十日止，計捐米五十石。有貧生不願領賑者，牒學開報名數，各給穀一石，計捐穀十八石。又自三月十八日開倉平糶，按照户册丁口，多者買穀一斗，次者五升，又次三升，亦分八廠平糶。至五月二十八日止，共糶穀一萬二千九百有奇，社正副管理社穀，令赴倉具領籽種耕租，多者給種二石，少者給種一石或數斗，計借過籽種各一千五百四十六石。六月，早禾熟，糧價漸平，勸諭各鄉鄰族共敦任恤，凡春間未耕荒田借用牛種，俾各補種秋禾。至秋，鄉民因多食雜物，疾病者衆，復捐製菩提藥丸發給，久之乃止。

是冬，大有年。

紳民助賑捐穀百石以上者，耆民胡展鳳、張世昌；五十石以上者，考職縣丞曹璽、例貢生朱爾德、鍾道熙、武生鄒君宰、監生吴瑜、里民劉日炳、節婦張羅氏等；二三十石者，拔貢黄友珍、例貢鄒文泮、陳光伍、耆民張黃。按是時捐賑姓名尚不止此，因志稿不全，又無卷可稽，故闕之。

秋八月，地震。

五十二年丁未，定童子歲科兩試，用四書文二道，招覆日補五經文一道。

五十五年庚戌，蠲免各府地丁錢糧。

五十八年癸丑六月，大水。

八月，洋匪登岸劫龍頭沙炮臺，殺兵丁三名。

今皇上嘉慶元年丙辰正月，詔舉孝廉方正，免各府縣地丁錢糧。恩賞老人。大赦。

夏五月，晝有星見於東方。

二年丁巳，廣各縣童子進庠額數大小中學名數有差，太學加三名。

三年戊午，加鄉試舉人額二十名。

夏，穀價騰貴，斗穀錢四百。

六年辛酉，海寇登岸，劫兩家灘。八月，颶風大作。竻竹實。

八年癸亥夏五月初二日，洋匪今古養劫掠青平墟，獲賊譚承貴、張光倫等二十一名解省。

五月初八夜，海匪今古養率匪數百，由三墩港上岸三十里，四更時分至横山墟行劫，被典鋪炮擊，死數賊。天明，賊潰。貢生李安率鄉勇追捕，安鋪鄉勇半途協攻，殺賊二十餘名，生擒二十餘名。連追下船被匪炮擊，死安鋪鄉勇一名。宋廷貴各奮勇力戰，擒匪船三號，即在安鋪伊典鋪，先日賞格每匪首級，賞銀十員；生擒每名賞銀二十員。復將各匪上横山，照議每只賞銀五十員。共殺匪四十餘名，匪船三號，均交李安報縣，經知縣鮑春藻詳辦在案。

冬十二月，海寇登岸，劫梅廣村，全姓獲賊六名。

十二年丁卯，慧星見西方。

十四年己巳秋八月，大雨，廬舍毀壞甚多。

十五年庚午春三月，穀價騰貴。

夏五月，兩廣總督百齡招安海寇。先是寇魁張保與烏石二分道劫掠，保在廣州各港，石二在高、雷、瓊各港，總督百齡遣人招安，許張保以不死，且賞以官，保先投降。烏石二不奉命，百總督遂命官兵出剿捕，親至雷州督戰，使張保計，擒烏石二，磔之。餘黨或赦或誅，石邑濱海居民始得安息。

秋八月，大雨。

十六年辛未秋七月，彗星見東北方。

二十年乙亥冬，大雪。

二十四年，特開萬壽鄉會恩科，蠲免舊欠錢糧。恩賞老人。

雜記

楊思勖，本姓蘇，羅州石城人。爲内官楊氏所養，以閹，從事内侍省。預討李多祚功，超拜銀青光祿大夫，行内常侍。思勖有膂力，殘忍好殺，從臨淄王誅韋氏，遂從王爲爪士，累遷右監門衛將軍。

開元初，安南首領梅玄成叛，自稱『黑帝』，與林邑、真臘國通謀，陷安南府，詔思勖將兵討之。思勖至嶺表，鳩募首領子弟兵馬十餘萬，取伏波故道以進，出其不意。玄成遽聞兵至，惶惑計無所出，竟爲官軍所擒，臨陣斬之，盡誅其黨與，積屍爲京觀而還。十二年，五溪首領覃行璋作亂，思勖復受詔率兵討之，生擒行璋，斬其黨三萬餘級。以軍功累加輔國大將軍。後從東封，又加驃騎大將軍，封虢國公。十四年，邕州賊帥梁大海擁賓、橫等數州反叛，思勖又統兵討之，生擒梁大海等三千餘人，斬餘黨二萬餘級，復積屍爲京觀。十六年，瀧州首領陳行範、何遊魯、馮璘等聚徒作亂，陷四十餘城。行範自稱帝，遊魯稱定國大將軍，璘稱南越王，割據嶺表。詔思勖率永、連、道等兵及淮南弩手十萬人進討。兵至瀧州，臨陣擒遊魯、馮璘，斬之。行範潛竄深州，投雲際、盤遼二洞。思勖率衆攻之，生擒行範，斬之。斬其黨六萬級，獲口馬金玉巨萬計。思勖性剛决，所得俘囚，多生剥其面，或剺髮際，掣去頭皮，將士以下，望風懾憚，莫敢仰視，故所至立功。内給事牛仙童使幽州，受張守珪厚賂，玄宗怒，命思勖殺之。思勖縛架之數日，乃探取其心，截去手足，割肉而啖之。其殘酷如此。二十八年卒，時年八十餘。

石城縣志卷之五

藝文志上 論 記〔一〕

道之□□□□□□□□□□天□□蘇萬□。邑乘所載□□□□□□例也，然□□□於治績，民風則言雖大，而無所周□□□□□。考古則言雖富，而無稽他□□□□□之辭□□媲白更無取焉。邑之文元宋□□□□□□□。今鄉先生與宦遊諸公述事攄懷，□少□□之作，剔苔蘚而謄之，驅蠹魚而録之，如以新製體□□□□□□。邑之實迹所藉以傳者，□□□□□□□□□□府□□□職官志□則□□□□□□□□。

致知縣張大凱論修志職官書 知府 戴錫綸

《周禮·春官》：小史掌邦國之志。志，記也，積記其事也。志法本史，史家記首大事。漢司馬遷有《大事記》。一邑令長，實主神人事匪細矣。唐杜佑《通典·職官志》特列一門。其應正署備書，昭職守

〔一〕 原刊無此兩目，爲與《目録》統一，因此加入。

也，重曠官也。此志家所宜積記，而無所用其去取者也。前閱《茂名新志·職官》門，皆有實除，而無署任，余求其義不得。乃今《石城新志》亦然，惑滋甚焉，竊不能已於言。乾隆六十年以前，余不知之矣。後此，若汪君浤、鮑君春藻，現權潮守之李司馬澐、知化州鄭牧域輪，胥石城署任也，而舉不書。及閱《學校》門至《書院》《田租》，則余所知之李、鮑、鄭，並乾隆六年之署縣李某，三十八年之知縣趙謙德，咸叙列事迹，而《職官》不具姓名，主客易位，本末倒植。此其未諭一也。

夫官之有署久矣，曰『權』，曰『攝』，曰『同』，曰『行』，曰『檢校』，官官之名或殊，其所以官官無异也。昭代功令署事人員姓名、履歷、任卸日期，均須咨部以專責成。蓋有地方，則有政事；有政事，則有職官；無日無政事，即無日無職官。催科撫字，考課從同，保障繭絲，司存猶是。朝廷制無曠官，志職官者，顧從而曠之。此其未諭二也。

記載有據實直書，勸懲之義不與，而賢否因之以見者，如《史記》立功臣、王子侯等表。職官有志，何以异是？姓字歸職官之門，建豎屬名宦之傳。體例各别，黑白自分，不待黜陟之私，默假筆削之柄。況大府方纂修通志，采輯開報，自邑而省，業極詳備矣，而縣志反從簡略。同時同事，上下兩岐。此未諭三也。

奉職則養廉半給，既非代理之暫據印床。當官則父母斯民，更非流寓之偶然浪迹。公孫述著兼攝之縣，張京兆傳五日之名，數典而乾侯之義可推，言情而桐鄉之民足效。若謂舊志，署縣周宗臣入《名宦》而不入《職官》。然前人裁制少疏者，又未嘗不許後人之補而正之也。都無失實之虞，不在闕疑之列。願閣下轉致分纂諸君，一再酌之可也。

惜字軒序 温處道海康　陳昌齊

嘉慶己未之秋，余自雷赴省，過石城界，宗人居邦携其《九日聯吟詩册》見示，屬記其事，將勒貞珉，以垂永久。時行色匆匆，無以應也。明年冬十月，自省歸，復道故境。因追念舊約，不敢以不文辭。蓋邦等深憫夫世之人或遇殘篇斷簡，輒委棄之不知惜。其知惜之者，亦惟是隨時隨地拾而焚之。而付火之後，遺灰冷燼，直聽其與塵埃野馬自墮自飛。天之苞，地之符，其能不受污黷者，正復幾何？用是創立字冢於郭外之馬鞍山，以每歲重九日，瘞其一年之灰。又恐其推行之不廣，且久而或弛也，則醵金錢作字庫於每歲瘞灰之日，會諸同志設筵致祭焉。甚盛意也夫，盈天地間道而已矣。載道者文，成文者字。是故欲明道，莫先學文，欲學文莫先識字。惜字者，識字之本也。

今邦等自惜字，而能使人惜字，而又欲使千萬年以往，人人皆惜字，精誠允格，肸蠁潛通。溯自書契以來，諸神聖、賢人在天之靈，必時往來於纍纍之間，而式憑焉可知也。因爲迎神、送神之歌，俾祭時歌之。歌曰：『靈之來，瑞紛紛，八風從律不相奸。自然五氣天成文，龜龍蟲鳥雲之間。髣髴倉相當吾前，周室史籀儼隨肩。厥左李趙胡母甄，右許叔仲孫叔然。徐氏楚金偕鼎臣，程邈次仲相後先。作者稱聖述者賢，雷爲鞭策雷爲輪，隹哉光氣連奎躔。』又歌曰：『靈聿歸，萬象收，山神終古守兹邱。日月久照江河流，五鄉三霱韹上頭。霏甘寶露零松楸，草如書帶青還柔。楷模樹古陰更稠，禁步不使狐免遊。夜來毋令鬼啾啾，風清氣爽我思悠。庶有時兮靈少留，年年九日祀孔修。插茱戴菊數酒籌，受靈之胙萬千秋。』

題惜字軒〔一〕 刑部主事前史官欽州　馮敏昌

大矣哉，文籍之盛也，範圍天地，幽質神明。用之邦國，則百官以乂；用之鄉人，則萬姓以察。非松喬而對振古墐，户牖而覿幽遐。故先王以之建極，聖人以之設教。師範百代，彌綸四海。是以刊之金石，與天壤而不敝；書之竹素，與日月而俱懸。

創立石城碑記 蘇洲

洪惟聖朝，混一區宇，薄海内外，罔不臣服。故華夷一統，凡有血氣者，莫不尊親焉。雖遐陬僻壤，窮邊極遠，亦必防微杜漸，設立衛所以守鎮之。所以然者，不過撫育黎元，期四方無虞，俾之各安其業，

〔一〕《光緒石城縣志》《民國石城縣志》均有馮敏昌《題惜字軒歌》，其文與《嘉慶石城縣志》之《題惜字軒》完全不同。

咸遂其生也。

高凉郡屬邑石城，曩歲被猺獠出没，爲生民患。有司屢以故上封事，請立城池以守禦。議調雷州衛後千户所全伍官軍，以守其地。惟時歲當庚申，肇基之日，都司則委雷揮使鳳陽王公總督其事，大藩則委高凉郡通守馬公同任其勞。二公勤謹，朝夕不遑寧處。議遠邇，略基址，稱畚築，量功命日，以稽勤怠。矧土木之功，浩繁且難，譬猶爲山萬丈，無一簣之虧；掘井九仞，有及泉之效。且周圍五百三十五丈，越三載，合設衙門，焕然一新。落成之日，厥功已就。僉曰：城池之設，非細務也，宜立碑以貽後人，庶知造城有自來矣。徵予言以記。予按《高凉郡志》：石城縣，屬化州，去治一百一十里，以邑名言之。其地多石，四面岡阜，旋繞如城，故名其邑。故址先在江頭鋪，梁廢縣，入羅州。宋紹興間，復置縣。元皇慶間，遷縣於高峰鋪東黄村。天曆間，又遷於新和驛東，即今縣治也。洪武戊申，土人羅福率衆歸附，一屬化州，本縣仍舊焉。古無城，洪武二年，縣丞倪望督工修築土垣，周圍二百五十二丈。廢壞已久，舊址尚存。其所轄四鄉，路當衝要。北通於廣西，南達於交趾、瓊、廉。重譯無虚日，逢迎有餘勞。雖周圍四百餘里，民稀而地廣也。論其形勢，則雙澗曲折繞於外，重岡盤旋擁其後，層巒叠嶂揖於左，崎嶺峽山鎮其右。此山川之凝結，而縣所之所以立也。兹其城郭之完固，三門之壯麗，人物之往來，軍旅之保障，金鼓之聲聞於石屋，旌旗之影耀於望恩。形勢之壯觀，且甲於他邦，又非往日之比者。然而百役之勞，雖一時之厭煩，其生民之樂業，家室之相慶，實保安於悠久也。歲當壬戌六月吉日，謹勒於石以紀其首末云。

遷學紀 直隸進士縣丞　戴嘉謨

石城，高凉隸邑，壤接雷陽，去中州爲特遠。學雖代建，化未深洽，士鮮有成。我明御極，敷教造士，漸濡南海。是故國初人才彬彬輩出，幾與中州等。天順、成化間，猺人弗靖，燹毁兵燹，重建之。未幾，徙西關，隘陋不稱，尋亦就頽，人才日以剥落。志士憂之，莫有任其事者。嘉靖壬寅春，經歷邱君正司神電，來署邑事。巡按澤山姚公適接臨分守，參政獅峰周公、知府麗山李公、通判宋君邦俊、朱君藩、推官陳君應辰，咸以職事至，暨學生謝帗朱等，因以改建請，乃下分守議。既而申呈提督少司馬半州蔡公、分巡僉事少峰周公，先後報可。事成於同而敗於异，自古則然，石士其有遭哉。先是獅峰躬自登城，覽山川之勝於邑治之西，定厥址焉。君正遂慨然以爲己責，爰於九月之吉鳩工，首事即其地平治之。凡四越月，殿廡、齋堂焕然一新，門墻庖湢以次落成。過者，於是乎改觀矣。予以言獲罪，轉徙高凉，誤蒙當道委署雷事。君正乃輕數百里，偕教諭尤舜俞、訓導蘇哲、庠生崔汝能、毛鸞輩，群謁堂下以記屬。嘉其用意勤也，遂弗果辭。適有挈《雷陽志》示余者，偶一披之，獲睹南軒所爲《學記》，不覺欣然以喜。則記斯學，又安用他求哉？

夫學以明人倫，而孝弟人倫之大者。孟云：『謹庠序之教，申之以孝悌之義。』此固南軒爲記所自出。而要之，孝弟根於恒性之仁，仁則萬善之長，合聖愚而一之者也。士患無以是説啓之者，苟朝夕講明之，將由庸行之切近者，體驗擴充恒性存，存而道義出，家國天下，則舉而措之耳。雖窮達利鈍，有非在我之所能必然，其具在我。達足以紹張、余二公之芳烈，窮亦不失爲潘孝子鄉人矣。何人才國初之難復哉？矧猺亦人類，均有孝弟之心，聞風未有不興起焉者，又何弗靖之足慮哉？昔僖公之修泮宫，詩人頌之，有曰：『既作泮宫，淮夷攸服。』美其足以服强梗，非徒懷良善而已。試以是役卜之也。

學田記 鄒伯貞

嘉靖乙巳春，鄒子補官石邑，首詢學校之舉廢，人才之盛衰，則知學已三遷。而人才之出自科目寥落若是，何也？聞之，永樂、宣德時，楊翰苑、李部署先後甲科，中間鄉薦一科六人，有『六桂』之號，何其盛也。既而群諸士於堂，按季試之，至再至三。見其有下筆千餘言，若江河之流注無窮者；有措詞立論，若花木之粗枝大葉、生意勃然者；有氣莊語整，不蹈陳腐者；有用字用句步驟大家，數而俊逸之氣溢於言表、令人讀之灑然者。則又嘆曰：文場利器，凡以是也，顧弗利焉者，胡爲其然哉。細玩其中，發明經義，妙入肯綮，使文不害詞、詞不害意者，則概其未也。乃其天分有餘，而人事未盡者乎，地之勝否無與也。時分教劉子在座曰：大都文主理，理到而文斯善。學必講，學講而理斯明。理明文善，弗利於有司者鮮矣。第翺翔藝苑，深造自得，非俯仰無累，其心志勢有弗可。鄒子亟曰：『是吾責也，吾其圖諸。』歲丙午，民有黄新民、陳岳彪以田訟於庭。廉其均非己業，則謂之曰：『此等閒田，徒爲若等分争累，盍入租於學，養我子弟員乎？』咸曰：『唯命。』歲丁未，客人趙三訟，有詭名僞契將奪之田者，願入官核之。果然前後田計四十三畝，計租八十六石，丘段一座，縣坊都廖門村前垌一座，豐三上都榕樹岡等垌，佃付都民陳友餘、黄斯民、吴洪鑒租儲學倉，諸生宿號舍，肄業者均給之。有志向上，勤學進修出類，力不能自贍者，倍給之。其偷惰頑鈍並自饒裕者，不在給例。

鄒公祠記[一] 太僕寺少卿茂名人　李邦直

君子之學，養氣爲先。氣惟得夫浩然，則以之立言，以之立功，以之立德。是故有以耀之，勿與蕩也；有以困之，勿與移也；有以難之，勿與懼也；有以迫之，勿與挫也。立齋鄒先生憲皇帝時，抗章詆二三大臣之短，論斥諸刑臣之弄天綱，忠讜闓諒，疏上不報，孝廟登極。坐御史湯公鼐事連及，謫石城千户所吏目，則石城其先生貶所也。邦直嘗廉得先生之德、之學，蓋自總角時，業已夢寐屈、宋，追步班、馬，落筆千萬言，奇字爛錯，綺文輝奕。已而弱冠，領解首第進士，官翰林，大悟玄虚，益振藻麗。凡見乎文刊，陳振替僵，走群視者山斗之。其陳之奏疏，有正心之功未講。及深居法宮，此心之發，一如事天之時之語。著論言人性之善，有嘗觀諸月，出没乎丹崖青壁之上，容與乎虚空空谷之間，數言真

〔一〕『記』，《光緒石城縣志》《民國石城縣志》均作『碑記』。

若灼見。道體齋心繕性，則又匪獨文章科第之鼎已爾。理學名臣拾餘老先生隆聲實於昭代，上以溯淵源之正，下以翊元氣之純，使世得爲頌先生之功也。其非浩然之氣，克養於立言、立功、立德之間也耶！自先生殁以迄於兹，豪夫志士，每惑天於先生，胡畀之良、胡奪之速？而時弗俎豆以風名教，爲先生恨。嘉靖辛亥冬十月，督學萊溪張公希舉試士郡邑，按石城，惻然曰：『大賢君子過化之鄉，使不有祠，何以表先民、崇道化？其爲曠典莫甚。』因移檄，謀諸守巡大參堯峰徐公禎、僉憲蘇庵劉公洵燧，上其事於代巡友山蕭公世延，公欣然議行。一時風神意氣，有相感乎，而欲寄素衷於瞻趨景行之外，獨表厲然哉！乃以文屬邦直，紀諸貞珉。邦直甚懼不文，而又喜附名不朽，其奚敢辭？嗚呼！塞天地爲正氣，會川岳爲人文。宋諸儒中，程子謂張敬夫年十六七，遂有志聖賢之道。而先生年過弱冠，即巋然上與理學之芳。顧兹遐邑新祠屹立，殆與雷寇公祠、廣白沙祠，並峙於乾坤清淑之内。則先生之壽，雖止二十有六，先生之所以壽者，則壽於無窮，將百千萬祀而弗死矣。然或者謂，石城去先生家鄉數千餘里，而先生之殁，去今六十餘年。祠之作，何以來先生之神？不知蘇長公序韓文公廟碑，嘗謂公之神，如水之在地中，無所往而不在。然則先生之精，其氣吐霓化爲龍文，上貫少微，正氣磅礴，何往非神，其必乘雲馭風，來歆四公之虔，而永爲此邦文教之庇也！孤風遠韻，上流旁溢，其殆鼓天地之正氣，使之聞其風而興之勃也。名教之地，風俗道化先焉。是祠之建，所繫豈小小哉？先生姓鄒名智，字汝愚，號立齋，蜀之合州人。因修記之。

重修鄒公祠記 太僕寺卿順德人　何彦

立齋鄒公，四川人也，以言事謫石城吏目。舊有祠，於石城千户所之後，歲久漸圮不治。萬曆丁丑春，巡按德宇詹公貞吉行部高州，謁祠下，見其堂室狹隘，止有二層，且漸傾圮，憮然於懷。乃檄郡守胡君文、石城縣令唐廷燦增修之。議出費六十餘金，命所吏目梁山専督工程，建寢室以妥神。兩旁爲東西二廊，中爲堂，前爲門。其規制較舊益廣，棟梁堅美，丹薙彩畫〔一〕，焕然一新。始工於二月十二日，畢工於三月十三日。事倏竣，而民不勞。既落成，咸謂斯乃盛舉，宜有言以識歲月。玆承按院屬筆於彦，予惟鄒公風節，夙所傾慕焉者，豈容以弗文辭？

鄒公諱智，字汝愚，立齋其號也。少而穎悟不凡，卓有大志。成化丙午，發解於鄉，丁未舉進士，簡庶吉士。弘治戊申，因星變上疏，極論陰陽之理。其言指斥時相，曰『某某某等三人皆小人也』。又舉尚書都御史曰『某某某等三人皆君子也』。且曰『君子所以不進，小人所以不退者，宦官有以主之也』。其言懇切，疏入不報。己酉言事者，誣知州劉槪、御史湯鼐妄言朝政。時言官畏勢，莫敢有論救者。又以時相憾智刻已諷，錦衣衛因鼐獄詞連及之，並下獄，議欲置重辟。刑部侍郎彭公韶，辭疾不肯判案。

〔一〕『薙』，《光緒石城縣志》《民國石城縣志》均作『臒』，是。

獲免，左遷石城所吏目。其獄中有寫懷詩曰：『但願太平無一事，孤臣萬死更何悲。』一時傳誦，莫不嘉忠誠而惜其去國也。既至貶所，盡心職事，廢墜修舉，士民感化。總督都御史秦公弦重其爲人，檄遣修書，居廣城，嘗往還江門，與白沙陳先生講求聖賢之學，造詣益深。順邑尹東湖吳公廷舉，與公爲進士同年延至順德。邑民古樓堡李焕構謫仙亭以居之。公惟詩文自娱，悠然物外，亦自忘其爲謫居也。白沙先生遺以詩曰：『遷客一亭眠海濱，當時誰號謫仙人。花汀柳市無疆界，盡是乾坤一樣春。』則鄒公風度可想矣。辛亥十月卒於順德，年二十六。時廣東方伯東山劉公大夏，以公事至邑，臨其喪，乃與吳東湖公資助之，歸柩於蜀。蓋自鄒公卒後，石城縣初祀於名宦祠，既乃創爲特祀。今詹公復增修之，非惟以妥安靈神，而祠宇壯麗，永表揚孤臣，將使後之人追思而仰慕之者，宛如泰山、北斗之在望矣。詹公按吾省，肅憲度，糾官邪，鋤豪强，恤民隱，爲名侍御，而斯祠之修，乃其表揚風化之大，又有出於簿書刑名之外者，其關繫豈小小哉？彦，順德人也，爲士子遊庠時，徑遊謫仙亭，見白沙詩高榜其上，輒興懷賢之思。及鄒公卒，白沙復吊以詩曰：『兒啼母絶家何處，水宿山居路幾程。』又曰：『若將禍福論天道，顛沛如公豈理哉。』每讀此詩，弗覺潸然出涕，傷其名賢而卒於吾土也。兹以按院公屬彦執筆，雖未獲拜鄒公祠下，而懷感之心復戚戚焉矣。遂不揣而抆淚以記之。屬稿成，而詹公屆行未及刻。今巡按懷川龔公懋賢來按吾廣，仰哲思賢同一心也，乃以鎸諸石云。

平倭記

南京刑部四川司郎中海康人　莫天賦

石城治鄰西粵，介於雷、廉。邑小城痺，山半於内。而民居稀尠，素不習兵。有警，鮮克爲王敵愾者。辛未冬，倭奴煽熾，陷電白，攻化州，而石城孤危之區，莫不累卵視之。中外懔懔，莫必其命。城之携稚扶老者，纍纍去矣。僉憲李公亟移憲旌，會總戎張公元勳、參戎陳公豪，兼程而驅，灼文武之勇而謀者，拔之精卒。命下，士卒先登，有功者賞，不則罰之。戈矛戾止，民罔驛騷。檄所屬先守後戰。敕堅鋭之士，從間道以援石邑。倭果攻犯城下，亦不知有兵之先入也。闢門縱兵擊之，俘馘頗多，賊遂奔潰，城賴以全。公又親督戎兵，直擣於雷，旌幟所向，倭奴望風披靡，一鼓而捷於外村，再鼓而捷於調排村，三鼓而捷於那里社。復追，至於廉之息安，草薙而命蒐之，靡了遺矣。且嚴諭所部，毋收俘獲，毋擾民財，料敵合變，制勝安民。蓋將有神武，而兵無血威，仁義兼濟。公之所以奮長策而奏凱勳者類如此。夫以倭奴縱横於浙、閩數十餘年，自督戎以至長吏，罔不卧勦蕩平之策，甚至借力他省，方以威定而成功。今公舉數千之虜而殲除之，一旦巍功峻績，詎不异而神哉！循嶺之西，暨海之北，頌公更生之賜者，永與銅柱而銘矣。石之士民，德公救城之恩，代石志之，請予爲記。余昔家居朝夕獲安枕者，藉公賜也。兼叨年誼，乃不辭而記之。余觀召虎之征淮南，而《江漢》

之詩以興；李朔之平淮西〔一〕，而方城之雅亦頌，西平公之德意耶。尊翁大司馬公，典贊機務，勳著廟堂，奕爲未艾。公起而繼之，除巨寇以雪一方神人之憤，拯百萬生靈之命，又將以濟美並稱，功業之焕，信有自夫。矧公之泛防山海，整飭政教，功德之入人，尤非俚言所能悉記也，特因石城之請，而舉平倭之大者，識之於石。公諱材，字孟誠，別號見羅，江西豐城人也。

郭侯祠記 鄧宗齡

侯，粵西之臨桂人，由鄉進士來令石城。三年而報政，又三年而政成，兹且升遷之永寧矣。乃石城之人，謳功誦德，依依不忍釋。其博士、弟子相與謀於校曰：『群吾儕而課誨之，使我朝詩書而暮禮樂者誰乎？我郭侯也。』其耕氓、耆叟相與謀於野曰：『使我左食右粥，仰事而俯育者誰乎？我郭侯也。』其賈人、販夫相與謀於市曰：『使我業不變，時不易，操其贏利，以活其生者誰乎？我郭侯也。』遂鳩工集材，搆堂而祀之，用識不忘，以貽諸世世。余也竊在鄰邦，維侯之政，耳之稔矣。祠成，耆老顏尚賢，里排黄烱、關一濟等，請紀其事。余拍掌曰：『郭侯之政一至是耶，何令人繫心乃爾？』余考侯之素，悉侯之政，其衷粹白，其守廉平，其材識精明而練達。其出而試石城也，如太阿之發硎，而事皆迎刃；

〔一〕『李朔』，當作『李愬』。

如逸足之康莊，而轍無柅迹。凡所以剔弊興利，飭紀維風，肅清冒濫，斥去羨餘，以蘇此凋瘵者，不可盡述，姑舉其大。

石城之俗，樸而少文，弟子僅四十餘員已爾。侯加意名教，風勵學宫，時諄諄而化誨之，不啻父兄子弟。以故士知率德，於今百有餘員，彬彬然質有文焉。當時餘糧絶丁，貽累廣矣，侯惻然軫念，清審而申豁之，以故安其生，樂其業，而石壕之歌不作石城。土堅而人剛，其俗好争而勤於訟，侯則持之以平，濟之以斷，一洗其揚沸之政，而敷之烹鮮之理。以故無情者息，而公庭之上，可設雀羅。劇賊蔡邦良倡禍於黄村，四方洶洶然不保其生。侯設計擒獲之，殲其渠魁，散其脅從。以故嶺之西、海之北，而焚燬劫掠之禍可息。夫班椽，良史才也，其紀循良不過幾人。如蜀郡之興學，而彝風變渤海之理，繩民俗清。南陽之興利，潁川之寬和，而人以富實。後之譚吏治者，往往欣豔不置。乃侯之治，殆兼數公之長，而與召伯國子相先後矣。祀法不云乎法，施於民則祀之，禦災捍患則祀之。侯之惠石城，而享報有永也，何所不可！後之采風者，不與甘棠之咏、輿人之頌相媲美也哉！侯諱良楫，字濟卿，通川别號云。

鄭師垂芳碑 邑庠 龍德涵

鄭老師振鐸六載，其功德炳炳琅琅，在人眉睫。兹以榮擢新安去矣，諸生僉謀立石以志不朽。而或者曰：『文因人重，必藉手縉紳，始足揄揚。』乃又有應聲起者曰：『若等獨不見月旦有評，閭巷有謠乎？老師示若等以心，若等業已心醉。即因事識心，因心紀石，尤見本色語耳也。况老師自足重，奚必借人言以重耶？』於是相與頌德紀功，摘其尤者以壽諸石。夫世之侈譚師職者，見其才氣凌霄，雄篇倚馬，輒褎然舉最，不知所以樹望士林，而得弟子之戀戀者，則在心也。老師以明經預薦，分席石庠，其存心雅尚渾厚，獨秉仁慈，坦易寬平，儼然爲士師表。以故穎异者拔之，椎魯者文之，貧素者澤之。肫肫誨愛，日在型範，此老師勵人盛心也。新奇之説，易於煽世，老師學既端矣，悟既徹矣。每進諸生，以翻經闡義，惟依教紫陽，何嘗有立异之心耶。私囊橐者，必籌自潤，而一切脡脯之瑣，置若弗計，則其不淄之心也。文廟就圮，項、凌兩父母，一支筦庫，一捐己俸，而舊制卑卑欲起而新之。猶然弗給，復捐金三十，購物庀材，殫心揆度，增其址，大其居，繚以周坦[一]，翼然傑構成焉。至於神龕、祭器、彝堂合用之物，又不慭而修創之，老師殆心存報本者矣。然具是心者仁人也，仁人不易生，由奕世載德，篤生老師。及老師之身，亢宗耀里，篤生賢嗣。語曰：『孔氏之林無欹枝，世德之門仁義存。』如長君别駕廉郡，惠政磊磊，今晉秩朱涯[二]，化行海外，次君翩翩鳳毛，賢書高薦，皆老師仁心所蘊，崇福善之左券矣。天於仁人有厚報，諸生日在化雨中，獨不繫心者非夫也。夫師弟恩義相與，老師弟子諸生，諸

[一]『周坦』，《光緒石城縣志》《民國石城縣志》均作『周垣』，是。
[二]『朱涯』，即『朱崖』。

生無不父兄老師也者。父兄愛弟子，未嘗不至，弟子離父兄，無有弗思也。斯舉也，老師行其所固然，而著明動變之妙，不知其所以。諸生盡其所當然，而歡忻鼓舞之狀，亦不知其所出。蓋一心相契，兩無所爲也已。老師諱煒，字文明，别號可傳，滇之永昌人。由歲薦授吾邑司訓云。

佴侯功德碑 吉水縣知縣東莞人 温皋謨

自如佴侯令石城三載，布澤宣仁，口碑藉藉。邑薦紳士民歡呼加額曰：『於都哉！侯善政也。』興利除害，靡不殫力，敢以培堪輿之説進。石爲雷、廉、瓊咽喉，通往來者悉由城。南郊以外，輒卑坎阻洳，且中道直射，形家言弗利。久議更於西，竟未之行，願侯注念焉。西河水洩，業建鎮龍寺、文昌閣以關鍵矣。而橋爲襟帶，規制既卑卑，猶乏曲折遶護之勢，願侯更而大之。侯毅然曰：『橋梁道路，王政之一，若而議也，可旁舍而鄙視乎？』遂乃相原隰，因便宜，更南路，由西鎮彝門以達地之污萊者二百六十丈，募工築土而路，疏溝而梁。又於西河岸壘巨石爲址，深厚各二丈許，采美材可堅久者。釃水爲三道橋，而榱桷碧瓦其上，左右翼以扶欄。岸西聳建高亭，顔曰『文昌』。自橋而南凡三折，乃會通衢。是舉也，糜金百七十兩，闔邑助者僅四十金，餘悉侯捐禄成之。紀其事，始於乙卯春，閲丙辰夏而竣于焉〔一〕。長橋龍

〔一〕『于』，《光緒石城縣志》《民國石城縣志》均作『工』，是。

奮，周道蛇紆。匪直主客遊咏，探寶林之盛；輿馬輻輳，壯文閣之雄。浸假而文運培、風氣厚，石之福地駸駸埒名區矣。闔邑德侯鴻伐，共謀以志不朽。即於岸之東建亭竪碑，俾過續於兹者，知頌德而景仰焉。因以范學博、余冰清也，轉徵言於余，余敬書侯之功，勒之瑱珉，非爲他日甘棠地乎？侯以濟川鉅才，將漸開天下蕩平之路，使石人士難久恂借維繫遐思爾。侯諱夢騮，别號自如，尊翁舉孝廉，叔翰林豸史，滇臨世家。

重修蘇鄒二公合祠碑記

郡别駕　聶應井

自今朝廷邦國，以至於兒童婦孺，莫不知有蘇文忠公者。越數百年，而我明庶常鄒公繼起。庶常名位未顯，乃更無年，其聲名、文物俱遜文忠公一籌。然而實考兩先生道德、文章，遭逢濟遇〔一〕，上下千載，如同一轍。奇也，兩先生並蜀産，其地同；俱以少年登第，其名同；文起歷代之衰，道濟天下之溺，其學同；以讜論批人主之鱗，以危言落奸雄之魄，其忠同；乃直至道之不容於時，孤身之流離萬死，其遇同。最可异者，文忠竄嶺海，而庶常亦竄嶺海。其遷流放逐之地，更無不同。石邑於兩先生，俱有專

〔一〕歷代石城縣諸志載此文，均作『濟遇』，實應作『際遇』。

祠其祀。庶常何以曾貶吏目於此也？文忠之有祠，則當年經臨其地，而構書院以居者也。大抵石人所至〔一〕，草木都芬，有道淹留，山川增勝。彼滁陽以『醉翁』名，匡廬以『虎溪』著，鬱鬱葱葱，皆地因人而傳。况過化所及，有不聞風興起者哉？蘇祠久已傾頹，乃徙其主而合祀於鄒。已而鄒祠復就頹矣，破塊傾垣，不蔽風雨。

予代庖石篆，思有以振敝而維新之，謀之學博劉君、孝廉黎君、諸生沈子暄、謝子必晟，而劉君乃始終堅成厥任。顧是役也，或有疑焉者，曰：『禮之有廟祠也，生而有功德於民，没則祀之瞽宗，以明報也。而蘇、鄒二公以末僚遷客，無所短長，顧乃祠而祀之，於理安、於情順乎？』曰：『理也，亦情也。兩先生之德澤在人，殆更僕而未易數也〔二〕。今夫撫字劬勞及身而止，善政善教及民而止。善乎，文正公之祀嚴子陵也，謂其有功於名教也。夫子陵耕山釣水，何與名教？而文正謂其頑可廉，懦可立，固宜食其報也。然兩先生之在當時，播遷煙瘴，又何計身後之祀乎？乃思其忠誠不諒，不禁夫乾坤毁而日月慘也；思其擯棄難容，不禁夫風雨之凄其而煙雲之黯淡也。迄今風教所感，令人奮興。孱者起，弱者植。忠臣孝子，愈以增其凛烈之思；擔夫走卒，益以動其慨慕之情。則其振興於風化爲何如？而其爲功

〔一〕『石』，《光緒石城縣志》《民國石城縣志》均作『名』，是。

〔二〕『僕』，當作『仆』。

於名教，又何如也？』或人乃輾爾曰[一]：有是哉，子言之孅也。雖然，子誠蜀人也，知有蜀而已。子其瞻青雲、仰白日，依兩先生以聲施不朽乎？是斥鷃之决起枋榆，而蠅翼之思附驥尾也。則吾豈敢。

建鎮龍寺碑記 邑令　凌位

石城界在嶺海，山川形勢，謝護壯其祖龍，營搆隄其迅駛，屏連建山，襟繞羅水。自昔西關外，補缺障空，三台列翠。時民物康阜，六桂聯芳，舃奕於永、宣間。洵堪輿云：關門固鎖，則俗美文興。迄今風氣文運，視昔不逮，咸以爲係之山川關鎖未固。

歲萬曆壬寅春，予奉命出宰是邦。受事以來，夙宵惟是，無裨地方，學校滋懼。日與廣文鄧君、鄭君、張君清籍問俗，釐奸敕法，課題修祠，蕲以振起爲任。而士民僉咎西關，基傾水卸，謀以古西華地建寶刹，爲祝釐之所，以障其流。具狀徵余，余咨嗟重嘆之，曰：是予治教無狀也，於地靈何尤？且福利未覩，徒費財勞民，果足裨乎？亡何，會一儒生具道廣州，明興二百年來，再建浮屠以鎮水口。一時邱梁倫霍，蔚然崛起。培地紀，發天綱，以炳人文，驗若左券。兹觀音閣之建，無亦仿浮屠之遺意也。敢徼四君之靈，爲我侯請，豈直一時，百年將拜明悳之賜。不佞自幸得身爲下邑率，苟可爲斯文豎前矛，

[一]『輾』，當作『囅』。

敢愛尺寸，不以慰爾多士首捐俸倡之。而耆老徐建綱、龍貞等欣然義舉，醵金有差。遂鳩工掄材，鞭石陶甓。興作於壬寅季春，落成於丙午孟夏。題其扁曰『鎮龍寺』。

蓋地勢之蜒蜿屈伏，遊龍蟠焉。非鎮若厥居，則龍無所蟄，故曰『龍變無常，能幽能章』。君子臨之，放而霖雨六合，卷而莫施其勢，斯妙用所以不窮。兹樹鎮於西關〔一〕，時偕博學諸生，睠然四顧，烺烺環拱，若几若障，扃鑰西流，是不可儲富庶康寧之祐，聚三台六柱之英乎？乃進士民而告之曰：『若知人傑地靈乎？若知地利之不如人事乎？禮義廉耻，身之鎮也；廩盈廥羡，家之鎮也；文章德業，國之鎮也。』彼其繼邱梁倫霍而起者，非漫無鎮定，藉庇堪輿之勝，徒屈道而伸術、遠人而聽神哉！則鎮龍者，又石龍、高凉之西鎮，東粤之雄鎮也，關係顧不偉歟！後之君子，幸嘉與保全愛護，時修葺之，豈非士庶無疆之休哉！是爲記。

瑞花記 邑教諭 湯誥

夫瑞不易産，産瑞亦未易也。必含精葆和、凝醇聚粹、薰蒸鬱結而不可解。故時見於天，則爲景星、卿雲，爲甘露、瑞雪；時見於地，則爲河清、海晏，爲圖書、器車；時見於物，則爲龍鳳、龜麟，爲靈

〔一〕『樹』，《光緒石城縣志》《民國石城縣志》均作『寺』，是。

芝、嘉禾、瑞麥之屬。總之，因人而應。名世出，而百瑞臻臻，豈易易哉？

城之東門外北角，土名『蓮塘』，一名『白霧嶺』，復名『青蓮』，境有居士龍貞之莊在焉。築茅屋數間，延庠士高子魁及諸子大經、大紳、綬、縉、維、紘，讀書其中。舍前丈餘，地偶發一幹，高三四尺許，未有枝也。幹末發蕊七顆，其色紅，葉六出〔一〕，開時异香入於書舍，旋繞四面如寶蓋，經旬不散。時則七月十六日也。環城觀者，日無計數。百人皆知其奇，不知其名，相與笑玩，咨嗟稱羡而去。

夫物而知名，則常品矣，栽而時發，則常種〔二〕。根而後幹，幹而後華，一歲一復，顧造物之常，及瓜而待，何足异也。惟是突地而起，無年所，無歲月，不種而生，不根而發，天不能爲之時，地不能爲之限，人不能爲之擬。蓁蓁灼灼，珠環聯絡，箭直蓋圓，色紅霞映，葉六雪飛〔三〕，百卉無芳，挺然獨茂，雖剪彩琢玉，描寫丹青，曾不及此。信乎，造化妙矣！啓天地不盡之秘，洩百年未有之幾〔四〕，兆遠近前知之報，預聖賢豪傑之符瑞哉！花蓋至此，其必有所屬也夫，其必有所屬也夫！然聞之《春秋》，書祥而不書應，欲人修德以凝之也。瑞花固不虚生，亦未擇地，或總一人，或關家邑。凡修文者，固勉力以爲

〔一〕『葉』，《光緒石城縣志》《民國石城縣志》均作『瓣』。

〔二〕『種』下，《光緒石城縣志》有『矣』字，是。

〔三〕『葉』，《光緒石城縣志》《民國石城縣志》均作『花』。

〔四〕『幾』，《光緒石城縣志》《民國石城縣志》均作『機』，是。

之應，毋謂産於一隅而自囿云〔一〕。

鼎建學宮碑記 學道 遲煊

上御極十有二年，文命敷於四海，臣受命敷教者，直省各一人。予以地官郎俞晉粵東學使。既視事，丕宣天子右文至意，粵士無不蝟奮鵲起，沐浴歌咏，以幾雅化，而吏其土者，則以學校廢興報稱，殿最有司，蓋懔懔焉。

石城，高六屬之一，瀕於海，去省會以稍遠，聲教猶慮弗及。明年春，往校高州，石城博士弟子員例進謁，從容斌雅，動止不愆於儀，竊心喜。迄讀其文，則典以約，無愧先型，士如是，是亦足矣。非有父生師教、歲月漸摩之能，不易致也。已子衿暨邑父老〔二〕，以學宮新成聞，具道其學之所以成，爲邑令李琰治邑惟謹，間民之力而得其理，使一邑欣然有崇儒敬道之心，則令之爲學宮地者固裕也。令爲高陽右族，於今相國，公稱小阮。相國佐兩朝以襄文治，誠當代人文領袖。其爲漸摩天下者，實深且久。令能以其家學身體力行，以漸摩乎一邑。治無論大小，其有裨於斯文者，未嘗不合也。而今猶遜謝弗遑，

〔一〕「毋」，《石城縣志》諸本皆作「母」。

〔二〕「已」，《光緒石城縣志》《民國石城縣志》均作「邑」，是。

豈非所稱德讓君子耶。夫古者建國，居民教學爲先。《易》曰：『觀乎人文，以化成天下，知化之所由成，則知化之所由始。』蓋學校者，王政之本。學校不興，則人倫不著；人倫不著，則民俗士行必且流爲寡廉鮮耻，規矩改錯不離經叛道不止，此豈邑之幸歟？今一旦革故鼎新，梓材丹臒視昔有加。則人知敬學，比户弦歌，庶幾聲名、文物露涌雲蒸，而况砥行勵節，崇禮樂，敦教化，朝廷尤嘉賴之，李令賢乎哉。壽諸石，以爲後世良有司法。

鼎建學宫記 邑令 李琰

粤東之有石邑，亦泰山之於邱垤也。俗近樸，乃觀其學校，則駸駸乎見文明之化，臺星綴垣，雲漢章天。噫！孔子之道在焉，於小中見大矣！

余奉命來莅治土，時懷祖若父，遺訓簿書之餘，延接諸士，每勖以崇道敬師諸大意，亦欲昭聖教，日正人心，毋使江河日下，而赤狐、黑烏徒存一獰然面目也。或謂惟古帝堯，時際午會，故大道獨行於三代，夫子有志猶未逮。今戛戛乎以文易世，不幾難歟！不知治有盛衰，而聖人之道則無時而不然。風氣不能囿，干戈不能亂，天生夫子於春秋，正以末流砥也。即以粤論，在昔尉陀椎結，今爲鄒魯縫掖矣。鴞食桑椹，慰我好音，猗歟休哉！

今冲聖御極有年，宵旰憂勤，思興文治，惻惻然無非此意，寧遺一石邑耶！余於朔望謁廟，徘徊四顧，感榱桷之微朽，欲起而更新之。因集諸弟子而議改作。咸答曰：『時孔艱，仍舊修之易爲力。』又有起而言曰：『地宜就下數步，移於左則吉，惟恐煩費而力不副。』余曰：『無慮，事誠在我。』於是庀材鳩工，捐俸從事。聖宫仍照萬曆年基向，明倫堂移諸右。董其事，則邑庠謝嵘、黎民止；督工，則典史來民服、驛丞張名達。爰諏日，乃癸丑初冬，『定之方中』時也。七閱月而工告竣。自是而觀，泰山巍巍，焕乎文明一新云。异日檜幹參天，杏枝秀日，多士有繼先達而奮興者乎。余雖不敏，願與諸子相與有成，始終不忘爾。預肅斯言，爰貞諸石。

邑侯圓濱白公去思碑 邑訓導 蔡叔度

侯名玠，陝西延安府青澗縣人。以庚戌進士出宰石邑。石殘於寇荒，民窮財殫。侯憫之，撙節愛養，事事本於真誠。比膺卓异，升雲南晉寧知州。去之日，士民攀留無計，乃建祠勒石，以志去思。夫官以遷秩去，誰則無碑而特祠之。建固未易易，侯何以得此於石人哉？則惟侯之濬德，於石爲特最也。

松明書院勝迹紀 蔡叔度

石城松明書院，宋學士蘇東坡所建也。余素慕之。癸亥春，選授石城司訓，私幸薄宦其地，將見名賢勝迹，旦暮遇之。及至石，訪之諸生，俱以荒遠對致不得。即過松明而觀所謂書院，懷滋切矣。邇奉文查修先賢祠宇、書院，則松明之勝有因而至未可知也。兹署縣周公奉修邑志，余共襄厥成。自念身入松明，雖有待然得操筆爲志，其略有餘榮矣，因紀。

重修鎮龍寺碑記

邑令　孫繩祖

邑有鎮龍寺，創於前萬曆間，歲久傾圮。余未任前，有圖所以新之者。邑人以寺於羅城，興廢實關災祥。一時醵錢四百貫貯於官。迨壬午歲，余承乏是邑。邑人數以修寺請，及稽前所捐者，則已名存實亡矣。余不禁悄然曰：四百貫非少也，一文，民脂也。爲民上者，將昭德塞違，以照臨四境，猶懼或失。矧以好善樂施之物，而概歸於烏有，其可乎？吾民有罪，令且引爲己愆，慝由於上，其咎更安諉耶？於是擇日鳩工，捐俸重建，爲之補罅塞竇，不忍重勞吾民，且欲有利吾民也。雖然修寺以完形勝，令之任也。而修德以迓天庥，則貴邑人之自爲任。夫父母之愛其子也，詩書訓習之外，有時私禱穆卜，乞靈於不可知之地，無非願其子之吉祥善事也。若爲其子者，以父母之私禱穆卜爲足恃，不思雪案螢窗，求所以達天德而履休徵，能析薪而弗克負荷，伊誰之過歟？吾邑人士其思盡人合天，使民康物阜，科第聯翩，將遠邁前休。庶此余不負邑人士，邑人士亦不負余矣。工始於甲申之六月初八日，竣於乙酉之八月二十一日。寺凡三進，僧房環布，規制較舊加宏麗焉。時住持僧福東甚摩放趨事，各爲其爲，亦足以覩其用心之美也。

接光亭記孫繩祖

邑有東聖禪林，舊稱最宜於邑；顧予意禪林之外，最宜亭；亭畔有沼，最宜蓮。三宜具而後三稱快。乃究未有亭之蓮之者，則真負此禪林矣。乙酉歲，始命僧亭爾於茅，蓮爾於沼。僧幸如約，既亭且蓮。予偶餞客憩此。花明水秀，亭幽香襲，顧而樂之，因賦『四顧山光接水光』之句。然此僅取快一時，未能垂遠也。爲憶前賢諷諫之言，以瓦爲之則不漏。而時僧無之合什而前曰：永此則歐之《醉翁》，蘇之《喜雨》，不是過矣。余雖愧弗克當，第念歐之何以醉，蘇之何以喜？竊有志焉，則永此以志吾志，亦事之無害於義者。爰出金粟倡之，三五同志和之，不足則僧無之補之，未匝月告竣。僧以名請題曰『接光亭』。蓋取前所賦句，猶夫『意不在酒，在夫山水之間也』。落成矣，三宜既具，而僧肯結善果，如此亦可謂宜僧。若夫一行作吏，何以宜民，何以宜俗？俟之後賢。余不敏，概乎未之或宜，則行且自負矣。庸詎負此三宜云爾哉！

重修聚英坊記孫繩祖

坊者何？紀盛也。凡薦於鄉、捷於南宮，與世之節孝者，皆得竪坊以旌之。石城僻在海濱，當勝明永樂時，有六士並登賢書，建坊縣城四街中，額曰『六桂』。繼起者曰『翰苑』，曰『省郎』，曰『豸史』，聯翩坊表。噫，盛矣！其後改額『叢桂』，又更『聚英』。至今聚無异稱，餘則忘之矣。是坊也，歷今三百餘年，時异鼎换，永樂銅蛇已在荆棘中〔一〕。而數柱雖朽，懿迹猶存。吊古者嗣而葺之，亦固其所。戊子歲，予乃奮然鳩工，始於戊子臈月，至次年正月落成。其規模較舊制益閎廠峻拔。計費七千餘金，予捐俸六十兩，餘則邑之紳士相與樂助。其材木多係孝廉曹俊義助。例得並書，以勸後賢。乃或有謂坊宜易名。予曰：『聚英之義大矣。昔杏壇聚英三千，速肖者七十四，科者十人。多士其知所聚而勉爲英，則石城而鄒魯矣。豈徒紀六桂諸賢之盛已乎！』因仍名『聚英』。予特書之，而并表其名於上。『六桂』爲誰？李諱儁、龍諱德輝、李諱殷、禓諱昭〔二〕、何諱清、全諱有志。『翰苑』則編修楊諱欽，『省郎』則部郎李諱澤，『豸史』則侍御黄諱充也。

羅州坊記 孫繩祖

青烏書，予素不閲，惟其弗閲，所以弗信。在昔公劉遷豳，亶父遷岐，初未聞有形家者爲之擇地也。

〔一〕『蛇』，《光緒石城縣志》《民國石城縣志》均作『駝』，是。
〔二〕『禓』，疑當作『禢』。

且最盛者曲阜之堂，與天地同悠久，亦未聞有郭璞、廖金精、楊救貧諸老，爲卜宅兆。而當時諸聖賢陟𪩘在原，默符陰陽，則豈非在德不在險哉？

丙戌冬，有客過予署，津津談天星理氣，亦是好竽而鼓瑟也。顧予素性難更，而客復喋喋不已。且曰：公何膠鼓之甚？譬諸射，覆射而不中，拒之未晚。余諾之，叩其所以。客曰：『縣治門外孔道，如水奔放，砥柱無存，則善氣不凝，宜建一坊以遏之。』言適中鵠，且與予素心相合。爰卜吉營造，不一月而成。額其上曰『古羅州』。數年來，四郊無虞，婦子盈寧。自顧吾何修而得此，亦未可謂非坊建之功也。乃或有訝余前非而後是者。余曰：『仆碑，豎碑，射桓，佐桓，豈兩人乎？且建坊利民，業有成效。後之令此者，相其形勢，猶將首肯客言，而況予始事哉。』因爲記其事，以告嗣而葺之者。

文奎合祀記 孫繩祖

嘗聞湯禱桑林，孔禱尼山，古人先我而行，祀神曷可虛廢？特非其鬼而祭之則爲諂。若問農而祀稷，龍門而祀禹，亦其所也。石城舊有文昌閣，明萬曆時，郡司理蕭公、邑宰何公就西墟射圃建之，閣後圮。前令劉君移創西墟外，復於城東南隅建樓祀奎神，其興起人文之意，猶之祀稷、祀禹也。而科目仍如晨星，似乎祀而不應矣。於是邑諸生相率而請曰：『二神皆司文，衡不宜分祀。』予曰：『諸生特患不能事人耳，奚庸事鬼？且君子求諸己而已。』而諸生乃復請曰：『惟理與數周滿法界，公言理也，生等言數也。數與理合，並行而不相悖。』余笑而是之。第以若所言，移文昌合於樓，或移奎神合於閣，是得一失一，不廢樓則廢閣矣。余意兩全，取沉檀而金碧之，另模兩新像，位文昌於樓南，位奎神於樓北。既不拒諸生之請，亦不泯前人之迹。巍乎二神，南北相望，譬猶周、召二公，東西分陝，夾輔周室，監於二代以成鬱鬱之文，詎不休哉。自今以往，多士拭目以俟，二神之比於二公可也。是爲記。

玉皇殿記 孫繩祖

嘗聞陰陽二氣，塞乎兩間則爲天，宰天而治則爲帝。二氣之功用，則爲鬼神。禮天子祭天地，諸侯祭境内山川。則宰天之帝，非天子不敢祀。石城儼然模帝範而像於鎮龍寺，僭矣。寺圮，寄奉於東聖禪林，則又褻。余牧斯土，夙夜圖，維求所以不僭不褻者。乃於佛殿之左，架間爲三，中祀帝，以僧房爲弼輔。復搆獻庭於前，環以欄，位置焕然，或可告無罪於褻。帝宰天而治，世之治必由乎天，天治亦治，此理之必然祀之。上以護國，卜萬年之有道；下以庇民，兆四境之昇平。上安下全，或可告無罪於僭。無僭無褻，而天帝始至尊無上，明有體也。若夫玉皇之號，經史不載，出自羽流，所謂六合以外，存而勿論可也。

德行、文章、政事、語言四科並進，而後聖人之道明，聖人之道行。若但言德行，而語言、政事、文學皆昏愚莫知，其將何以備國家之用。此三代以下言聖學者，必掃詞章。除事功，拒語言，聖學於是爲之蔽塞矣。因周、程、張、朱而輕韓、范、歐、蘇，誠未見其可也。

松明書院記

安福人　吴雲

粤東石城縣有松明書院，乃蘇文忠公過化之地而存其神者。今石城賢侯孫公念先賢而啓後學，必欲修理其堂以教化學者。文章至於蘇文忠公，可謂至矣；政事至於蘇文忠公，可謂至矣；語言至於蘇文忠公，亦可謂至矣。若德行，公一生好獎進人才，扶掖士習，愛恤民生，周濟窮困，此之謂真德真行，豈閉目冥坐者而謂之德行哉？公當宋時，來居於粤，由惠而瓊而廉，間關險阻。其次石城也，茅店雞鳴，松燈照讀，即其地而建書院。雖畫棟朱窗久委荒榛，而書聲櫛影，燈光履迹，常若在焉。予聞孫公至重蘇公，每手其詩文不釋。是重其言，必重其人；重其人，必重其地。今舉書院而一新之，復其祀，留其像，表其文，彰其德。則蘇公之德行在兹，語言在兹，政事在兹，文學在兹，儼若蘇公至今在矣。朱子云：『蘇氏之學，若登朝大用，其害甚於王荆公。』是説也，吾不謂其然也。荆公剛愎自用，不容一人。蘇公恢廓大度，每愛群公。即其忠厚論，謂仁可過也，義不可過也，豈有當仁者而謂之害哉？且蘇公有申韓之恨，謂申韓刑名之説行，屈死生靈不知其幾，夫亦可以知公之心矣。孫公亦欲尊吾孔孟之學，而不肯爲申韓之法者，宜其尚友千古而至重蘇公也。石城諸君子念蘇公過化，相助爲理，每歲時祀享於文忠，又舉文會、學會以學文忠。將來石城亦眉山已，其相與久之。

松明書院記題[一] 孫繩祖

先生諱雲，號舫翁，晚號天門，豫章之理學名儒而隱者也。爲文賦詩，日揮數萬言，宛若夙搆。聲名馳宇內，與予無面而神交。歲丙戌，先生年八十矣，聞予欲修復松明書院，爲作此記，并題『蘇文忠公至今存』一額而繫以書，極致慫恿。越一年，而先生即世，兹幸書院告成，敬勒先生真迹於書院，并載此文於邑乘，以志先生鼓勵之意於不朽云。

重建松明書院記 孫繩祖

蘇文忠公幕天席地之老也，其玩物似東方朔，其文章似李青蓮，其愛民似僑大夫，其忠君愛國、勤

〔一〕自『先生諱雲』至『不朽云』，歷代《石城縣志》中，惟《嘉慶石城縣志》有，此爲邑令孫繩祖所題，此段文字末尾書曰『孫繩祖識』。此文題爲『松明書院記題』，仍綴於《松明書院記》之後。

邈於章奏之間，似陸敬輿。百世而下，孰不聞風興起？石城舊有松明書院，《志》稱先生由瓊移廉，道經此地，見晴濤浩淼，蒼虬蟠結，喜而流連，因賦《夜燒松明火》一詩。其後重先生名者，遂搆書院於斯，而奉爲俎豆焉，儼然與鵝湖陽明争勝矣。洎元末〔一〕，院廢，歷今四百餘年，興復無聞。毋乃僻在海隅，風聲氣類，末由相感歟。予奉乏是邑且十年矣，夙興夜寐，志圖鼎新。竊意舊址遠在山陬，無益觀感，乃卜築城内東隅。鳩工於辛卯季夏，告成於仲冬，以妥先生之靈，以志一邑之勝，甚盛事也。夫事不足以厭衆心、垂久遠，舉亦旋廢。是舉也，修復古制，衆謀僉同恍起先生，於今日而聆其謦欬。吾見師其文，可以翼典誥；師其忠，可以報聖明；師其愛，可以保赤子；師其玩物適情，可以遊戲大千，無入而不自得，雖千百世可也。登斯堂者，自共勉之，當不負予今日興建之意也已。是爲記。

重建松明書院題名記 孫繩祖

語有之，三代以上，惟恐好名非古也。然有其實而不著其名，後將並失其實。觀夫宇内名勝，創闢固難，相與創闢尤難。及其既成，類皆有穹碑崇碣，記其姓字，非標名也。蓋欲使後之人顧瞻興感，歷久而弗失其實也。

〔一〕『洎』，當作『洎』。

石城之有松明書院，《志》稱蘇文忠公所建。顧予按先生年譜，論遷嶺南〔一〕，其於惠、瓊最久，卒未聞有創書院、登堂論學事。若石城，特杖履偶經耳，而謂於此特闢書院，余未之信。則意當日者，石城多賢人哲士，或高先生之風，投轄盡歡，相與流連論學，於去也，築書院講習，歸美先生，未可知也。且先生所在，皆有題記，書院非細搆，乃至無文可考。惟《夜燒松明火》一詩流傳海外，豈真遺文散逸耶？抑當時賢哲不欲垂名，故湮没不傳耶？顧第弗深考，惟是古今有不朽之勝迹，固傳於不朽之人，尤傳於相與有成之人。向使當日建院論學，諸賢珥石記名，則自元季迄今四百餘年，其子孫亦必有繼高曾之志而嗣葺者，而無如蕩爲丘墟，名實胥亡則甚矣。相與有成之姓名，宜亟記也。

予自莅石城，即訪松明故址，窮二日之力，始至其地。惟見深箐彌望，潮汐往還，廢然久之。欲就故址重修，而人迹罕到，乃計就近城卜地，茫無定所。經營十載，節貯薄俸二百餘金，會原建安尹黄君諱衮裳者，慨然捐城内東隅基地，而太學生曹諱信者，慨然捐山植之材。於是詹吉興工，一時闔邑紳士里民歡欣鼓舞，醵得金九十三兩四錢。鳩工於辛卯六月中瀚七日，歷百有四旬而工竣。共計磚瓦匠役、買增木植諸費，通共銀三百二十八兩六錢有奇。搆正院凡三楹，照面緣官街築屏墻，以肅瞻眎。其前楹左右耳房各一間，中爲戟門，額曰『松明書院』，志復古也。中楹爲大堂，額曰『照紅』，以先生松明詩有『照室紅龍鸞』句也。後楹建高閣，奉先生主，並刻松明詩於上，額曰『流韻』，嘉先生流風餘韻未衰

〔一〕『論』，《光緒石城縣志》《民國石城縣志》均作『謫』，是。

也。閣之下分間爲三，遇高軒至止，以永朝夕，猶先生當日於焉税駕也。正院西有隙地，後爲書室，前作厨房，虚其中以植花卉，統名曰『西院』。又於『西院』前置屋三間，以居典守之人。而書院規模始備焉。落成之日，乃率紳士里民，奉先生主入院而酹之，曰『諸君子相與有成矣，行將勒以嘉名』。而時各避席遜謝者再。予曰：『諸君不欲著名，亦三代以上惟好名之流亞也。雖然名之不存，漸且失實，書院往事不可鑒乎？且君子疾没世而名不稱。是役也，諸君子之稱名也，繼自今書院日新又新，松明名不朽，諸君將附蘇公名不朽矣，烏可以弗記？』於是欣然還席，各浮太白而去。予因得次第其姓名，並卮言而勒諸石。

重建松明書院記 邑教諭　羅顥

松明書院者，爲宋學士東坡蘇公所建也。公歸自儋耳，道經石城，築數椽讀書，旅况蕭然，燈火不給，爰伐松取膏，然以繼晷。而榜其門曰『松明書院』，其中若有取義焉。厥後南人呼松之有脂處爲『松明』，蓋本於此。夫坡公去今五六百年，古院久廢，陵谷遷易，曷足深怪。所恃松明之號，載在簡策。雖邱墟隴畝，而過客猶駐足憑眺，低徊留之不能去，豈非地以人傳之故歟。

我堂尊孫侯清白吏後人也，受命神武，出宰兹土。莅事十年，利盡興，弊盡革，農桑、學校釐然具舉。所在名勝古迹，無不修復，惟松明故址尚在榛莽蒙茸中，緣與縣治相隔，憑吊者罕至。於是惻然興懷，卜地郭内東隅，較舊址益深廣。涓吉捐俸鳩工。時顥濫竽同城鐸長，義當荷插從事。適際賓興，與同僚李君奉檄抵省。會場事竣，俶裝偕歸，車過松明院，猛見噲然而正者爲堂，噦然而冥者爲寢，巍然而高聳者爲樓閣，鄰鄰如鳥之垂翼者爲旁室廊廡，桷刻甍雕，文窗列啓，無不各極工緻牢密。兩人不覺驚喜交集，曰：『神哉，君也。不勞民，不勸相，不取資於公府，數百年之陳迹踵事增華，不日則月有如是之迅速耶。』束帶復命。後因賀落成，侯喟然謂顥與李君曰：『斯舉也，匪徒侈遊觀、供燕集也，將以起前賢、勵後學也，振文教、培風化，胥是物也。繼自今，朝斯夕斯，陶斯咏斯，觀感砥礪於斯。余與諸君子，其無忘松明之義也可。』兩人唯而退，達旦尋思，求所謂松明之義，猝未有得。久之始悟曰：『吾知之矣。松之勁節，直而遂，喬而不支，歷風霜而不凋，孕苓珀而不老。登之廊廟，爲棟梁柱礎之器。刳之爲舟，架之爲梁棧，有濟川利涉之功。偶屈大材而小用，則留堅忍之骨格，盤錯之根節，與夫膏腴洋溢之文章，樹之兩階，庭燎之具也。秩乎山川，柴望所需也。其或不然，假以添燈代爲秉燭，耀寸光於螢火之餘，校尺籍於杖藜之照，其光明洞達之性如故也。一朝乘日月之精華，應風雲而變化，無非松明之所致者。古之人用之黄離元吉，韜之蔀屋生光。竊意坡公之所以流芳百世者以此，則吾侯之所以暫行道於百里者亦以此乎。』晨起以告侯，侯曰：『旨哉，斯言！余且偕諸君子共勉之矣。』因命書於石，以爲松明院記。

黃公墓志銘 孫繩祖

黃公，諱昱，福建莆田縣東里坊人。由舉人，於元天曆元年戊辰歲來宰石城。及致仕，遂家於石。至至正十六年卒。譜謚『廉毅』，偕其配姜氏、李氏合葬於縣治東南二十里，土名『木葳林』。《志》載：國子監學録黃凱珊，山西道御史黃充，舉人黃巙、黃信，貢生黃鐘、黃豸、黃奇紅，偕其後也。今生員黃元程、黃熊飛、黃奇絧、黃色正、黃居正、黃著中、黃廷錫、黃世英，偕其族人黃玺、黃如瑞等，以其狀來請曰：『先世木葳林一阡，閱今四百餘年矣。雖馬鬛依然，展掃弗替，而世久年深，墓碑剥蝕，恐終湮没林莽。爰於康熙四十九年，集先人苗裔，派分於吳川、茂名、博白諸邑者，并力重修。顧墓新而無志，猶弗新也。敢乞一言，以垂不朽。』予覽狀已，穆然而思黃公當日致治，必有深仁厚德以及石人，故其子孫蕃衍綿延，彌久彌昌，與石人相繫於無窮也。及觀紀載，斤斤還治一節，餘皆無稽，爲之廢然三嘆，而致感當日載筆者之膠於私也。予生百世後，踵公創造之堂，水源木本，疇則無心而能恝然已乎？是公木葳林一阡，固與石城之山川同其悠久。官於斯、長於斯者，靡不竭其呵護之力，奚藉予言以志然？予景公遺迹，重公賢裔孝思之請，固不能已於言也。乃執筆敬志，而繫之銘。銘曰：

緊維黃公，荒天一官。桐鄉在念，存殁相歡。佳城鬱鬱，集鳳棲鸞。施於孫子，族大且蕃。此木葳林，是須彌山。萬古千秋，天地同觀。

新開學路記

斯世之盛衰，視風俗；風俗之盛衰，視學校。石城，古之越裳地也，雖僻處海濱，而地勢平衍，人敦儒術，流蔡之地變爲冠裳。至明初永樂戊子，而六鳳連飛，盛亦云極矣。國朝以來，科第數十餘年，寥寥乏人，又何衰也。此雖士子不肯下帷呫嗶，亦由學宫茂草、義路阻塞、講案無地所致也。本縣於五十七年四月朔，爰進兩學師並紳衿謀之。於學南門青雲路〔一〕，買貢生蕭蒲地一區、生員梁衍泗一區，又李勝新房一座，皆捐俸各給價值數千，直通中衢，從此禮門義路焕然可觀。有司之展拜有途，諸生之聚業有地，返往日之積衰，復先朝之桶盛〔二〕，是在諸生之改行率德，稽古勤修，勉强以致之耳。學前自當起大成坊一座，以壯觀瞻，當耕務未息，大雨時行，今非其時，尚待之後日。

〔一〕「門」，《光緒石城縣志》《民國石城縣志》均作「開」，是。
〔二〕「桶」，《光緒石城縣志》《民國石城縣志》均作「鼎」，是。

重修西關石橋碑記

知縣 佴夢騮

石城群山峙，水從東北來，迤逦曲折，彙於縣南，轉而西北。山有小口，突出百步，直射河頭村與石相磯，又直回山口，始紆徐而西入江。舊南天宫鎮龍寺東門外，有徒杠三座〔一〕。予到任，委縣尉徐選董其事，漸次修葺。西廓舊有石橋〔二〕，南北横跨，夏秋水漲，通邑借以往來，年久不堪車輿。其下皆巉巖危石，崎嶇嵌透。蹲踞者如虎豹，森然欲搏人；偃仰者如蛟龍，潛藏於水底。或石瀨相蕩，錚然有聲；或波濤縈迴，幽然無際。行人失足淪溺，多不可救。五十三年，天旱水落，予及時鳩工，堅其根柢，塞其罅隙，甃石橋上，砌爲鼉背，樹以華表，周以邊檻，行者樂爲坦途焉。吾聞堪輿家云：水之彙歸屬財貨，水之紆曲視文峰〔三〕。吾士吾民生長於斯，自兹以往，人傑地靈。民間蓋藏，如坻如京，士子譽髦，濟川題柱，斷焉可知也。

〔一〕「徒杠」，供人徒步行走的小橋。
〔二〕「廓」，《光緒石城縣志》《民國石城縣志》均作「郭」，是。
〔三〕「峰」，《光緒石城縣志》《民國石城縣志》均作「風」。

蘇鄒二公合祀記 孟津　閻曾步〔一〕

石邑濱海而處，制度草創，凡在祀典者，俱荒没草間。風雲、雷雨、山川、社稷、孤魂等壇，或湫隘低洿，或逼狹山側，不堪展祭。予於五十四年，委縣尉俱移置爽塏之地，以棲神靈，以爲一方祝釐。因憶少年讀史，見理學鄒公汝愚赴宴題詩中秘陳奏，心向往之。及奉調石邑，取志翻閲，始知前日之遷謫，即今日之石城也。因訪其遺詞〔二〕，荆榛蔓草已歸烏有，嘆息久之。查前令孫於東門内新建蘇長公書院，春秋享祭。鄒公與蘇公俱蜀産，居同鄉，爲翰苑，仕同官，且彈劾當事，不避權奸，遷謫嶺表，怡然自如。又同處患難，因恭造神牌，撰吉而合祀之，真聲應氣求，志同道合，數百年如出一轍也。不特神有依棲，一方之人皆有瞻仰興起。將使後之君子讀古者，既知其事經歷者，亦詳其地也。若其踵事增華，復從而光大之，使名賢之遺迹，昭然不墜。是又在後之賢有司任地方之責者。

〔一〕此文題下原不署作者，《光緒石城縣志》《民國石城縣志》均署「閻曾步」。

〔二〕「詞」，《光緒石城縣志》《民國石城縣志》均作「祠」，是。

連魁塔記 孟津 閻曾步

塔鎮一方也，亦謂之『文峰』。以其形如文筆，聳然立也。凡郡邑皆有，惟石獨無。歲戊申，予莅茲土，心竊疑焉。未幾，於役滇南，越五載，乙卯言旋。則都人士業相地卜吉於城南麓，創爲此舉。一以點綴夫山川，一以作興於士類，甚盛心哉。予嘗思夫石之爲邑也，環山濱海，近則望恩、謝建、鞍山、崎嶺諸峰，四圍聳峙；遠則文鳳秀列天表，那樓筆勢干霄，謝鞋、東聖環拱擁翠，石門、籠山砥柱中流。宜乎家弦户誦，人文秀發。乃考其乘志，則明初時李運使即以進士起家，實開風氣之先。楊編修以博洽繼之，而高中書、龍吏部亦蕊榜崢嶸，後先輝映，登賢書者三百年間絡繹不絕。且永樂間一榜而六士，同舉於鄉。

即我朝前此六七十年間，則龐貢士喬梓獲雋進士，則黎部郎更以省試第三入捷南宫，聲滿都下。何至今而風氣若殊哉？意者山川有靈，亦藉培補，始克久而弗替歟。且夫形勝之説，自古有之。聖人不明示後世，懼隳人事也。然則人事豈非先務乎？古者取士於鄉，有州舉、里選之法，或遂以士重實行，不貴文藝。予謂文章、經濟，並無二理。鄙魯不文之人，豈有光明俊偉之行？顧予子弟之率，必先父兄之教。繼自今爲父兄者，其各訓乃子弟勤積所學，勿躐等，勿龐雜，勿欣於小成，而卑隘其志量。於聖賢之書，必求其深思自得。日就月將，亦如茲塔之層累而益高焉，登峰而造極焉。醞釀深醇，發爲文章，而經濟之實，亦寓於中。則雖風氣且不可得而囿，况山川之靈積而彌厚者哉！將見蟬聯簪纓，媲美前賢，入可爲士類楷模，出可爲王國羽儀，以無負今日此舉，予司土吏實心焉企之也已。工始於乾隆五十九年九月戊午日，訖工於嘉慶三年二月十三日。是役也，鳩工庀材，不惜勞費都人士之力，而相其山川形勢，則前司訓胡君克贊其成。胡君，名廷，丁酉貢士，廣州南海縣人。孟津閻曾步記。

修復松明書院碑記李澐〔一〕

邑西關外松明書院，爲東坡先生讀書舊址。嗣葺室以成義學，門臨孔道，冠蓋通焉。嗜古者就瞻遺像，慨慕前徽，輒低徊不能去。顧蘚護塵封，曠焉若廢，誰之咎歟？僕以仲春權篆斯邑，與縉紳士謀復是業，多士奮然興起。先是學租八十三石，縣官爲之經理。邑之顔公祠海租九十石，多士議歸入學租，以助經費。於是計所入以權所出，酌餽脩脯，薄給膏火，立規樹碣，以垂永久。雖然，租僅百數十石耳，僕於斯僅數閱月耳，用存舉而不廢之義，聊復舊規，未聞潤色，擴而充之，月异歲不同，是所望於後之莅斯土者矣。

〔一〕此文題下不署作者，由落款可知作者爲李澐。

嘉慶六年歲次辛酉八月朔日，文林郎署石城縣事山陰李澐謹撰並書。署教諭潘逢年、訓導李螢書，典史裘嘉模監刻。首事歲貢生全恕、李在公，廩生李冠林、蕭楷。

松明書院碑記知石城縣事　鮑春藻〔一〕

黨庠術序，古之善教也，我國家文教覃敷，大都小邑皆設義學，以儲育人材，亦由行古之道歟。嘗聞昌黎來粵，延進士趙德爲師以訓迪，邦人士咸争自濯磨，稱爲海濱鄒魯，風有自來矣。

歲癸亥，余攝乏斯土，見治西有松明書院，崇祀坡公，詩書弦誦，心切韙之。憶宋哲宗時，命蘇學士自儋返廉，其教化之區，必多盛德不喧者，邑乘稍漫漶不可考。惟石地與廉接壤，《寰宇記》云松明書院爲文忠公講學處，其在兹乎？舊址在郭外百餘里。康熙年間，邑令孫公徙附郭西，置膏火租一百三十六石。嗣後陸續加增，多士從遊而掇巍科者相接踵。無如日久荒廢，茂草生焉。至嘉慶六

〔一〕《嘉慶石城縣志》未題及作者。《光緒石城縣志》《民國石城縣志》均題作『松明書院碑記』，文末有『知石城縣事鮑春藻撰并書』。

年，縣宰李公慨議修，後撥出義學租及顏公祠租共一百八十餘石，以資樂育。每年考課而甄別之，甚盛事也。

予觀石城形勝，面海環山，周圍四百餘里。雙澗繞於前，三台擁於後，巒嶂倚其左，崎峽鎮其右，必有奇偉之士，蔚爲國華者生於其間。惟修餼微薄，何以延師而鼓勵之？夫昌黎起衰式靡，爲一代大儒，乃延趙進士以爲教，毋亦文學、政事有不暇相兼者歟！予於甲子春，莅考生童之日，議捐銀一百兩，將官租撥出，紳士僉請定章程，申詳立案請記之，以垂永久。延宿儒而增其修，課俊髦而加其餼，庶於蘇公遺教，或有嗣音耶。抑額其書院曰『松明』，或謂因其以松火灼詩史也。厥後士人謂松之凝結處爲松明，蓋本諸此。或又謂松膏可以繼晷，以勵辛勤也。義皆有取，然長公文與行俱卓越，史乘安知其非欲養後凋之質、成棟樑之器，以聲明文物者，爲邦國光哉！爰濡毫而爲之記。

計開：

一、義學增銀，議自官租撥出，分四季，由延房領給。

一、掌教束脩歲奉番銀一百員。

一、正課生員膏火每月銀六錢。

一、正課童生膏火每月銀三錢。

開除之外若有餘銀，以爲節聘及修葺書院之資〔一〕。

嘉慶九年歲次甲子午月朔日，知石城縣事鮑春藻撰并書。

〔一〕自『計開』至此，除《嘉慶石城縣志》外，各志均無。

石城縣志卷之六

鄒先生輯略叙 王思賢

立齋先生以言事謫石城，而尋卒於貶所，距今殆且百年，其祠於石城在世廟。壬子之歲，而邑令謝君復纂其遺事，而鋟梓之。刻既竣，徵余言以弁諸首。余固不嫻於詞也，即嫻於詞，烏能爲先生增毫末哉？而謝君鋟梓之意，則有不容無述者。蓋是編之成，匪徒備遺忘，志景慕已也，穆乎有世風之思焉，其他遠者無論。余過端州，見郡人所以崇禮包待制者千載如一日。而黄雲紫水之間，白沙之故里在焉，過之未有不悚然敬者也。先生正直之氣，同符待制而闡明理學，適與白沙先生同時。若其間關困阨，始終不渝，則又二賢之所無者。苟登先生之堂，讀先生之遺事，而漠然不知所以興起非夫也。故觀先生馬上口占之詩，而綴章句溺青紫者陋矣。觀先生分别君子、小人之疏，而依阿澳涊者鄙矣。觀先生白頭青

〔一〕原刊無此三目，爲與《目録》統一，因此加入。

史之句，而狃目前、忽遠大者委瑣矣。觀先生毅然就道之勇，而怵於禍福、利害之際者縮頸矣。觀先生窮約終身之操，而頑鈍嗜利者汗顔矣。且先生以十有六之年，而抗疏一朝，流譽千古，即蒙斥逐之辜有餘榮矣。假令緘默因循與儔伍等，豈獨嶺海之外，能速甃賢豪哉！而先生亦與草木同腐朽矣，又安能聲施後世廟食無窮耶？以斯知先生之足以風也。是歲威遠王公守兹土，觀風之暇，首謁先生之祠而俎豆之。又惟所以贊述之，其維植風教之思益可想也。余辱謝君之命，爰發其鋟梓之意，而願與共勖焉。若先生高風勁節有史氏在，余何用於言！

上諭淺説引 邑令 孫繩祖

天生烝民，有物有則，惟無以振起自新，則習於嗜慾機智，而失其懿好之良，聖人有憂之。於是振以木鐸，施其政教，故民日遷善而不知爲之者。我皇上天亶神聖，道邁百王，文教誕敷，無遠弗届。猶慮天下之大，億兆之衆，未能盡臻淳龐，復頒上諭十六條，令有司宣揚化導，俾善者有所興起，不肖者有所警惕。正人心而厚風俗，與古聖人新民之化，燦然若符節之相合也。

予不敏，承乏兹邑，恒懼無以仰承德意，每於朔望偕同官、紳士、父老、子弟躬親講解，雖盛暑隆寒，不敢或懈。惟是椎魯編氓僻處村落，耳目難周。且文理深奥，正音尚多未諳，於是注爲《淺説》，意取簡明，詞近鄙俚，援引律例，講用土音。一時環堵諦聽，相悦以解，覺好善惡惡之意油然而生。爰捐俸授梓，偏發鄉閭，使吾民作息之暇，父訓其子，兄誡其弟，自幼至長，熏陶漸漬，正厥軌趨，將見户誦家弦，化行俗美，而一道同風之治，有不期其然而然者矣。《禮》曰『觀於鄉而知王道之易易』，其在斯乎？因書之以爲引。

募修三橋引 邑令 孫繩祖

漢光武有言，『人苦不知足，既得隴，復望蜀』。然有能移此不足之心爲善，亦惟日不足，則希聖希賢、成仙成佛，亦何道而不可哉？邑舊有鎮龍寺，頹廢日久。余乃力圖修復，此中婉折支撑，姑不具論，以俟工成載諸韓陵一片也。念寺前有文昌橋，爲廉、陽孔道。寺頹而橋亦圮，徒杠輿梁亦王政之所必先，低徊者久之。有東聖寺僧無之能得予心，發大願力，募復此橋。且指書而前，尤欲東修望恩門之小橋，南修南天宫之□橋，思□□而□橋□□。乞余言以引其端，差乎僧真惟日不足者，余壯其志，懼何以副此志也。昔臧弃言於帝前，臣請得北收上谷，東攻張步，定彭寵、□漁陽，取張豐於涿郡，人以爲落落難合。今僧此舉，安能保人之不以爲耿將軍乎？且予撫字，心勞催科，政拙尚歉，然於化民成俗之難，乃欲爲爾布廣長舌，不幾舍其所任而感之以所難乎？雖然，官於斯、生於斯、長於斯者類多，靈山付囑，况際此時和年豐，無兵戈之擾，無疵癘之虞，優游化日，各出所有，衆志可以成城，况橋乎？當必有欣然助者。南陽大議，有志竟成，余將轉以勞寺僧也。但囑禪人隨衆布施，斗粟尺帛，皆是福果。又不可以比例於橋之修，一而思，再再而思，三則得矣。

亦可堂説 邑令 孫繩祖

官舍至石邑隘矣。由大堂而晉，堂僅旋馬，更諸爽塏而隘其地，不更則隘其身，有時理民情於斯，則隘其政。前已有扁此者，予易之曰『亦可堂』。有疑其鄰於謔，有怪其失之矜。謔者謂，斯固不可以堂名，而不得不堂之可之，而仍若其不可堂，固不能辭其名矣。矜者謂，君子居之何陋之有，是亦可以堂也。蓋大其可之之詞，予愧無以副其實矣。二者烏知予亦可之説哉！以予之學問才識不逮中人，竊禄以來，求所謂有禆國計民生無一可者。惟此敬謹之意，嚴以自持，不敢以一切瑣屑煩雜以擾吾民。竊有懷仲弓氏之學，居敬行簡，以臨其民，不亦可乎！因以名吾堂，俾顧諟如臨師保，聊以擴吾之心胸也。若夫爲謔、爲矜，則吾豈敢！

知稼堂述 邑令 孫繩祖

自並耕之説出，异端將挾以亂君臣之分。不有孟氏起而闢之，將大君且不免手胼足胝，與民均稼穡之艱，况其下乎？雖然，並耕不可也，不知稼穡之艱，亦不可也。予承簪纓之後，昧於五穀之分。夫既不能分五穀，則五穀之所以勞民力者，其茫然罔覺，慨可知矣。

壬午春，忝莅石邑，入公廨之東軒，坐而眺焉。山光海氣，麥浪村煙，紛綸彌望，不禁神怡而懷舒。因題曰：作濠濮間，想志曠也。既而循行阡陌，審視耕耨。見夫荷鋤扶犁，不遑寧處者，農夫之勤也。沾體塗足，載飢載渴者，農夫之苦也。較晴雨而額蹙，籌旱澇而眉顰者，農夫之憂也。形瘁矣而耘耨不容少弛，力竭矣而荷擔未能或卸者，農夫之困也。退而嘆曰：稼穡之艱若此哉！年日以積，而知稼穡之艱日以深。每當燕處東軒，眺望東南其畝，惟吾民之勤苦憂困在念，舉向之所謂濠濮間，想絕然其不作矣。辛卯夏，重修松明書院，因憶台上之上[一]，舊有知稼亭。竊亦欲復之而未能，爰額東軒爲『知稼堂』。遷舊題五字懸於前，以志吾後先之异情焉。登斯堂者，幸勿哂予前之想非所想，庶幾念予後之知所宜知可也，乃作《知稼堂述》。

《鍾氏家規》序 邑令 孫繩祖

從來世家望族，群聚而州處，莫不有家約，以範圍一族之人心。時有常祭，月有常會，宣家約而稽淑慝。以故子弟皆率循於祖宗之教，而犯義犯刑者鮮焉。予渡嶺以來，訪諸上廣之巨室，風猶古也。迨

[一]『台上』，《光緒石城縣志》《民國石城縣志》均作『臺山』。

莅石，祇覺奔競凌澆之氣，觸處襲人。意濱海之風殊歟？抑教化之弗彰也。及褰帷問俗，則見山陬水涯，聚族而居者，或比閭二三户，或一户，村十數煙。是雖族大人繁，不能時集散處之子姓，以申先世之章程。則率其悍獷猛鷙之性，蕩檢逾閑，固其所耳。雖有神明之化，安得聚長養山林之麋鹿，置諸園囿而遽馴伏哉？純十都鍾姓，糧近三百石，人至數百丁，蓋石邑殷富之族也。考其室廬，亦皆散居而分處，乃能獨耻習俗之异，而斤斤整飭家規之。是圖編列條款，正而明，嚴而要，切而不浮，約而能該，居然成高曾之矩矱也。往者邑宰白公序之。辛巳歲，中丞彭公經過石邑，陳而觀焉，計得一字之褒，以爲弈禩遵守。詎幾務惟殷，沈置弗返，錫美等戚戚久之。今另録成書，特乞序，請印於予。予閱竟，油然而喜，詔而前曰：有是哉！爾族之能古處是尚，矩矱自閑也。而見囚首垢面、趑趄觳觫、待罪公庭者乎？此小德不檢、觸冒禍機者也。而見受縲紲、被箠楚，爲親戚之所賤惡、黨里之所指摘者乎？此操行不軌，放僻邪侈，故蹈法網者也。而見幽圄圄、困桎梏，銷魂於刀鋸之下，懸命於刀鋸之間，既絶望於苟活，復難乞以少延者乎？此惡積而不可掩，罪大而不可解，捐髮膚、伏刑戮，無所逃遁者也。凡此皆由於罔有家法，日恣月肆之所致也。何爾族之能古處是尚，矩薙自閑也？慎斯道也，以往君子不犯義，小人不犯刑，寧僅爾族世世之幸，將見感發興起不一，其族所謂觀於鄉而知王道之易易者，不尤爲今之幸乎？苟有文無質，務名鮮實，而作奸犯科，猶不免勞擾我公堂，令將執三尺先糾所長，不惟爾祖宗之辱也。爾族尚慎旃哉。是爲序。

《廖氏家規》序　邑令　孫繩祖

世之侈族盛者，不曰紆青拖紫，則曰丁衆糧多，斯二者固云盛矣。苟聚族無禮義之教，環庭鮮仁讓之風，則亦獼猴而衣冠，麇鹿相類群。以是云盛，吾不知其可也。石邑辟〔一〕在五嶺之西陲，高第巍科，近時罕覯。惟土著之舊族，人至數百丁，糧至數百石者，不一其姓。廿年以前，擾於兵戈徭役，以致分崩離析，入斯境者，如升虛邑。十數年來，哀鴻集而盈寧有象矣。第先民之著爲家訓者，類歸兵燹無存，而後生佻達，罔知率由。於是有放僻邪侈，靡所不至者。自余莅任，勤宣上諭，又著爲《淺説》刊布，以使家喻户曉，莫不興起其好善惡惡之心。零星户口，互相勸勉。族大者各立家約，以嚴束其子弟，亦一時之休也。純十都鍾姓，因家規散失，另纂一帙，具呈乞序，以昭訓誡。予病其涣漫無次，爰代撰八條，並給之序。閲今數歲，恪守弗違，鮮有蕩檢逾閑，擾我公庭。余竊喜其族之能率教也。兹豐三上廖姓，亦丁糧繁盛之族也。慨然有感於鍾姓之振振，創復祠宇，修烝嘗而合子姓，慮家教之不飭也。乃從鍾姓録予所撰，以爲家規，亦乞序以垂訓不朽。予嘉其善爲取法，乃以詔鍾氏諸長之言。復詔廖氏之長曰：毋徒有文而無質，務名而鮮實。爾父兄誠循是八條，以恒課其子弟。子弟誠率教以日進於禮義仁讓

〔一〕「辟」，當作「僻」。

之習，將見望族日隆，有不必青紫而榮顯者矣。况青紫爲世德之發祥，安知爾祖宗之靈與夫山川之靈，不惟德是輔，他日之青紫，不與此日之丁糧共盛也哉？盍其勖諸。

重修學宫叙 乾隆四十一年丙申季春　邑令　喻寶忠

石邑學宫，前明屢遷不一。國朝舊令李公遷復今所，枕臺山而襟羅水，屹然壯觀。百餘年間，幾經修葺，規模如昨。甲午仲秋八日，颶風震發，殿廡墻宇半就傾頽。前署令馬君與司訓黄君，集諸紳士謀，醵金以鼎新之。議未成，而馬君奉調去。乙未九月，余甫下車，入廟釋菜，惜斯役之不早就也。首倡捐俸，與黄君暨紳士復申前議。即以十月三日鳩工，基址如故。而易置名宦、鄉賢兩祠，視舊爲得所焉。工未竣，適都閫府孟公莅任，留心文教，復捐資勷事，而事遂蕆矣。是役也，董其事者黄君，襄厥成者曹璽、全朝珩、黄鐘論、黄詔興、全保，謹勒石以志不朽云。

祭鄒立齋先生文 廣東恤刑大理寺右寺正　忠州人　田登年

嗚呼，吾鄉立齋先生其家貧也，人皆知之；其出而仕也，人皆重之；其諫而謫以死也，人皆惜之。其久而論定也，士寓皆仰而祠之。此無他，固人心秉彛之公良，以先生至誠所感也。至誠可以貫金石，況人心乎！先生少志聖賢之學，家貧不少介意。甫領解北上，會三原王公，即首以進賢、退不肖爲請。釋褐入館，衆皆競爲文辭以干進取。公目睹時政病源所在，奮然亟然格之，遂忘其位之非言官也。乃至於逆龍鱗而不顧，是其所作用，即其所以告三原者，蓋先生之學素有本源，而忠孝之性由於天植，其言動皆本諸至誠，超越凡俗，如一鳴朝陽，一翔千仞，有耳有目者所共聞見。夫是以知之、重之、惜之、祠之，如出一人一口，雖言未獲遂，而身罹罪謫，卒死瘴鄉，此固所遭之變而至誠感人，其所爲常者固在也。石城千户所之署後，舊有先生祠，年久將圮，侍御詹公德宇欲撤而新之，以告之邑主者唐君。君不勞不傷，僅再月，煥然一新。凡仰止先生者，幸有瞻依少遂升堂之願。是舉也，可以視道同志合矣。德宇爲同府人，又鄉誼所不容已。邑主者則粵西傑士，故訖工無難焉。先生九原可作，其亦陟降於此乎！登年亦同，府後學睹祠之落成，禮薦蘋藻，尤情所不可緩也。遂拜手稽首而爲之詞曰：哲人達觀兮，嶺海江氓。斯文未喪兮，鐘簴儀型。氣烈横秋兮，增重石城。寢成孔安兮，吾道益亨。嗚呼先生兮，胡不來歆。尚饗。

又 廣東大參　王儼

嗚呼，先生歿，今百有餘年矣。余生也晚，未及睹先生之玉貌，側聞先生之概而有慕焉。先生鍾秀岷峨，生而穎异，雛鳳翩翩，凡鳥戢翼，聯捷巍科，詞林雄視，隻字驚人，片言破的。先生之文章，眉山之伯仲也。讀書中秘，耻爲聲律，星變陳言，憂時感事，批鱗逆耳，正心誠意，直道難容，禍機不測，萬里投荒，險阻如一。先生之行誼，洛陽之儔匹也。幼切聖賢之學，長窺性命之理。獨契道真，妙觀心體。皎月出乎蒼崖，清風動乎止水。先生之蘊藉，白沙之唱和也。不知先生者，謂其寃同孟博，禍比鄒陽。壽短於顔氏之子，謫遠於長沙之鄉。詔未及乎宣室，名未列乎宫墻。謂福善禍淫之理，於先生而或爽；將君子小人之路，欲趨向其何方。知先生者，謂先生之風山高水長，汗簡焜燿，俎豆輝光。一時之熛灼，與草木而同朽；萬代之瞻仰，配天地以無疆。朝聞道者可夕死，罔之生者倖何常。孰得孰失，孰存孰亡。乃先生之心事，或异乎二者之比量。人之生理本直，心之精爽自朗，若水火之寒熱，若金石之堅剛。則有激而發，有慕而張，均血氣之用事，道未協乎中行。爲子孝敬，爲臣忠良，吾盡吾分，吾安吾常，寧知富貴貧賤、生死榮辱之鄉。斯其先生之自適，與太虚而徜徉。視古今如瞬息，睹祠宇爲贅龐。余守兹土，義忝梓桑。生芻一束，禿篲無芒。亦猶夫衆人之哭，而寧識先生之都忘。尚饗。

祈雨文　孫繩祖

兩儀並育，庶幾萬物含生，五穀豐登，方保兆民允殖。兹者，春光十九，雨澤既已愆期。夏令經旬，耒耜猶然莫展。祥雲方合忽離，散於炎飆，和氣將騰，又侵傷於霾沴。晝杲杲而日熾，夜嘒嘒而星明。悵東作之無期，幾番蒿目；慮西成之失望，曷禁愴懷。敢云天鑒未周，不恤一方之疾苦。實由吏德凉薄，以貽百室之憂虞。敬介羽士，以結壇齋。心致禱虔，率僚屬以悔過；稽首干恩，伏願箕畢交臨。雷雨作解，酌天瓢而倒注；嘉植盈疇，翻溟渤以宏敷。甘露遍野，既沾既足，即看百穀之生；如茨如梁，式副千倉之積。憫兹哀悃，錫以有年。

又

竊以食爲民天，三農深有年之望；雨本天澤，五穀冀及時之霖。此東作之方興，而春膏之是急。乃者驕暘爲虐，千里飛塵，布穀空啼，百嘉未播。一望郊野，焦枯之象堪虞；四顧氓黎，愁嘆之聲莫遏。設仙壇而集羽士，求之弗靈；叩龍門而率同官，呼之罔應。下吏失職，負罪何辭。小民無辜，載生是籲。必清必净，復結壇於東聖禪林；惟恪惟恭，虔致禱於玄穹。上帝詔下，河伯翻溟渤而瀉；恩波惠我，農夫理田疇而播嘉種。臣心靡極，天鑒在兹。

又

春光已去，嗟農人未事於西疇；夏令方新，祈天意垂憐乎東作。三申蟻悃，百叩鴻慈。竊念某心徒切於爲民，德不可以格帝。兩番虔禱，細雨無補於焦枯；經月皈誠，陰雷莫驅乎旱魃。吏不職，則罪坐於吏，民復何辜？天好生，則恩出自天，澤胡弗逮？惟此一方百姓，荒歉斷不能捱。特籲萬聖千真，斡旋早爲之所。考時已過，必油然沛然，始可滋生。望眼欲穿，非兩點三點所能濟事。民情孔急，復結法壇於三臺。帝命不違，期灑馬鬣於一滴。伏願大施汪澤，迅解倒懸。惠我田疇，得肆耕耘之力；保兹黎庶，苟免饑饉之虞。蕩蕩難名，巍巍永戴。

告城隍乞雨文 孫繩祖

竊照禮樂政刑，有司所以奉天子之命；風雲雷雨，神明所以宣上帝之恩。本縣才無寸長，職膺百里。催撫鮮術，惟民瘼之是求；解推何能，祇農事之在念。方意三時不害，室家盡慶盈甯。豈期一春告終，霢霂未咏優渥。此實吏咎難逭，敢云神力未敷。但愧陽職之無能，全仗陰靈之多助。爲此合牒本縣城隍之神，共切生民之憂，大賜回天之力。濃雲四合，翻溟渤以爲霖；驕暘頓藏，施雷雨而作解。荷蓑荷笠，婦子盡力於東南；載育載生，豐稔歡歌乎遐邇。務無虞於饑饉，庶盡職於幽明。

松明書院告成奉東坡先生神主升座文〔一〕

仰惟先生，才由天亶，德自性成。標斗山之重望，樹風度於丹楹。被奸邪之讒譖，疊論謫以至瓊。著書志隱，若將終身。承恩内徙，道出松明。信信宿宿，松光書聲。爰建書院，敬業樂群。無何星移物換，滄桑屢更。延及元季，化爲榛荆。四百年來，莫獲重興。某遼左後學，濫竽石城。黍離興慨，十載

〔一〕此文不見於《嘉慶石城縣志》以外石城縣其他各志，未署作者。按承前省之例，或爲邑令孫繩祖所作。

經營。眷言故址，山隈海濱。在昔爲周道之勝境，今則爲僻遠之荒林。苟泥其舊，無裨作新。用是卜地於城隅之東，肯堂於三臺之陰。存萬古之勝迹，志奕祀之芳名。翬飛鳥革，奉主陟登。公乘慶雲，儼然來臨。風晨月夕，松影參横。洋洋嘯歌，佑啓後生。翼聖學以維風化，明王道以正人心。天地同運，神爽式憑。敬陳牲醴，伏冀格歆。

松明火詩 蘇軾

歲暮風雨交，客舍棲薄寒。夜燒松明火，照室紅龍鸞。快焰初煌煌，碧煙稍團團。幽人忽富貴，蕙帳芬椒蘭。珠煤綴屋角，香藷流銅槃。坐看十八公，俯仰灰燼殘。齊奴朝爨蠟，萊公夜長嘆。海康無此物，燭盡更未闌。

歸山詩 邑進士編修 楊欽

曾沐殊恩入翰林，翰林風月未關心。瀛洲影射孤鴻渺，鰲禁難拘野鶴臨。煙雨一蓑流舜澤，風花兩味壯陶襟。茅簷高出千峰首，凡鳥歸來没處尋。

適志詩〔一〕

問寢茅簷下〔二〕，雞鳴露未晞。髧彼兩髦者，怡然下庭幃。菽水甘澹薄，藜鶉禦寒飢。班衣初舞罷，紅日上來遲。六藝課諸子，五穀勤四肢。使君問來路，童子云不知。峰頭探月窟，山腰繫紅霓。塵埃飛不到，天命樂奚疑。

晉陽道中邑御史　黄充

馳驅驛路漫停鞍，父老凝眸認豸冠。澤底哀鴻驚暫息，車前猛虎氣偏寒。平陽草碧帝城古，晉趙山青霸業殘。此日采風空叱馭，陳詩何以濟時艱。

〔一〕詩作者承前省，亦爲楊欽所作。以下同類情況不再出注。

〔二〕『問』，《光緒石城縣志》《民國石城縣志》均作『間』，是。

送别鄒汝愚謫石城所吏目 國子監祭酒 蔡清

識君未三月，别君遽萬里。自疑非丈夫，淚落不能止。識君未三月，别君遽萬里。應思生才難，莫負乾坤意。慷慨出門去，默與千秋期。能喫石城飯，莫和淵明詩。

除夕詩 鄒智

病客居窮海，今年是兩年。高堂當此夕，相對又潸然。

贈鄒汝愚 檢討白沙 陳獻章

笛聲且莫哀，逐客過江隈。還到海邊去，却因何事來。著書常在篋，遇酒輒啣杯。漫言生意盡，寒雨濕枯荄。

贈鄒汝愚時館壯哉亭

川雲岳雨大模糊，萬里山亭此客孤。又借南風吹一月，酒葫蘆打藥葫蘆。

鄒汝愚書至有作〔一〕

傾蓋投緘不作輕，人間造次幾辰星。天涯放逐渾閑事，消得金剛一部經。
落花遥對石城春，半篋殘書一病身。茶筅粟瓶供客盡，不妨人笑長官貧。
天涯仙客病渾家，開過東風幾樣花。容易江山得重九，問君何地落烏紗。

〔一〕『鄒汝愚書至』，《光緒石城縣志》《民國石城縣志》均作『白沙先生得公詩』。

吊鄒汝愚

其一

少年爲意盡峥嶸，謫死天涯二十零。舊雨不留花縣榻，秋風還閃石城旌。兒啼母絶家何處，水宿山居路幾程。人事每將天不定，文章何用博虚名。

其二

江月無光江水寒，角聲杳杳夜漫漫。孤兒歲月初離乳，夫子風流盡蓋棺。身後豈知名可貴，世間長苦路行難。鴟夷不亂當年計，還得雲門枕上看。

其三

弱女孤兒哭作團，歸槎渺渺倩誰看。乾坤敬士此邦伯，生死交情非長官。遠陌不堪窮眼望，寸腸何直百憂端。欲前薄奠無由致，園橘山蔬傾一盤。

其四

修短榮枯分各該，荒江落日爲誰哀。詞林當日人如夢，唐肆今朝馬又來。功利紛紛難入手，乾坤滚滚負多才。若將禍福論天道，顛沛如公豈理哉。

題鄒公祠 大參　王儼

報國丹心一紙書，投荒萬里海濱居。孤忠夢寐懸金闕，羈旅淒涼隔石渠。阿世靦顔人已朽，歲時流涕計非疏。清風百代起頑懦，富貴浮雲任卷舒。

題鄒公祠〔一〕 郡侯　吴國倫

梁獄鄒陽解上書，一官流傍海雲居。虚將彩筆干霄漢，無復青藜照石渠。賦鵩湘南年並少，頌鱣門下客全疏。荒祠斷碣蠻煙裏，落日楓林黯不舒。

題鄒公祠 大參　桂嘉孝

劍外飛聲塞九天，鳳池文藻屬青年。朝端正氣星辰動，海表風清道學傳。薄謫豈妨霖雨用，修文蚤

〔一〕《嘉慶石城縣志》吴國倫此詩之題承王儼《題鄒公祠》，以「又」示之，此以全題出之。以下各首同。

賦玉樓篇。臨風泣向荒祠下，花落鳥啼愴暮煙。

題鄒公祠 御史 汪言臣

其一

寶劍曾聞借上方，丹心日月可争光。孤忠獨許嗟唐介，三木身親泣范滂。宣室有恩終浩蕩，海天無處覓蒼茫。思君欲擬招魂賦，摇落秋風祇自傷。

其二

謫帝承明最少年，一時詞客盡推先。藝編人讀批鱗疏，貝錦誰容逆耳賢。日下虹霓雖悟主，坐隅鵩鳥莫非天。賈生才調靈均節，歲歲英風障海邊。

題鄒公祠 憲副 李熙

萬里投荒一逐臣，洛陽年少氣嶙峋。上方借劍寒奸膽，袖裹彈文犯逆鱗。碩鼠當年埋腐草，春山終古薄秋旻。忠魂不作胥濤怒，贏得清風振海濱。

題鄒公祠 臬司　劉之龍

斥伏名高金馬臣，飄零萬里石城闉。雲霾江漢應無色，夢遶罘罳尚有身。梓里鵑啼山畔月，荒祠香薦澗邊蘋。柏臺徙倚彈雙劍，無恨悲歌灑淚頻〔一〕。

題鄒公祠 司理　王思賢

去國飄飄嶺海間，瞻雲愁絶萬重山。清時漫灑孤臣淚，直道難回聖主顔。自許匡衡能抗疏，誰期唐介不生還。須臾代謝成今古，留得高風起懦頑。

題鄒公祠 邑令　謝濬

萬里遐陬一放臣，峨峨祠宇又更新。文章日麗三巴錦，氣節風清五嶺塵。賦鵩少年同賈傅，卜居湘

〔一〕「恨」，《光緒石城縣志》《民國石城縣志》均作「限」，是。

水似靈均。謫亭仙去孤雲繞，千載忠魂吊海濱。

題鄒公祠 邑舉人 黎民鐸

邈矣先生没不忘，悠悠靡及此倫常。黄雲紫水尋知己，碧院青松伴异鄉。夢繞朝暉依鳳闕，時因星變度龍荒。西風淚斷孤臣綫，遐振千秋補舜裳。

舊志八景詩

石城環繞 邑令 佴夢騮

百里花封屬要衝，群山環拱倚晴空。千章喬木高低見，雙澗流泉曲折通。入户風光侵几席，當窗秀色映簾櫳。民居到處聞雞犬，鑿井耕田樂歲豐。

崎嶺重關

巍巍峻嶺插雲端，石勢崎嶇不可攀。煙鎖恍疑雙翠壁，天晴洞見兩重關。溪聲漱玉回環響，澗水穿橋曲折彎。無限物情難咏處，令人留戀聽潺湲。

謝建煙晴

一脉分從謝獲來，層巒叠翠挺崔巍。幽林鳥和樵夫語，碧樹花含曉露開。日映嵐光摇碧影，煙收風致絶纖埃。憑高北望真形勝，淑氣多鍾濟世才。

望恩雨露

傳宋天寧有僧遇父於此，云「久望父恩未報」云云，嶺因以名。

憶昔遊僧自此過，當年邂逅意如何。風翻樹杪知恩重，雨灑林巒沛澤多。山色依然含舊淚，鳥聲猶似帶啼歌。嗟予亦有思親念，幾度談經廢蓼莪。

雙溪拖練

嶺下雙溪漾碧天，天光雲影渾相連。波翻細雨拖青練，風激飛湍濺白玭。石上苔封留馬迹，源頭水活帶龍涎。長流却羨無今古，晝夜滔滔只自然。

三合温泉

炎流底事氣如烘，却訝炎流混祝融。色漾□□□□滔，氣薰冬雪暖融融〔二〕。祓除沂水堪修禊，興逐驪山有夢通。憶昔華清名已廢，那堪懷感挹餘風。

〔二〕《民國石城縣志》録此詩，詩之末端注爲采自張《志》，即采自本志。然本志「色漾」句多字闕。《光緒石城縣志》與《民國石城縣志》同，此二句作「色漾火雲光不斷，氣薰冬雪暖偏烘。」

文峰聳翠

孤峰插漢迥超群，百仞芙蓉點翠文。穎拔鋒鋩懸斗燦，光摇奎璧應星分。蒼嵐絢彩生三秀，墨霧飛花綴五雲。近代起衰誰是屬，傳家猶載古邱墳。

石屋堆瓊

石竇天開碧洞春，無邊光景四時新。經冬雪積如堆玉，歷夏雲凝似疊峋。孤鶴老松長作伴，清風明月自爲鄰。公餘乘興恣遊玩，酒醉金卮日半淪。

考定八景

邑進士中書　高魁

建山疊嶂

即謝建山，在城北十里，爲邑之鎮山。聳翠參天，如開畫嶂。

千山萬山森若羅，三峰疊翠高峨峨。村煙吹吸有時隱，岫色嶙峋入曙多。覓徑人將青靄拂，攀崖手可蒼天摩。飄然便趁芒鞋去，嘯坐雲頭剪薜蘿。

崎嶺重關

即羅江水口。

山似雲屯水似雷，奔流至此欲東回。雙雙地軸鰲擎出，磊磊星橋鵲架來。積石恍經河曲繞，天門疑對楚江開。從教海若憑陵甚，却望重關祇自摧。

雙溪拖練

濂江北折，羅江南折，二水合流，俱赴西海，練色如空，縈回如帶。

南北周遭繞素流，元龍雙戲海門秋。波澄漢口銅爲柱，浪穩虞淵蜃作樓。花石遂看魚變化，松明無復蚌沈浮。鮫人淚盡風濤裏，怪底明珠不忍投。

三合温泉

在三合堡温湯村，有池涌出温泉，晝夜長沸。

路接西陲入望賒，紫霞縹緲傍仙家。炎吹野霧銷冬雪，氣吐晴嵐罩物華。煉色烹雲丹鼎舊，蒸風拂雨篆煙斜。長流似引驪山脉，晝夜源源漾落花。

文峰聳翠

在邑西二十里，即文鳳。

翩翩鳳翥萬山群，草木都成五色文。人譽曾誇班馬上，天章况是斗牛分。嶄然秀鬱遥冲漢，倬彼鋒鋩欲繪雲。吾道祇今麟未絶，石函應有舊三墳。

石室堆瓊

在純十天堂嶂，石洞穹窿，厰然如室。

碧洞巉巖斫鬼工，誰教處士闢鴻蒙。月從穿處常生白，雲便封時不礙空。猴鶴幾疑通少室，煙霞殊覺破樊籠。丹梯雪竇幽芳迴，索價山人敢借叢。

龍湖古州

傳宋開寶時，舊羅州在此。昔有白牛出焉，爲邑人所殺，其城遂陷爲湖。今人禱雨於此，往往有應。

悠悠城郭是何年，恰似巢湖地變遷。犀捲劫灰留异迹，龍翻法物出重淵。漫傳雲雨能蘇旱，却怪滄桑欲問天。世態浮沉俱往事，興懷今古幾流連。

松明古井

松明，地名，在邑西海濱。傳昔東坡謫海外時，曾搆書院於此。其港有石井，井泉獨淡，海味不侵〔一〕。

謫客尋幽到海瀛，寒泉因此却留名。泉深石罅潮難染，脉漱滄洲味獨清。玉乳浮香涵露色，松風拂翠度書聲。淡然會得眉山意，肯信隨波混俗情。

〔一〕高魁《考定八景》詩每首之小序均襲自康熙六年梁之棟《石城縣志》，「井泉獨淡，海味不侵」句，《嘉慶石城縣志》多闕字，此依康熙六年《石城縣志》補。

遊建山 明邑進士郎中　龍大維〔一〕

扶杖登高睇望開，屐沾餘雨印蒼苔。琪花綴露穿巖出，瑶草披雲傍谷隈。峰插碧霄孤鶩落，溪拖練色斷霞來。采芝卧石飧仙句，坐看雲中駕鶴迴。

松明石井 明邑舉人　黎民鐸〔二〕

鹽波漫道没瓊漿，一自坡仙過後香。時沛龍腥向海若，潛從禹穴瀉天藏。霜空石瘦巢由飲，潮落文迴織女章。誰識行人心獨惻，聊吹松火拂茗湯。

〔一〕《遊建山》詩，梁之棟康熙六年《石城縣志》、周宗臣康熙二十五年《石城縣志》均作高魁詩。自張大凱《嘉慶石城縣志》起，至《光緒石城縣志》《民國石城縣志》，均作龍大維詩。

〔二〕《嘉慶石城縣志》此詩題字闕，署作者爲「明邑舉人黎民鐸」，《光緒石城縣志》《民國石城縣志》同。然傳世兩部《康熙石城縣志》均作「邑進士郎中龍大維」詩，題作「松明石井」。

松明書院 郡侯　王際有

欲尋蘇子迹，策騎入松明。山儼峨眉秀，泉同巫峽清。煙雲留墨瀋，風雨隱書聲。廢院無金馬，芳名永石城。

修築泮池[一] 邑教諭　梁繼鳴

泮沼由來太極生，戴天履地此中分。源深羅水通洙泗，靈會龜蒙蔚鳳文。芹藻波興龍變化，蟾蜍鵲駕桂芳芬。從今思樂成功日，聖澤頻沾拜舞欣。

〔一〕兩部康熙《石城縣志》均録此詩，題作者謂「本學教諭梁繼鳴」。然《光緒石城縣志》《民國石城縣志》均闕載。

謁蘇鄒二先生祠有感 邑訓導　蔡叔度

于蘋于藻幾居諸，斷碣頹垣實眇予。竚看祠前荒草色，還疑當日瘴煙初〔一〕。

羅州□□□〔二〕 邑令　孫繩祖

□□□□□有真□，情與景會，而真詩出焉。石城舊有八景，後人□□□定之，尚多游移。苟附會吟咏，□□□不□□□□具矣。余莅石以來，嘗以所歷□□。羅州四景：一曰建山覽秀。署後有山，聳特冠□□□□□□□□□。顧煙火鱗鱗，其樂業乎。二曰石門閲海。□□□□□□□□□，敢忘安不慮危之思乎。三曰松明懷古。□□□□□□陷也。長蘇謫□□□，今雖黍離興悲，能無風聲氣類之感乎。四曰東林僧話。縣治有東聖禪林，政閒時一過焉。僧無之髯髭鬖鬖，似俗所繪阿羅漢，與之談無生妙諦。庶幾一洗塵縛乎。此四者皆就一時所歷而咏之，不局局於前人之所立名。□賦詩言志，隨所感發，

〔一〕《嘉慶石城縣志》末句全闕，此據《康熙石城縣志》補。光緒、民國《石城縣志》同。

〔二〕孫繩祖此文，《嘉慶石城縣志》爲惟一載之者，然其前半部文字缺損嚴重，其主體爲「羅州四景」。

以杼其性靈。是以古勞人思婦賢於學士大夫，彼蓋有天真焉。予之爲咏也，亦惟寫吾天真焉而已，烏用傳會爲哉。

建山覽秀

地啓三臺勝，天開百里雄。乘閒策款段，陟此豁鴻蒙。氣擁函關紫，光連海日紅。登高舒一嘯，音韻落長空。

石門閱海

且嘉河清久，尤思海晏長。泛舟穿石竇，擊楫破銀浪。蜃靖樓臺氣，村多稻蔗香。凝眸觀父老，拍掌樂耕桑。

松明懷古

昔日皇華路，今時虎豹窩。滄桑竟若此，感慨復如何。古井流甘澤，蒼松掛薜蘿。徘徊遺址上，猶自憶東坡。

東林禪話

了却琴堂事，何妨竹院來。談禪揮麈尾，入社醉螺杯。放眼窺蒼狗，科頭坐緑苔。等閒消俗慮，欲去且徘徊。

龍湖古州 邑庠 黎民止

一片湖光似鏡圓，斜陽倒影射龍涎。漫疑犀劫翻羅水，却羨驪珠潤石泉。暗釀甘霖驅旱魃，時看神物出深淵。遊人試照寒潭裏，今古悠悠幾變遷。

石室堆瓊 邑貢生 高式震

巧鑿靈巖出化工，天然虚白破屯蒙。玲瓏玉笥箋雲表，錯落瓊樓架碧空。薜荔垂簾新月掛，青葱排闥暮煙籠。幽深自是堪招隱，不羡淮南桂樹叢。

雙溪拖練

溪連襟帶繞雙流，萬壑同歸一派秋。色訝楚江披組甲，波騰海市吐煙樓。濂川匯合銀河繞，羅水迴拖壁影浮。解道澄江隨處好，綸竿須向月明投。

天堂隱居

見説山居舊避元，幽居别是一桃源。炊煙擁樹侵茆屋，流水浮花繞席門。陌上桑麻長滿徑，雲中雞犬自成村。飄然迴覺紅塵遠，耕鑿相忘任晝昏。

石門捍海

萬派朝宗渡此關，籠山砥柱捍狂瀾。鼉聲鼓浪千江雨，蜃氣飛潮六月寒。水底元黿吞海霧，波中石馬拒門闌。高臺扼鎖烽煙斷，不待錢塘射碧湍。

龍湖古洲 邑廪生　謝嶸

長河之水引湖流，湖裏乾坤是舊州。華柱於今無戾鶴，湘雲終古恨妖牛。燃犀暗照千年劫，對景澄看一鑒秋。莫道此中多怪物，有龍會向碧潭遊。

松明書院 邑廪生　謝嶸

一從昌化再遷官，徙倚海濱嘆路難。院結南廉文未喪，心懸北闕夢偏寒。當年撤燭人何在，此地然松夜復漫。謾説萍蹤成往事，眉山片月映羅山。

三合温泉邑廪生　黄奇紫

流泉一派水雲鄉，朝暮炎蒸自异常。疑是赤皇驅白帝，故傾坎水沸離方。嶺煙繞樹焰如火，石液烹雲滚似湯。過客不須愁逐熱，冰心久已付滄浪。

龍湖古洲

湖影澄空一色秋，水晶宫裏卧龍游。風雲未遇端須待，頭角應潜莫漫浮。异劫向傳經宋代，白牛今已變羅州。遊人休問前朝事，反覆滄桑不易求。

松明石井

何年謫客過松明，山水於今尚有名。塵世幾番皆苦海，坡仙到處即蓬瀛。松陰半榻風猶韻，石井寒泉味獨清。載酒重來訪勝迹，眉山煙月不勝情。

買山志喜邑進士郎中　龍大維

卜築青山愜隱心，到來身石倍蕭森。力田八畝聊生計，種藥千峰足卧臨。自放巢由甘鹿豕，喜逢堯舜愧纓簪。一簑竟去渾無礙，閒看白雲幻古今。

謝建煙晴

邑增生　高凱

翠叠錦屏鎮古羅，煙霞半鎖勢巍峨。層戀〔一〕雨過青如洗，絶巘風高碧可摩。黛淺不隨春鬥豔，嵐空寧許夏爭多。乘遊快睹秋光霽，直上峰頭展薜蘿。

吊鄒汝愚先生

邑廩生　陳自知

懔懔清標夙著屏，時因星變謁彤廷。摘奸白簡飛霜冷，報國丹心照汗青。萬古官常堪不朽，千秋俎豆有餘馨。人生修短渾如夢，惟有風清伴月明。

〔一〕《嘉慶石城縣志》同兩部《康熙石城縣志》作「層戀」，誤。《光緒石城縣志》《民國石城縣志》均改作「層巒」，是。

修志應制邑貢生　陳梓

熙朝至治獨稱隆，萬國車書志大同。銅柱符分恢禹甸，珊瑚瑞貢廓堯封。要荒共入鴻圖内，遐邇咸歸版籍中。盛事欣逢慚潤色，陳詩何自慰宸衷。

登謝建山歌安福人　劉繼表

謝建山，何岧嶤。香雲浮嶂頂，瑶草環山腰。放眼欲空三千界，伸臂差堪摘斗杓。十二層樓渺何處，躍身此地亦逍遥。

鎮龍寺落成志喜孫繩祖

梵宫高廠鎮神龍，鎖盡炎天秀色濃。隔海青峰皆肅祖，環門碧水盡朝宗。鳥因獻供常棲竹，虎欲聞經慣倚松。自是儒林開勝概，好音脉脉報晨鐘。

與遂溪賈伯憲寅兄作境上之會并以閱海口占贈之

蓬萊雞犬日聞聲[一]，三載無由話舊盟。車馬遥臨山瘴靖，羽旄乍捲海雲平。一時武備慚孫子，千古才雄數賈生。料得治安多樂事，賞心寧獨賦《嚶鳴》。

石門公會留别孫澹翁寅兄[二]賈之屏

玉陵年少久心期，一見歡然意倍癡。才愧洛陽餘壯志，地憐蘇嶺辱先施。相逢縱有賢勞事，惜别偏多宛在思。灘上追隨分手去，情長不覺步遲遲。

[一]《嘉慶石城縣志》原注曰：「遂有蓬萊山。」

[二]《嘉慶石城縣志》原注曰：「遂溪令。」

和賈寅兄前韻

幾欲談心未有期，不辭披溽爲民癡。聯疆自合同島嶼，濟衆何庸侈博施。一日枚寧歸比屋，通宵歡洽慰離思。海潮亦解人難别，蕩漾漁舟故遲遲。

寄懷孫澹翁明府 詞林 陳至言

遥聞仙令繼河陽，花滿園林百里香。訟簡琴鳴邀彩鳳，公餘簾捲數新篁。三年膏雨歌神父，兩袖春風待建章。春樹暮雲相憶處，柏臺虚左論劻勷。

寄孫澹翁茂宰詞林　汪倓

茂宰風流傍海涯，氤氲佳氣正當衙。庭閒載酒消清晝〔一〕，政暇鳴琴對好花。化雨自深春有脚，仁風漸被鼠無牙。歌傳謝建山前路，天闕徵書事未賒。

贈孫老父臺梧州司馬　林鳳岡

石城横制三州地，天命賢侯治此間。春扈語時農事急，鳳凰棲處訟庭閒。光生百里聞珠海，青入高空見謝山。慚愧偶隨諸士後，五弦聲裏不思還。

〔一〕《嘉慶石城縣志》原作「晝」，疑當作「晝」。

贈孫老父臺廣州舉人　蘇昌隆

薊北朝天客，南都作宰人。琴鳴單父月，花種羅城春。地僻無驚拆〔一〕，官清不畏貧。循良多漢代，楓殿璽書新。

題孫明府松明懷古圖浙江人　姚世份

三臺治績同勾漏，仙令風流注《水經》。泉汲海中烹淡味，砂探嶺上煉《黃庭》。閒吟樹底拈斑琯，静坐溪邊對翠屏。獨有長庚能識意，好傳阿堵注松苓。

〔一〕「拆」，《光緒石城縣志》《民國石城縣志》均作「柝」。

題孫明府松明懷古圖〔一〕

遼東人　穆赫林

其一

當年書院已荒凉，學士遺風百代香。松長虬龍井水潔，得君題咏又重光。

其二

荀令才名仰慕間，披圖喜得挹芝顔。風流不讓陶秦侶，政績應齊召杜班。

題孫明府松明懷古圖

浙江人　姚世傑

嘉樹葱蘢色可餐，公餘長坐此盤桓。分明愛煞栽松者，吟咏風流總一般。

〔一〕《光緒石城縣志》《民國石城縣志》題作『松明懷古圖』。《嘉慶石城縣志》將此同題詩第一首之後均以『又』出之。此爲清晰醒目仍出以全題。

題孫明府松明懷古圖番禺令　姚炳坤

五斗同邀向海濱，十年幾度得相親。忽逢小照呼荀令，便擬披襟飲瑾醇。筆欲生花輕在手，泉如飛瀑泠於人。可知露頂長松下，無復軒車拜望塵。

題孫明府松明懷古圖山陰人　趙峒

蘇公遺迹號松明，賢令常深望古情。飛舄自知凫作伴，彈琴應與鶴同清。簿書向不勞仙吏，桃李今番種石城。暇日登臨吟咏處，如聞長嘯鳳鸞聲。

題孫明府松明懷古圖廣州教授　陳英略

憶别琴堂思倍縈，披圖相對儼生平。雲開霽月心同白，霜老寒松節並清。静聽笙簧如瀑響，笑拈彩筆覺花生。公餘只有長吟咏，贏得弦歌滿石城。

題孫明府松明懷古圖 胡汝輯

風度委蛇退自公，攜來一卷坐芳叢。訟庭無事消長晝，静聽松濤萬壑風。

題孫明府石門閲海圖 浙江人　姚東明

其一〔一〕

泱漭滄波百怪乘，瘴雲如墨勢翻騰。不知世有澄清手，羽扇輕携踞大陵。

其二

接漢黄流折萬重，何人觀海識朝宗。孤舟獨泊雲山外，俯視蓬萊第一峰。

〔一〕『其一』『其二』爲整理者所加。

題孫明府石門閱海圖〔一〕 蕭山 何倬炎

其一

橫海年來已絶塵，石門佳氣自嶙峋。須知砥柱中流客，原是天台作賦人。

其二

萬里滄溟接斗杓，無須强弩射秋潮。憑高一望扶桑色，擊楫雄心正未消。

誦羅州四咏有作 吉安人 劉繼禮

閒携竹杖偶過羅州。水秀山明，望入三臺增勝概；風清化美，吟來四咏作金聲。顧心折之無窮，愧調高而難和，爰陳巴句以寫燕私。〔二〕

〔一〕 此詩《光緒石城縣志》《民國石城縣志》只載前一首。

〔二〕 以上爲散句，或爲雜言詩。

建山覽秀

萬山深處曉雲開，極目偏宜霽色來。曲曲岧嶢卑五嶺，層層葱翠壯三臺。差池鳥羽隨車轉，濃淡村煙繞轡迴。褦襶毋煩揮扇力，仁風早已遍蒿萊。

石門閱海

瘴氛初静石門秋，萬里蒼茫足勝遊。幾度曠懷縈島嶼，一聲清嘯吼蛟虬。風翻玉鷺晨曦薄，濤捲銀浪溟氣收。似息圖南聊六月，海天心目共悠悠。

松明懷古

大蘇餘韻海濱傳，點染雲霞入槧鉛。已倩文章鳴此日，還從山水憶當年。寒鴉向晚啼衰柳，殘碣横秋鎖斷煙。千古風流今宛在，佇看午夜撤金蓮。

東林僧話

退食優遊鶴與琴，更乘清興到東林。幽禽脉脉參空諦，碧沼澄澄印此心。笛弄晚聲山逕曲，塵揮雲影草堂深。坐來莫笑虎溪月，且放淵明酒滿斟。

贈孫堂臺

其一

任當盤錯羨天才，龍種原從世德來。注雨反風非一事，集鸞驅獸幾多回。道經孔處遺無拾，户入關中夜亦開。取映即今惟列宿，密雲移却近三臺。

其二

一從庭見挹嘉謨，歷歷親承意倍殊。袖裏詩篇盈百帙，簾前花種有千株。山陰夙仰相傳譜，東閣曾聞入畫圖。十載异能光史册，贈言徒自愧迂儒。

其三

石城風教美方初，檢點從前盡不如。孺子亦能心上諭，學人争習手中書。垂簾永日清如水，比屋長歌樂有餘。早晚璽書來闕下，可容扳轂惠吾盧。

次羅州四咏

建山覽秀〔一〕

地僻無多勝，環圍一嶺雄。人文觀姤萃，造化啓屯蒙。雲水朝涵碧，煙村夕照紅。蒼茫天外意，長嘯漫書空。

石門閱海

浮海非吾志，乘桴興亦長。巨門關外險，絶壁阻狂浪。且就觀魚樂，能忘貰酒香。放歌聊一醉，何必問滄桑。

松明懷古

謫去天涯路，聊棲一樂窩。流光今不絶，清影近如何。古木歸黄鳥，殘甃覆碧蘿。遺蹤千古在，於此仰東坡。

東林僧話

茂宰公餘日，尋閒此載來。煙雲生綺席，笑語逐霞杯。選句鎸新竹，看花踏古苔。却嫌歸駕促，勒

〔一〕《嘉慶石城縣志》原書「四咏」諸題皆置詩末，此置前。

馬重低徊。

次龍灣搊灣水解渴 蕭山人 何章垛

潛龍次第起龍灣，解渴而今更解顏。應是神膏流不竭，澄潭依舊日潺湲。

和孫寅兄見寄原韻 遂溪令 曹湛

弇鄙何期投分深，論交時有尺書臨。河陽久已聞殊政，海外居然得素心。蘆岸寒依同繫纜，蓬窗斜倚共披襟。春風一坐能教醉，不待醇醪取次斟。

雨賜亭詩

督學使者綿竹　李調元

其一〔一〕

我昔過此亭，空梁吹欲倒。我今過此亭，晝棟初完好。

其二

我與賢侯文章友，吏治堪追玉局叟。喜雨亭繼雨賜亭，兩俱不愧民父母。

其三

賢侯愛民如嬰雛，得雨甚於玉與珠。不信試看緑雲匝，四郊譜出豐年圖。

其四

池塘如鏡寫龍鱗，幾回秋去幾回春。獨有此亭能萬古，青山閲盡往來人。

〔一〕『其一』等爲整理者所加。

重修松明書院紀事 孫繩祖

卜築〔一〕

名勝開選客，頹荒四百年。曾無人往復，空有水潺湲。虎嘯風生樹，龍吟浪拍天。我來尋故址，人共指荒煙。欲作曩時搆，其如此地偏。黄君懷古迹，蘇子得薪傳。大義歡欣赴，鴻基慷慨捐〔二〕。爲屏道傍論，卜築建山前。盛事從新啓，休光奕世綿。講堂鐘鼓振，長頌建安賢。

鳩工

祥開黄道日，勝闢三臺陰。舊院恢新搆，成城合衆心。解囊多士集，趨事百工臨。明瓦來鮫室〔三〕，翹材出鄧林〔四〕。一時聲橐橐，百堵仡森森。信是流芳處，終當嗣好音。

〔一〕《民國石城縣志》題作『重修松明書院卜築詩』，下一首謂『重修松明書院鳩工詩』。

〔二〕原注曰：『原建安令黄衮裳捐院基。』

〔三〕原注曰：『生員曹倫捐閣窗明瓦。』

〔四〕原注曰：『太學生曹信捐木料。』

照紅堂初成

千載風流仰大蘇，喜看講院復元符。名垂海外無雙客，勝占天南第一區。自昔松燈成獨照，於今薪傳接諸儒。堂成竟欲凌雲表，燕子翩翩舞四隅。

流韻閣初成

其一

高閣憑空瞰海天，就中恰好寓神仙。風流誰似東坡子，跨鶴重來五百年。

其二

燒松載咏松明詩，海岳襟懷曠世思。燈火一龕新照眼，悠然相見嘯歌時。

其三

四壁虛明氣象新，焚香好爵羅浮春。論遷海外知多少，衹奉眉山一介臣。

松明書院落成印月和尚以詩稱賀和之

最慚作吏務虛聲，直道斯人眼盡明。勝迹争憐叢徑草，新模共喜壯山城。龍鱗已植雙株秀，甘醴行疏一鑒清。院宇初成高唱入，揮毫和罷話無生。

予至石城適家兄修復松明書院因用東坡先生夜燒松明火韻賦以志喜孫緝祖

松火發奇光，照讀回夜寒。遐哉蘇學士，曾此效棲鸞。我來瞻故址，雲似松煙團。風流草木香，如依蕙與蘭。自公一宿宿，逸韻邁考槃。勢位容易摧，芳名曾未殘。吾兄景高躅，撫兹生長嘆。庀材拓新院，大德未有闌。

恭賀新建松明書院釋古潭

百里遥聞弦誦聲，三臺瑞靄映松明。一時盛事傳仙吏，千古文風振石城。雲擁高峰多聳秀，橋横長水自澄清。堂成此日人瞻仰，重見眉山面目生。

題松明書院 臨高令 樊庶

三立皆不朽，得一垂千禩。宋有蘇文忠，才名震天地。獨以氣節高，遂爲同列忌。遠竄志益堅，松明建荒裔。歷久失舊址，斯名空載志。孫子乃偉人，後先與同志。捐俸市高壤，鳩工重建置。題詩深仰止，因之索我句。回思公北轅，宋事猶堪持。可憐南渡後，國是日凌替。傷哉少帝昺，葬身魚腹笥。匡門無趙土，書院有文記。可知賢哲人，歷數同關係。

又次照紅堂韻

當年遺迹付樵蘇，賢宰經營勝自符。林色乍疑開寶甸，畫堂争似出神區。千秋俎豆尊前哲，百代文章起後儒。盛事即今歸紀載，羅州誰説是偏隅。

又次流韻閣韻

其一[一]

一望凌空接遠天，曠懷何處不神仙。孤蹤特達成千古，久廢重興足萬年。

其二

綺閣憑空好賦詩，肅瞻遺像有遐思。推窗静對三更月，曾是松明徹夜時。

其三

四百韶光此復新，流風餘韻靄然春。即今海外猶如是，堪怪當年笑逐臣。

松明書院喜賦[二] 邑訓導　李捷

坡公視草端明殿，何事天南尋謫譴。力斥章惇吕惠卿，不合時宜忤蔡卞。酷憐新法税青苗，正論侃

[一]『其一』等爲整理者所加。

[二]此詩《光緒石城縣志》《民國石城縣志》不載。

侃諍於朝。去國一心清似水，詩成酹酒何逍遥。昌化承恩戍廉州，石城道上思悠悠。爲愛松明山水好，停車坐看日淹留。松明松樹高千尺，鬱鬱蒼蒼雲外植。風起潮歸禄地來〔一〕，松潮響應倍生色。此地遷客意如何，孤忠萬里懷帝居。不作無聊顧形影，茅店然松夜讀書。讀書會得艱貞理，風雨雞鳴曾不已。藉藉芳名海外傳，亘古風流誰與比。世遠松頽樹亦傾，年年空見春生草。欲尋勝迹渺何處，誰復慷慨勞經營。蘇門長嘯來仙尹，搔首踟蹰芳躅泯。爰向城東卜爽塏，聿恢舊制定規準。捐俸庀材召百工，父老僉謀樂事同。共言今歲捐租賦，共言今歲處處豐。趨事子來成不日，書院巍峨勝難匹。前撫濂江水作襟，後擁臺山更傑出。春秋禱祀蘇公神，萬古斯文啓後人。從兹多士蔚然起，還頌眉山有後身。君不見子游昔日宰武城，比户至今弦歌聲。

又次照紅堂韻

秀奪眉山首大蘇，曠觀宋代幾人符。蓮燈自昔歸深院，松火而今照遠區。翠岫雲連新氣象，層樓風挹舊名儒。斯文振起真同調，勝迹重光謝建隅。

〔一〕原注曰：『書院舊址密邇禄地。』

和照紅堂初成元韻 蕭山人　何倬炎

使君應是再來蘇，別有風流驗左符。三代松楸悲隙地，一朝講院復名區。照紅映起縹緗業，流韻撑開章句儒。最喜落成詩賦集，子舟載滿駴荒隅。

重建松明書院志喜 有引　邑貢生　潘鑒

宋文忠蘇長公累官翰林學士，以建白忤當事，遞謫瓊南儋耳，道經石城。獨見山川鬱茂，松樹參差，顧而樂之，因解鞍暫憩。日則倚杖吟詩，夜則然松照讀，《寰宇記》所稱松明書院是也。閲世數百年，院久傾圮，雖有大雅騷人欲訪勝概，而僻在海濱，馬迹屐齒類弗能及。我邑侯開原孫公莅任十載，政通人和，百廢俱興，念此名賢過化之區，文教所關，遠而委之草莽，何如近而復之都邑。詢謀僉同，卜基治内東臺山下。捐俸鳩工，搆復書院三棟，樓閣廡廊焕然。聿新落成之日，聯額詩歌琬琰燦列。向之人士不獲睹先正芳蹤者，今則如親道範，誠洋洋大觀，文教振興之一會也。千載甘棠，舍此安歸。用是不揣庸陋，罔顧續貂，敬和照紅堂原韻，並賦一律，以紀盛事云。

和照紅堂初成元韻

宋室名賢推大蘇，使君景仰恰同符。快將過化存神地，復闢崇文宣化區。炳烺元燈開後學，琳瑯道脉繼先儒。落成堂構然松照，四壁圖書映海隅。

又賦一律

坡翁直節抗龍鱗，策蹇行吟漲海濱。院廢三朝憐勝迹，堂成百日寄前身。長將禮樂開風教，豈獨文章重逐臣。多士集來多獻賦，克施我獨頌君陳。

和照紅堂元韻 邑貢生 楊懋新

大家文字久宗蘇，書院新開合舊符。道起頽風傳盛事，迹留炎海作名區。欣崇俎豆祠先宦，喜肅衣冠拜宋儒。撤燭當年情已异，却教松火照方隅。

和照紅堂元韻 邑貢生 陳自傑

嘖嘖松明頌大蘇，庀材誰計復元符。劇憐學士留芳迹，自有神君毓巨區。坐對白雲追往事，閒披青史景先儒。講堂重闢千秋勝，從此新聲遍海隅。

和照紅堂元韻 邑廪生　陳璵典

層樓高築奉髯蘇，先後松明總合符。渺矣煙霞遺古迹，美哉輪奐奠名區。宋儒不及見今治，今治增輝比宋儒。松火代更懸碧落，觀光日起向東隅。

和照紅堂元韻 邑庠生　黄熊飛

松明勝啓長公蘇，落落襟懷孰合符。故址那堪同迹削，楷模且喜出心區。千秋器宇師前輩，百代文章景大儒。遼海眉山傳道脉，生才原不別方隅。

和照紅堂元韻 邑庠　李色美

不獨文章重長蘇，端然德行有同符。然松志不違終食，諫草名堪振八區。曠代芳蹤憐廢址，一時興起賴真儒。三臺鎮日聞歌頌，風雅雙傳播海隅。

新建松明書院有頌 邑庠　梁沛

其一

坡公海外投荒客，照讀曾燒嶺上松。劍履久悲湮石井，樓臺重喜建花封。知心同調當軒得，懷古憐才間世逢。冠帶年年隆祀典，野蘋香處緑醪醲。

其二

樓臺新築舊傳名，絶似眉山聳太清。去國賢人饒典籍，濟時良吏景忠貞。謾夸蓮炬歸金馬，赢得松光照石城。四百年來懷古者，振興誰似我公情。

新建松明書院有頌〔一〕 國學　曹信

新成院宇接三臺，舊有名儒寄迹來。宋室已無容諫日，瘴鄉空老濟川才。松明遺址餘芳草，石井流泉長緑苔。不是賢侯能復古，誰興文教振蒿萊。

〔一〕以下題『新建松明書院有頌』，均承前梁沛之詩題，《嘉慶石城縣志》以『又』字出之，此復全題。

新建松明書院有頌 邑庠　黄色正

十載春光滿石城，眉山道範宛如生。井泉久撇煙霞冷，松火重吹日月明。宋代詩歌留古韻，羅江弦誦記新聲。斯文知己千秋事，夫子而今倍有情。

新建松明書院有頌 湖廣副榜　劉自任

一臂能將講院支，斯文千載賴扶持。新楹喜看黄雲鎖，多士稱賡白雪詞。菉竹栽成棲鳳節，青松種就卧龍枝。薪傳又是傳薪日，再世眉山更白眉。

新建松明書院有頌 邑庠　林翹春

有節高千古，無端逐遠方。孤忠標海外，勝迹焕羅陽。松點三更火，名垂百世香。吾師新講院，令德共流芳。

松明書院重新用坡公韻呈頌邑人　黄瑩

衆卉驚秋落，孤松耐歲寒。枝分太乙火，清光射鳳鸞。花吐赬龍珠，垂垂自作團。芬馥隨風歇，空谷友芝蘭。誰伸空中手，快轉八角槃。賴有傳薪人，俄悲古迹殘。建院植青松，郇復黍離嘆。豈獨蘇夫子，芳名未有闌。

松明書院既成敬和孫父師原韻志喜國學　周元熙

八家文采萃三蘇，處約如公更合符。檜撼風雲官未薄，松然今古院成區。幾於雪迹傳流宦，始得炎陬儲大儒。翹首鑄金新道貌，好添佳句咏方隅。〔一〕

〔一〕此詩《嘉慶石城縣志》與《光緒石城縣志》《民國石城縣志》相較异文較多，此録二志所載：「八家文采萃三蘇，處約如公更合符。檜撼風雲春已古，松然昏夜院成區。誰從遺迹尋流宦，獨向炎陬仰大儒。翹首鑄金新道貌，好添佳句咏方隅。」

松明書院既成敬和孫父師原韻志喜 邑庠　蕭碧芝

海外當年識大蘇，院開此日喜同符。三臺砥柱環千岫，百雉凌雲耀一區。火照松門留古迹，日高臺榭奉真儒。悠然領略眉山意，道學風清振海隅。

松明書院既成敬和孫父師原韻志喜 邑廩生　黎正

投荒姓字共稱蘇，講學而今志亦符。傍海孤燈誰繼照，凌雲新院自成區。既因麟絶懷先輩，更作薪傳待後儒。從此弦歌應不絶，悠悠千古識廉隅。

新建松明書院喜頌 郡庠　梁濟

坡仙宋代擅雄名，去國離家到海瀛。翰墨餘香流石井，講堂重搆焕羅城。闢開亘古崇文地，興起斯文尚友情。异世同揆賢不讓，千秋共頌兩先生。

新建松明書院喜頌 邑庠 鄒士宗

曾撤金蓮照玉堂，忽從瘴嶺發奇光。快携蠹簡消塵悶，閒燒松枝耐夜長。石勒任埋芳草徑，燈傳遠接舊羹墻。蘇門應是眉山派，瀟灑風流兩擅場。

新建松明書院喜頌 邑庠 鄒君亮

仙才强半受文魔，不合時宜春夢婆。帝眷寖衰投海國，臣心倍凛壯山河。荒村氣静敲詩古，昏夜燃松讀史多。經宿芳蹤今宛在，重新應識舊東坡。

新建松明書院喜頌 邑庠 龐致光

忠賢到處有芳名，海外坡公莫與京。松火光摇行樂處，石泉流出咏歌聲。孤蹤一過垂青史，勝迹千秋耀石城。羨我神君能尚友，羹墻恍若見先生。

新建松明書院喜頌 邑廩生　龐正先

先生夜讀然松處，曠世重興澤更長。溢海源泉流石井，凌雲臺榭鎮炎荒。千年藜火新生色，萬里眉山遠接光。從此論文高宋代，翩翩麟鳳集宫墻。

新建松明書院喜頌 龐際元

重遷院宇喜初成，鳥革翬飛焕石城。汲井難分新舊味，然松洞見古今明。謾言曠代多芳譽，好聽窮簷起頌聲。長白眉山同秀色，文章事業共垂名。

新建松明書院喜頌 邑人　江南桐

復古松明院，新楹隔舊鄉。流清環北郭，嶺峻繞雕墻。氣接三臺秀，風開六桂香。坡仙名不朽，繼起賴孫陽。

新建松明書院喜頌 范明卿

坡公遺迹著松明，院建城東喜落成。徑闢臺雲新地脉，閣餘風月舊書聲。照紅四映琴堂古，流韻增輝絳帳清。振起斯文同不朽，雅歌我亦厠群英。

流韻閣懷古 邑人 王臣貞

臺雲繞閣入簾櫳，宛坐眉山第一峰。不耐颸風搜雅賦，偏摩老幹續秦封。然枝夜讀書聲古，汲井泉流墨瀋濃。况復再來尋舊迹，院成羅水起潛龍。

松明書院落成壬辰花朝日過訪孫明府招同游宴志喜 錢塘人 徐喆

離黍松明數百年，一燈紅接照薪傳。快携鼓吹開文席，散作笙簧入綺筵。虛閣碧清消瘴氣，好風綿軟養花天。栽成桃李舒長嘯，不讓髯蘇獨自仙。

題惜字軒吉水道中應誠齋文明府江西督學使者癸丑狀元　潘世恩〔一〕

其一

贛石南來捩舵初，橘枝楓葉雨疏疏。銅盤灘下西風裏，喜見諸君種德書。

其二

愛惜精靈自有由，不須陰騭若搜求。但看退筆成山處，便是添修五鳳樓。

步前韻和惜字軒詩〔二〕進士　張景

其一

笑我西江筮仕初，蕓窗底事已多疏。如何更學邯鄲步，爲玩同人惜字書。

〔一〕《民國石城縣志》僅題「江西學政潘世恩」。

〔二〕此詩《光緒石城縣志》《民國石城縣志》均作一首。從詩韻看，以兩首爲是。

其二

軒名惜字有來由，碎玉瓊枝幾度求。莫道拋爐成煨燼，餘香猶自繞畫樓。

颶風賦[一]　蘇軾

仲秋之夕，客有叩門指雲物而告予曰：『海氣[二]甚惡，非祲非祥。斷霓飲海而北指，赤雲夾日而南翔。此颶之漸也。子盍備之？』語未卒，庭户蕭然。槁葉蔌蔌，驚鳥疾呼，怖獸辟易，忽野馬之決驟，矯退飛之六鷁。襲土囊而暴怒，掠衆竅之叱吸。余乃入屋而坐，斂衽變色。客曰：『未也，此颶之先驅爾。』少焉，排户破牖，殞瓦擗屋，礧擊巨石，揉拔喬木。勢翻渤澥，響振坤軸。疑屏翳之赫怒，執陽侯而將戮。鼓千尺之清瀾，翻百仞之陵谷。吞泥沙於一卷，落崩崖於再觸。列萬馬而並騖，潰千軍而争逐。虎豹讋駭，鯨鯢奔蹙。類巨鹿之戰，殺聲呼之地動；似昆陽之役，舉百萬於一覆。余亦爲之股慄毛聳，索氣側足。夜拊榻而九徙，晝命龜而三卜。蓋三日而後息也。父老來唁，酒漿羅列。勞來僮僕，懼定而

[一] 諸《石城縣志》中，除《嘉慶志》外，又有《民國志》亦載《颶風賦》，署作者爲蘇過，置於卷二《輿圖志下·氣候》。考《颶風賦》當爲蘇過所作，舒大剛《蘇過詩文編年箋注》有此文。

[二] 《蘇過詩文編年箋注》作『海氛』。

説。理草木之既偃，輯軒檻之已折。補茆屋之罅漏，塞墻垣之潰缺。已而山林寂然，海波不興。動者自止，鳴者自停。湛天宇之蒼蒼，流孤月之熒熒。忽悟且嘆，莫知所營。嗚呼！大小出於相形，憂喜因於所遇，昔之飄然者，若爲巨耶？吹萬不同，果足怖耶？蟻之緣也，吹則墜；蚋之集也，呵則舉。夫噓呵曾不能以振物，而施之二蟲則甚懼。鵬水擊而三千，搏扶摇而九萬。彼視吾之惴慄，亦爾汝之相笎。均大塊之噫氣，奚巨細之足辨。陋耳目之不廣，爲外物之所變。且夫萬象起滅，衆怪輝眩，求髣髴於過耳，視空中之飛電。則向之所謂可懼者，實耶？虚耶？惜吾知之晚也。

瑞花賦 邑廩生　高第

白藏啓秋，大火西流。萬寶聚而報歲，百卉綴而徵休。悲吟之宋玉伊始，樹間之永叔方愁。東籬襯緑，北窗其颼。客笑而過。余曰：『有是哉，花之异乎，一莖七蕊，不葉不枝，出若雪而朱色，傾若葵而中虚，群觀者莫能名焉。余往而徘徊其下，迫而低賞其奇。正訝嵩山之種，猶懸鷲嶺之疑。巧奪宋人之剪，速類上苑之催。橐駞無所施其力，張蹇無所擅其移。化工之妙，造物之微，余於花乎何知？』客曰：『試漫言之。余乃屏慮，悉精静觀，蕓蕓遊溟涬之始，窮物則之情，擬諸形容，誰爲遍真。噫嘻，我知之矣。《易》有太極，是生兩儀。自萌而甲，殆其似歟？七八用陰陽之少，二五宣唱和之機。花凡六出，兼三以爲質兮，心各七岐，四十九耆之，用于揲扐兮。和風披之，香馥馥其紉蘭。零露濡之，宛秀色其可餐。迎協氣兮春珊珊，簇大火兮流丹。太和保合兮團圞，時乎歸休兮委大化以俱還。從無人有居乎，象帝之先有；復爲無參乎，萬物之始虛。而槐衡、而李衢、而大黄精，亦日而已矣。苞天符地，伸神屈鬼。逗大有之幾，備萬靈之理。其孰與于此，其孰能與于此。』亂曰：窗□不除，愛□□□。□□圖，惟兹太極。先聖揆則，□五百之間氣，聿新機希之，真脉攸結。噫，斯文其□今日。客曰：『都俞哉，余遂輾然而笑，頹然而廢。生生之易，怳然心契。』